A NOVA REVOLUÇÃO SEXUAL

Laurie Penny

A NOVA REVOLUÇÃO SEXUAL

Como a Masculinidade Tóxica e o Fascismo Moderno Estão
Destruindo o Mundo e Como o Contra-Ataque
Feminista Pode Salvá-lo

Tradução
Martha Argel

Editora
Cultrix
SÃO PAULO

Título do original: *Sexual Revolution – Modern Fascism and the Feminist Fightback.*

Copyright © 2022 Laurie Penny.

Tradução publicada mediante acordo com Bloomsbury Publishing Plc.

Copyright da edição brasileira © 2022 Editora Pensamento-Cultrix Ltda.

1ª edição 2022.

Todos os direitos reservados. Nenhuma parte desta obra pode ser reproduzida ou usada de qualquer forma ou por qualquer meio, eletrônico ou mecânico, inclusive fotocópias, gravações ou sistema de armazenamento em banco de dados, sem permissão por escrito, exceto nos casos de trechos curtos citados em resenhas críticas ou artigos de revistas.

A Editora Cultrix não se responsabiliza por eventuais mudanças ocorridas nos endereços convencionais ou eletrônicos citados neste livro.

Editor: Adilson Silva Ramachandra
Gerente editorial: Roseli de S. Ferraz
Preparação de originais: Adriane Gozzo
Gerente de produção editorial: Indiara Faria Kayo
Editoração eletrônica: S2 Books
Revisão: Luciana Soares da Silva

Dados Internacionais de Catalogação na Publicação (CIP)
(Câmara Brasileira do Livro, SP, Brasil)

Penny, Laurie
    A nova revolução sexual : como a masculinidade tóxica e o fascismo moderno estão destruindo o mundo e como o contra-ataque feminista pode salvá-lo / Laurie Penny ; tradução Martha Argel. -- 1. ed. -- São Paulo : Editora Cultrix, 2022.

    Título original: sexual revolution : modern fascism and the feminist fightback.
    Bibliografia.
    ISBN 978-65-5736-221-1

    1. Fascismo 2. Feminismo - História - Século 21 3. Masculinidade - Aspectos políticos 4. Mudança social 5. Papel sexual 6. Poder (Ciência sociais) I. Título.

22-124974   CDD-305.42

Índices para catálogo sistemático:
1. Feminismo : Sociologia 305.42
Cibele Maria Dias - Bibliotecária - CRB-8/9427

Direitos de tradução para o Brasil adquiridos com exclusividade pela
EDITORA PENSAMENTO-CULTRIX LTDA., que se reserva a
propriedade literária desta tradução.
Rua Dr. Mário Vicente, 368 — 04270-000 — São Paulo, SP — Fone: (11) 2066-9000
http://www.editoracultrix.com.br
E-mail: atendimento@editoracultrix.com.br
Foi feito o depósito legal.

Para David Boarder Giles

Sumário

Introdução 9

1 Sem Nosso Consentimento 43

2 O Horizonte do Desejo 64

3 Aqui Somos Todos Loucos 74

4 Sexo Ruim 90

5 Belo Problema 112

6 Trabalhos de Amor 133

7 Corpos de Trabalho 164

8 A Frente Doméstica 182

9 Os Meios de Reprodução 205

10 Mentiras Brancas 221

11 Homens Jovens Raivosos 236

12 Chega de Heróis 251

13 Verdade e Consequências 267

14 Abusos de Poder 288

Nota Final: Política do Trauma 304

Notas 314
Bibliografia 339
Agradecimentos 347
Índice Remissino 349

Introdução

Esta é uma história sobre a escolha entre o feminismo e o fascismo. É uma história sobre sexualidade e poder, trauma, resistência e persistência. É uma história sobre o trabalho, quem o faz e por quê. É uma história sobre como é possível ligar a crise da democracia à da masculinidade branca e sobre como a ascensão da extrema direita é uma resposta a ambas. E no centro dessa narrativa está uma ideia simples.

Estamos vivendo, todos nós, uma mudança de paradigma na relação de poder entre os gêneros. O mundo está mergulhado em uma crise de cuidados e de reprodução que está transformando a sociedade, enquanto milhões de mulheres e seus aliados lutam para construir uma sociedade melhor e mais justa – e milhões de homens tentam impedi-los. O mundo, em outras palavras, está em meio a uma nova revolução sexual.

E isso importa mais do que é permitido à maioria de nós imaginar. Importa porque sexualidade e gênero não são questões políticas secundárias. Nunca foram. Sexualidade e gênero afetam tudo e a todos – são, nas palavras da teórica Shulamith Firestone, "alicerces".[1] Isso significa que qualquer enfrentamento às normas sociais de sexualidade e gênero precisa ser ambicioso. Por exemplo, se queremos acabar com o assédio no trabalho, devemos primeiro redefinir os termos tanto do trabalho quanto do sexo – e quanto de cada um pode ser exigido de um ser humano contra sua vontade. Você precisa se preparar para imaginar um mundo em que o trabalho explorador e extenuante e o sexo sem alegria e coercitivo já não constituem a regra. O feminismo moderno é intelectualmente ambicioso, criativo e ético porque deve sê-lo, embora a ambição de mulheres e garotas ainda seja considerada moralmente suspeita. Este livro é ambicioso porque prefiro ser ambiciosa a desperdiçar o tempo de qualquer um.

Sou jornalista política há doze anos. Fiz reportagens sobre movimentos ativistas em várias partes do Norte global e por onde passei ouvi manifestantes e estudiosos preverem grande ajuste de contas, uma mudança cultural iminente que varreria todas as nossas certezas socioeconômicas. Todavia, quando essa enorme mudança veio de fato, quase todos olhavam para o outro lado. Porque, quando veio, veio das mulheres.

No mundo todo, as mulheres e as pessoas *queer* estão reescrevendo os termos de um contrato social que nunca deveria nos incluir. "Mulheres não brancas",* indígenas, trans e jovens estão liderando essa mudança. Estão refazendo o futuro em um formato que redefine a liberdade como universal e exige que ela esteja disponível a todos, não apenas a homens cisgênero brancos, heterossexuais e ricos. Acredito que essa mudança de paradigma vai recriar nossa civilização – na realidade, já está recriando –, apesar da reação de uma minoria frágil e selvagem que preferiria queimar o mundo a salvá-lo.

A sexualidade e o gênero estão em crise, e essa crise está reformulando a sociedade. O padrão se repete por todo o Norte global

---

* O termo "of colour" – utilizado em países falantes de língua inglesa para designar "pessoas não brancas", oriundas do Oriente Médio, indígenas, indianos e até judeus e asiáticos em geral – foi traduzido entre aspas, em todas as suas variantes ("women of colour", "people of colour", "men of colour", "girls of colour", "communities of colour", "sexual predators of colour", "youth of colour" etc.) como "não brancas/não brancos. (N. do Ed.)

e além dele, à medida que mudanças no equilíbrio de poder entre homens e mulheres provocam uma reação política brutal – e as mulheres se recusam a ser intimidadas e a abrir mão de seu poder. No verão de 2016, uma adolescente foi estuprada por vários homens na cidade de Pamplona, na Espanha. Os cinco homens presos pelo ataque se referiam a si mesmos como La Manada, "a matilha". O julgamento chegou às manchetes internacionais como um destacado incidente de violência sexual e tornou-se um referendo sobre a natureza do poder em uma nação dividida. Quando "a matilha" foi inocentada da acusação de estupro, em abril de 2018, centenas de milhares de mulheres tomaram as praças do país, exigindo mudanças na lei. Pouco depois, denunciando a ameaça do feminismo radical, o Vox tornou-se o primeiro partido político de extrema direita a ganhar múltiplos assentos na Espanha, desde a época de Franco. Mas as mulheres espanholas não se deixaram intimidar. Nas praças, cantavam *Tranquila, hermana, aquí está tu manada* (Calma, irmã, aqui está tua matilha).

Quase ninguém percebeu o que estava acontecendo. Ninguém previu que o maior desafio à ordem social neste século seriam as mulheres, as meninas e as pessoas *queer*, em especial as "pessoas não brancas", finalmente se juntando para discutir a violência sexual e os abusos estruturais de poder. Algo se partiu – e ainda está se partindo. Não como o vidro ou um coração, mas como a casca de um ovo – inexoravelmente, e de dentro. Algo úmido e repleto de raiva está lutando para sair da escuridão, e tem garras.

Este livro é uma tentativa de descrever e questionar a realidade material da sexualidade e do poder na era moderna. O escopo é amplo, porém tudo se resume a alguns temas centrais básicos.

Primeiro: todos nós vivemos numa economia política de patriarcado, que é o sistema de poder baseado no domínio masculino, projetado para manter a todos, de todos os gêneros, nos papéis que lhes foram atribuídos, concentrando a riqueza e o poder de decisão nas mãos de uns poucos paranoicos. O patriarcado é a base das outras estruturas fundamentais de poder que perpetuam a injustiça: o capitalismo e a supremacia branca. E *patriarcado*, isso é crucial, *não* significa "sistema governado por homens"; significa "sistema governado por *pais*". Significa um sistema em que um punhado de homens velhos brancos e arrogantes dizem a todos os demais o que fazer, e isso não é só injusto – é, de fato, perigoso.

Segundo: estamos vivendo uma mudança profunda e permanente no significado de gênero, de sexualidade e de quem são os corpos que importam. Esse é um momento de desobediência produtiva, em que mulheres, homens e pessoas LGBTQIAPN+ de todos os lugares estão rejeitando o gênero binário como modo de poder e distanciando-se, em silêncio, das expectativas impostas a eles por milhares de anos de patriarcado.

Essas mudanças estão criando novas maneiras de organizar o cuidado, a reprodução e o trabalho de gerar e manter a espécie humana – formas de vida que não se fundamentam na competição, na coerção ou na dominância, mas no consentimento, na comunhão e no prazer. O consentimento é a filosofia organizadora por trás de muitas dessas mudanças. Sua importância é incalculável – e o consentimento é um conceito que vai muito além do sexo.

Terceiro: essas mudanças são profundamente ameaçadoras às certezas sociais e econômicas do nosso mundo. Perturbam estruturas de poder existentes. Minam a autoridade das instituições que vão do mercado de trabalho remunerado à família nuclear. Essa nova revolução sexual é, pela própria natureza, uma ameaça à heterossexualidade, à supremacia masculina e branca, às formas tradicionais de divisão do trabalho, à organização dos corpos e à distribuição de riqueza. E aqueles que estão comprometidos com essas estruturas de poder estão reagindo.

Tudo isso está acontecendo em uma época de crises, colapso e incessante convulsão social, enquanto a biosfera implode, a economia global balança, e os tiranos exploram essa incerteza para tomar o poder, prometendo aos apoiadores retorno às velhas e violentas certezas de gênero, raça e nação.

Por último e mais importante: os tiranos e valentões não vencerão. Ao menos, não por muito tempo. Não podem vencer porque são incapazes de oferecer qualquer visão de futuro significativa. Querem mandar, não liderar. Querem o controle, não a responsabilidade. Não têm interesse em sustentar e manter a vida humana e não dispõem de um plano. Homens como Putin, Bolsonaro, Trump e Boris Johnson construíram uma rede de apoio que deixou perplexos os críticos do *mainstream* político, os quais, mais que depressa, apontaram que esses homens são perdulários irresponsáveis que mentem com a mesma facilidade com que respiram e ao longo da vida subiram mais e mais, com falhas e tudo, e fugiram das responsabilidades – está óbvio que esses homens são constrangedoramente incapazes de administrar um banheiro, quanto mais um país. Isso, claro, é, de maneira precisa, o atrativo que exercem. Esses são homens que sempre saem impunes; que riem das consequências; que transformam em arma os próprios carismas vazios. São Gordon Gekkos* da economia da atenção** que só desejam o poder e nem por um instante pensam no que podem fazer com ele.

Se o patriarcado é o governo administrado pelos pais, nossos governantes atuais são pais irresponsáveis – pais estelionatários que se mostram perigosamente inadequados aos deveres do poder que conquistaram à custa de tamanho caos. São fracos e banais, e sabem disso.

O patriarcado, o capitalismo, o heterossexismo e a supremacia branca não são grandes demais para fracassar. Na realidade, não

---

* Gordon Gekko é um personagem do filme *Wall Street*, de 1987, que na cultura popular passou a simbolizar a ganância desenfreada. (N. da T.)
** Economia da atenção é uma forma de gerenciamento de informações que trata a atenção humana como bem escasso, de modo que as empresas buscam capturar o maior tempo possível da atenção do consumidor. [N. da T.]

fazem outra coisa senão fracassar e não fizeram outra coisa a não ser ascender, com falhas, por gerações. A questão não é se o patriarcado branco capitalista vai entrar em colapso, mas, sim, quantas pessoas ele vai esmagar durante a queda.

Este livro identifica os padrões existentes no desastre contemporâneo da sexualidade e do poder, em busca de um mapa para um mundo que dê mais amparo à vida. Começa pelo ponto mais fraco, sensível e violento da economia política. Começa pela sexualidade.
    A liberdade sexual não existe. Ainda não. Na maior parte das democracias, a maioria das pessoas é legalmente livre para amar quem desejar, viver como quiser e buscar o prazer como preferir – mas apenas da mesma forma que a maioria das pessoas é livre para comprar uma Maserati ou uma mansão. Na prática, muitas pessoas não pode se dar ao luxo da liberdade sexual. A maior parte das mulheres e das pessoas LGBTQIAPN+ não pode se dar ao luxo da liberdade sexual – porque há ainda um custo social alto demais no simples ato de mencionar seus desejos.
    A liberação sexual não poderá ser alcançada enquanto o poder da sexualidade estiver distribuído de maneira desigual. Hoje, em quase todo planeta, homens hétero ainda têm muito mais capacidade de ação social, política e econômica que mulheres e pessoas LGBTQIAPN+ . O patriarcado e a supremacia branca são sistemas políticos que dão aos homens poder sobre as mulheres, e às pessoas brancas, sobre pessoas negras, pardas e povos originários. Esse não é um poder que todas as pessoas brancas e todos os homens possuem. Não é aquele que todos pediram. Mas é um poder que todos cresceram esperando ter; um poder que é doloroso perder. É o poder estrutural, econômico, aquele que significa que, no todo, as pessoas brancas são mais ricas, mais livres e mais independentes que as "não brancas", e que os homens são mais ricos e mais independentes que as mulheres. Isso significa que as mulheres e as pessoas

queer, sobretudo as "não brancas", ainda negociam, em condições de desigualdade, por autonomia sexual e corporal.

O melhor modo de corrigir desequilíbrios de poder na sociedade é a organização coletiva dos atores mais fracos. Quando as mulheres se juntam para defender, por exemplo, uma mudança na forma como o estupro é levado à justiça, isso é uma negociação coletiva. Quando as mulheres começam a compartilhar histórias de assédio sexual no trabalho e a exigir consequências mais severas a empregadores abusivos, isso é uma negociação coletiva. Quando as pessoas que podem engravidar decidem não o fazer até que as condições materiais melhorem, também se trata de uma negociação coletiva. É a isso que essa nova revolução sexual diz respeito.

Não é possível haver revolução sexual sem tratar da violência sexual, pela mesma razão pela qual não pode haver revolução econômica sem tratar dos direitos dos trabalhadores. Uma "revolução" sexual que torna o sexo mais acessível às pessoas que têm mais poder não é, de forma alguma, radical. Na realidade, qualquer tipo de revolução que prega a liberação, enquanto deixa os ricos e os poderosos livres para explorar, intimidar e abusar, vai, inevitavelmente, apodrecer no calor das próprias contradições.

Essa revolução sexual é diferente. Vai mais fundo, porque lida não só com a liberdade sexual como também com a liberação sexual. Não se trata apenas de ficar livre *de*, mas de ficar livre *para*. É uma reinvenção fundamental de papéis de gênero e de regras sexuais, de trabalho e de amor, de trauma e de violência, de prazer e de poder. A nova revolução sexual é uma revolução feminista. E o mais importante é perceber que essa revolução já está acontecendo.

Eis por que ela já está acontecendo. Não muito tempo atrás, o poder nas sociedades humanas estava organizado em torno de um gênero binário estrito, baseado, de forma geral, no sexo reprodutivo. Havia homens e mulheres, e os homens eram fortes e poderosos, e as mulheres, acolhedoras e indefesas, além de propriedade dos homens. Com base no sexo bimodal, os seres humanos eram forçados a adotar os papéis de soldados ou vítimas, numa rígida hierarquia de poder com foco no gênero. Metade da humanidade foi alçada à categoria política de "mulheridade" – o que significava que seus corpos e desejos pertenciam aos homens e estavam à disposição deles. A função das mulheres restringia-se a cuidar dos homens, ter filhos e criá-los, além de desempenhar papel puramente decorativo na vida pública, a menos que fossem monarcas hereditárias. Os primeiros teóricos da política excluíram, de maneira explícita, as mulheres e as crianças do "contrato social", que é a base do Estado moderno. As estruturas econômicas e sociais de todas as culturas contemporâneas foram construídas sobre o arcabouço dessas suposições. Todos nós nascemos e fomos criados nessas estruturas.

No entanto, ao longo dos séculos XIX e XX, algo mudou. Avanços na medicina significaram que, pela primeira vez na história da humanidade, as mulheres puderam controlar a própria fertilidade, de forma confiável. Abortos médicos seguros e avanços na tecnologia da contracepção demonstraram que as mulheres podiam – em teoria – decidir quando e se teriam filhos, e isso significou que os padrões da sexualidade e da sociedade humanas mudaram para sempre. Com isso, já não era tão fácil submeter as mulheres à conformidade sexual e mantê-las dependentes do casamento. As consequências dessa mudança tecnológica foram profundas, e mal começamos a lidar com elas.

Hoje, apesar do impacto devastador da pandemia de Covid-19 e da recessão dos empregos femininos, há mais mulheres e pessoas *queer* em trabalhos tradicionalmente masculinos do que houve durante séculos; há mais mulheres e pessoas *queer* criando arte, elaborando leis, fazendo história. Ao mesmo tempo, as estruturas sociais da família e da fé, que no passado foram fundamentais, estão desmoronando. Mais e mais mulheres estão boicotando o casamento e a maternidade. Na realidade, a crescente liberdade das mulheres levou a uma bomba temporal demográfica, uma vez que ter filhos se torna uma opção insustentável em nações desenvolvidas que ainda se recusam a pagar pelo trabalho de cuidado e criação das crianças.

Esse é um trabalho que até hoje foi feito, sobretudo, por mulheres, e principalmente de graça. Contudo, à medida que a maternidade se torna mais difícil e menos acessível em termos financeiros, que os governos se recusam a pagar pelo trabalho do cuidado social e que as mulheres não mais se deixam ser forçadas a fazerem bebês em circunstâncias impossíveis, as taxas de natalidade estão caindo vertiginosamente no mundo todo. Expondo de outra forma, mulheres e pessoas *queer*, em especial as "não brancas", estão se recusando a ficar reféns da fragilidade masculina – e os números são extensos demais para serem ignorados.

Como o economista e jornalista Paul Mason observa na obra *Clear Bright Future* [Futuro luminoso e brilhante], o antifeminismo é agora importante base de recrutamento para a nova direita, fenômeno cuja origem Mason remonta à:

> inversão do poder biológico masculino, por meio da contracepção e da legislação de direitos iguais, que ocorreu durante as últimas décadas do século XX...
> Nos cinquenta anos seguintes à disponibilização da pílula anticoncepcional, a sociedade do mundo desenvolvido vivenciou o que a chefe do Federal Reserve, Janet Yellen, chamou de "choque reprodutivo". Os resultados não chegam nem perto da liberação das mulheres... [mas] o pressuposto básico por trás da misoginia, de que as mulheres estão destinadas a ficar presas ao papel biologicamente determinado de parideiras e trabalhadoras domésticas não remuneradas, estilhaçou-se por completo.[2]

Com essas mudanças nas relações de poder entre homens e mulheres, os "pressupostos básicos" de heterossexualidade e identidade de gênero também foram detonados.

O gênero binário em si está sendo superado como forma de controle social. Desde o início da década de 2010, houve uma mudança cultural sísmica na visibilidade das pessoas trans e não binárias. Muitos jovens estão saindo do armário, em massa, como transgêneros, *genderqueer* e não binários, e essa é uma mudança positiva. Hoje, é muito mais comum ser abertamente trans do que uma década atrás, mas os conservadores sociais estão resistindo a essa mudança, assim como muitos grupos com interesses políticos, receosos de um mundo além do gênero binário.

Neste livro, quando falo de "homens" e "mulheres" e do que fazem, não estou me referindo ao essencialismo biológico. Este livro não apoia qualquer visão autoritária de gênero que divida o mundo em categorias biológicas imutáveis, rosa e azul, binárias e dóceis, e não acredita na imposição de um destino político aos corpos humanos diversos, sem o consentimento deles. O essencialismo é invariavelmente conservador. Quando escrevo "homens" ou "mulheres", estou me referindo a todos aqueles que se incluem nessas categorias. Eu mesma me identifico como *genderqueer*, o que significa que a categoria "mulher" não descreve por completo minha experiência vivida.

Papéis e estereótipos de gênero são impostos a nossos corpos desde o nascimento, sem o nosso consentimento – e o processo de aprender a ocupar o gênero que lhe foi designado é, com frequência, traumático. Muitos dos homens *cis* que entrevistei durante a escrita deste livro carregam cicatrizes emocionais profundas resultantes de décadas de policiamento social selvagem, de punições infligidas por qualquer desvio das normas percebidas de "masculinidade". Não existe uma experiência universal de feminilidade ou de masculinidade. Em lugar disso, este livro descreve muitas experiências comuns de sexo, consentimento e poder, e convida todos os leitores, de todos os gêneros, a verem em quais se encaixam.

Os roteiros sexuais de nossa geração validam a dominação e veneram a violência, enquanto censuram o que é *queer*, a coexistência e o prazer. Muito antes de uma garota amadurecer sexualmente, ela é informada de que seu corpo é uma mercadoria que não pertence, de todo, a ela. A legislação não erradicou a lógica cultural do senso de direito inato dos homens sobre o corpo das mulheres – em especial, ao de mulheres negras, pardas e indígenas, que convivem com o trauma histórico e a memória vestigial de terem sido, literalmente, comercializadas como mercadoria. Na Grã-Bretanha, 38% das mulheres entre 14 e 21 anos relatam assédio verbal em lugares públicos ao menos uma vez por mês,[3] e uma pesquisa da BBC documentou que mais da metade das britânicas sofreu assédio sexual no ambiente de trabalho.[4] Um estudo com 42 mil pessoas na União Europeia descobriu que uma em cada duas mulheres (55%) sofreu assédio sexual ao menos uma vez, desde os 15 anos.[5]

Quando nós mulheres falamos fora de hora, podemos esperar ser punidas. Estamos provocando. Deveríamos conhecer nosso lugar. Quanto a mim, já estava escrevendo sobre política havia dois anos quando encontrei o primeiro *site* de ódio dedicado a fantasias sobre meu estupro e meu assassinato. Eu tinha 23 anos. Tudo o que sempre desejara era descrever minha vida como a vivenciava e tomar parte em um diálogo político público. Não esperava os ataques coletivos, as fantasias e o ódio violentos – dos *sites* exclusivos de ataque às seções de comentários de publicações mais respeitáveis, não esperava os *e-mails* assustadores, as toscas edições de pornografia com meu rosto colado. Não esperava ter que explicar nada disso à minha família, aos meus amigos, aos meus chefes, que se perguntavam o que eu havia feito para deixar essas pessoas com tanta raiva. Supunha-se que eu devia ter feito alguma coisa. Também pensei isso. Aceitei que causara isso a mim mesma; que havia, de alguma forma, pedido por isso. E, se eu chegava a falar nisso, o que ouvia era, *não leia os comentários. Aguente firme. Crie uma casca grossa. A internet é isso mesmo*. Eu estava com medo e vergonha, e era muito jovem.

Logo percebi que estava muito longe de ser a única a quem haviam feito sentir medo e vergonha. Aos poucos, mulheres e pessoas *queer* que passavam pela mesma experiência começaram a encontrar umas às outras. Os homens que nos atacavam – e eram quase todos homens – eram sérios e bem organizados. Em 2011, comecei a falar abertamente sobre a experiência de abuso *on-line* em vez de ficar envergonhada em particular. Escrevi que ter opinião é a minissaia da internet – se você sai em público com ela, supõe-se que esteja convidando à violência. Você merece tudo que lhe acontecer. É uma provocadora. Você pediu.

Já se passaram duas gerações desde que Germaine Greer escreveu, em *A Mulher Eunuco*, que "as mulheres não fazem ideia do quanto os homens as odeiam".[6] Bem, agora fazemos. Muitos dos abusos *on-line* sofridos pelas mulheres em meados da década de 2010 foram incitados e administrados por *sites* como Breitbart, que depois se tornaram palanques para a extrema direita. Na nova misoginia de turba, a extrema direita emergente viu um campo de recrutamento fundamental.

Como veremos mais adiante neste livro, as estratégias políticas usadas atualmente para mobilizar homens jovens raivosos a votar em delinquentes populistas foram desenvolvidas e utilizadas, a princípio, na guerra cultural *on-line* contra as mulheres – e, com frequência, pelas mesmas pessoas. Essa tendência assustadora atingiu a primeira crise alucinada em 2013-2014, com o "Gamergate"[7] – polêmica fabricada na indústria de *videogames*, em que o ex-namorado vingativo de uma desenvolvedora a acusou de tê-lo traído, e o caso explodiu em um movimento misógino global que envolveu centenas de milhares de homens jovens raivosos, enfurecidos pela ousadia das mulheres de invadir seu espaço sagrado. De repente, o assédio *on-line* às mulheres tornou-se organizado e foi "gamificado", transformado em jogo – e a coisa não parou por aí.

A misoginia e o antifeminismo são a reação contra a nova revolução sexual – e em nenhum lugar essa reação é mais visível que na eleição de "homens fortes" no Norte global e em outros lugares.

Da Grã-Bretanha aos Estados Unidos, da Índia ao Brasil, narcisistas interesseiros chegam ao poder levados por uma onda de violento ressentimento masculino e de supremacia racial, com a promessa incoerente de trazer de volta uma era perdida de grandeza nacional, de lei e ordem, de "valores de família", em que as mulheres são forçadas a retornar aos papéis tradicionais de esposas e mães, sexualmente submissas e socialmente secundárias. A maior parte da atenção se concentra, não sem razão, nos ataques feitos por esses regimes àqueles considerados *outsiders* – sejam eles imigrantes, "pessoas não brancas" ou LGBTQIAPN+, muçulmanos ou judeus. No entanto, certa vertente de sexismo revanchista, com promessas de restaurar uma forma particular de patriarcado dominante, com frequência é a porta de entrada para esses movimentos – a filosofia subjacente que atrai tanto homens quanto mulheres para a causa da "oligarquia nacionalista".

Quem vota nesses líderes neomasculinistas são, na maioria absoluta, homens brancos, e parte do que esses líderes prometem é um retorno aos "valores tradicionais" – a um passado fictício em que os homens eram homens de verdade, e as mulheres, agradecidas. Essa fantasia idealiza a restauração do governo dos pais, uma sociedade dividida em unidades familiares monogâmicas, heterossexuais, cristãs, em grande parte caucasianas, com mulheres e crianças subservientes ao homem chefe do lar. Um rancoroso senso de direito ao corpo e ao afeto das mulheres é um refrão comum no novo repertório da extrema direita. É um paradigma sexual explicitamente violento – mas que se recusa a entender-se desse modo. Em vez disso, a violência sexual é reimaginada como ameaça externa – não algo que os homens brancos façam, mas que os estrangeiros ou imigrantes fazem com "nossas" mulheres, que devem ser protegidas não por serem pessoas, mas porque são propriedade.

É por isso que é um erro tratar a misoginia moderna sem discutir raça ou racismo. Estruturalmente, não são a mesma coisa, tampouco podem ser separados. Em parte, é isso que a teórica Kimberlé Crenshaw quis dizer quando inventou o termo "interseccionalidade".

Diferentes formas de opressão se sobrepõem e "se intersectam", e não podem ser compreendidas de maneira apropriada se tratadas de modo isolado. A supremacia branca como sistema político está profundamente ligada ao gênero – depende de uma ideologia específica de poder masculino branco, que dá aos homens caucasianos o direito pleno ao controle dos corpos de todas as mulheres. É por isso que, desde os dias da campanha pela abolição da escravatura nos Estados Unidos, os movimentos de liberação das mulheres e de emancipação das "pessoas não brancas" estiveram conectados – embora essa conexão, como veremos mais adiante, nunca tenha sido confortável. As mulheres brancas são sempre chamadas a desafiar os próprios preconceitos e a dar protagonismo às "não brancas", que, historicamente, foram as primeiras a assumir o risco de se manifestarem contra a violência sexual e a expor a economia política da misoginia.

Em um clima econômico inseguro e assustador, "nada parece estimular ou ameaçar a estabilidade convencional de modo tão profundo quanto o terreno pantanoso do gênero", escreveu o jornalista Frank Browning no livro *The Fate of Gender*[8]. "A reação e o ressentimento correm profundamente nas classes trabalhadora e média dos Estados Unidos brancos, evidenciados pela onda de mensagens misóginas que apareceram nas mídias sociais."[9] Muito do ressentimento está direcionado a mulheres que parecem estar buscando mais poder do que merecem. "Indignação moral", de acordo com os pesquisadores, ainda é a resposta predominante a mulheres que buscam o poder. Em 2016, durante as prévias da eleição presidencial dos Estados Unidos, quando eram dirigidas aos eleitores perguntas elaboradas para recordá-los de que muitas mulheres atualmente ganham mais que os homens, estes ficaram menos propensos a apoiar Hillary Clinton.[10] A indignação moral pelo fato de que as mulheres estão tomando espaço na vida pública pauta boa parte do comportamento de conservadores e neoconservadores do mundo todo ao votarem. A diferença de comportamento entre homens e mulheres ao votarem é tão significativa – e, em alguns países, até mais – quanto entre "pessoas não brancas" e brancas. Na Grã-Bretanha, os homens *millennials* eram 20% mais propensos a apoiar um candidato de direita ou extrema direita que as mulheres.

Essa indignação moral assume várias formas. Algumas são explícitas, como os governos de Viktor Orbán, na Hungria, de Jair Bolsonaro, no Brasil, e de Vladimir Putin, na Rússia – todos legalizaram a violência doméstica contra as mulheres. Outras formas são indiretas, como na Grã-Bretanha, onde a administração conservadora de sucessivos primeiros-ministros demitiu dezenas de milhares de mulheres trabalhadoras, reduziu salários e cortou fundos para ações contra a violência doméstica e para ajuda legal, o que torna economicamente impossível para as mulheres vítimas de violência deixar os parceiros agressivos ou enfrentá-los na justiça.

"Os conservadores", como a jornalista norte-americana Amanda Marcotte escreve, "preferem um sistema no qual a liberdade dos homens depende da servidão feminina."[11] Marcotte cita o senador norte-americano Josh Hawley, que acredita que "a liberdade é indesejável se for 'uma filosofia que liberta da família e da tradição, de fuga de Deus e da comunidade, uma filosofia de autocriação e escolha livre, irrestrita e desenfreada."[12] Por "família e tradição", Hawley – e muitos outros – quer dizer "mulheres no devido lugar".

Na moderna imaginação conservadora, o ideal de "liberdade" nunca foi pensado para incluir "pessoas não brancas" ou mulheres brancas. Homens ricos de direita discorrem, empolgados, sobre a importância da responsabilidade, com a confiança desesperada de quem nunca precisou limpar o banheiro, nem pensa em fazê-lo. Como o comentarista cultural Franklin Leonard disse: "Quando você está acostumado a ter privilégios, a igualdade parece opressão".

Todavia, a verdadeira medida da opressão não é quão furioso você está; é quão furioso lhe permitem ser. É por essa razão que a raiva de homens brancos heterossexuais no Norte global parece, frequentemente, tão avassaladora, enquanto a raiva de mulheres e de homens não brancos contra a violência estrutural e a opressão histórica é vista como doentia e excluída da conversa política. Mulheres que se manifestam contra o estupro institucionalizado "vão longe demais" e "perdem o controle"; "jovens não brancos" que protestam contra a violência da polícia são "delinquentes"; os homens brancos, por outro lado, têm "preocupações legítimas".

No Norte global e em outros lugares, o patriarcado está assustado e jogando sujo.

O sentimento de direito inato ultrajado do homem comum que tenta criar uma filosofia com base na recusa em administrar um momento de desconforto é fácil de ser explorado. Pode ser direcionado, canalizado. A promessa de restaurar o orgulho masculino branco perdido vende políticas, entrega votos e consagra imperadores. E o sentimento de haver um direito inato à sexualidade é a língua na qual essa promessa é feita.

No mundo todo, a extrema direita está crescendo – e o feminismo foi identificado como seu inimigo. Steve Bannon – CEO da Breitbart, antes conselheiro-chefe de Donald Trump e maior responsável, no mundo, por dar forma à *alt-right* como força política atual – utilizou explicitamente o medo masculino do poder feminino para construir um movimento. Bannon chamou o feminismo moderno de "o mais poderoso movimento político potencial do mundo"[13]... "ou o que chamo de 'movimento antipatriarcal'".[14] E ele não foi o único demagogo de extrema direita a transformar a misoginia em uma arma para os próprios fins.

A nova extrema direita usa instrumentos de coerção política evoluídos das estratégias de encontros amorosos projetados para driblar o consentimento sexual feminino. Muitas das táticas e das pseudofilosofias do fascismo moderno podem ser rastreadas até o esgoto cultural dos grupos masculinos *on-line* – até comunidades de homens jovens infelizes e frustrados, reunidos pelo ressentimento comum contra as mulheres. Como veremos em capítulos posteriores, o fascismo moderno visa homens jovens brancos vulneráveis e os convence de que o feminismo, o antirracismo e o liberalismo são uma ameaça à própria alma do homem caucasiano ocidental.

Na realidade, a masculinidade moderna é o pior inimigo de si mesma. Nos anos seguintes ao colapso financeiro de 2008, milhões de homens cresceram e envelheceram enfrentando insegurança, falta de estabilidade e de tudo que supostamente daria sentido à sua vida. Entre as poucas coisas que restaram para lhes dar a sensação de familiaridade e propósito, estão os papéis tradicionais de gênero – em específico, os roteiros sociais que garantem respeito e *status* aos homens "fortes", que podem atrair e dominar mulheres submissas. Esse discurso convence muitos homens de que o que de fato lhes falta na vida não é justiça econômica ou segurança social, mas apenas uma mulher – qualquer mulher – para cuidar deles e levantar a moral de um ego destroçado pela vida moderna; uma mulher que os faça se sentir importantes, necessários, vistos e ouvidos, quando há tão pouca coisa mais que o faça. Afinal, é mais fácil culpar as mulheres, o feminismo e a cultura *woke** por tudo que parece injusto na vida moderna que culpar a economia, o governo ou a si próprio.[15]

Quando a sociedade se torna instável e os homens se sentem frágeis e inseguros, as mulheres sofrem. À medida que a vida diária se torna mais precária e as verbas públicas para a saúde, a previdência, a moradia, a educação e a assistência social são cortadas pelos governos no mundo todo, espera-se que as mulheres entrem em cena para fornecer mais do trabalho de cuidados (tão vital) nos relacionamentos, em geral gratuito, ou nos serviços domésticos mal remunerados, de baixo *status* e sem qualquer estabilidade, executados, na esmagadora maioria, por mulheres imigrantes e de classe

---
* *Woke*, em inglês, "acordado, desperto", é um termo usado como adjetivo para denotar uma consciência social quanto a questões raciais, de gênero etc. relacionadas à justiça social e à desigualdade racial. (N. da T.)

operária. Durante os *lockdowns* da Covid-19 em 2020, quando milhares de pessoas foram forçadas a "ficar em casa" com parceiros e maridos abusivos, a violência doméstica mais que dobrou.[16] As mulheres, é claro, também tiveram que crescer e construir a vida no mesmo mercado de trabalho tóxico e aviltante, neste mesmo planeta em chamas; tiveram que sobreviver a reduções salariais e a aumentos de aluguel, de dívidas insolúveis e de instabilidade na carreira; e, além do mais, tiveram que sobreviver aos homens que as culpam por tudo isso.

No mundo todo, as mulheres, como classe política, estão sob ataque. O bombardeio é social, econômico e interpessoal, e acontece em todas as frentes. Em anos recentes, houve tremendo aumento no número de relatos de assédio sexual, em parte graças ao movimento #MeToo – e esse aumento não se deve, de todo, à maior incidência de denúncias. Segundo a Pesquisa Nacional de Vitimização de Crimes dos Estados Unidos,[17] a incidência de casos autodeclarados de estupro ou abuso sexual mais que dobrou de 2017 a 2018. Na Grã-Bretanha, apesar do aumento similar em experiências autodeclaradas de violência,[18] os julgamentos de casos de estupro estão atualmente no ponto mais baixo, em dez anos.[19] Enquanto os crimes violentos, como um todo, declinaram no mundo desenvolvido desde a década de 1990, a violência de gênero é um perigo consistente e crescente à vida de mulheres – e a resposta de instituições de justiça tradicionais é de desinteresse ensurdecedor. A violência íntima de parceiros contra mulheres ainda é tratada como assunto privado, não como questão de justiça pública.

Enquanto isso, a disponibilização de abortos está sendo violentamente minada no mundo todo. Encorajados pela indicação recente do juiz conservador Brett Kavanaugh à Suprema Corte, vários estados dos Estados Unidos vêm aprovando leis que quase banem a prática. Em países como Espanha e Polônia, leis que protegiam o direito da mulher a interromper a gravidez, conquistado a duras penas, foram revertidas. Mais uma vez, é essencial entender como tudo começou; que o movimento de direita contra os direitos reprodutivos vem ganhando impulso há décadas. Teve início nos anos 1980, como resposta deliberada à segunda onda do feminismo e às novas liberdades de que algumas mulheres começavam a desfrutar – e como meio de unir os conservadores sulistas contra a liberação dos negros.

Há um padrão aqui, um fio condutor que vai do movimento #MeToo à onda de violência misógina, da reação contra os direitos de aborto no Norte global ao dramático declínio das taxas de natalidade em todo o mundo e ao aumento assustador de homens jovens executando massacres em nome da vingança sexual, como este livro explora em mais detalhes em capítulos posteriores. Há um padrão por trás de tudo isso. O denominador comum é o medo. Medo da mudança. Medo da irrelevância. Medo das mulheres. Medo de como as mulheres estão mudando, tornando-se mais livres, mais corajosas, menos dispostas a colocar o conforto dos homens acima dos próprios direitos humanos. O denominador comum é a indignação moral. Indignação com as pessoas oprimidas que estão ousando denunciar a própria opressão; com as vítimas de abuso que já não se limitam ao papel social atribuído a elas, não escondem o mal que sofreram e começam a exigir que haja consequências.

Essa nova revolução sexual confronta o abuso de poder em todos os níveis. E este livro trata, explicitamente, de abuso, exploração e trauma não só como problemas individuais, mas como fenômenos políticos. A lógica do abuso tem papel central na forma como o poder funciona – desde governos ao redor do mundo, instituições e ramos de atividade até famílias. Este livro defende que muitos modelos tradicionais de organização social, da família nuclear às políticas parlamentares, não só possibilitam o abuso – precisam que ele ocorra. Necessitam que a exploração, a intimidação, a supremacia masculina e branca sejam normais e normalizadas.

Nossa cultura é moldada e remoldada pelo abuso e pelas cicatrizes que ele deixa na psique individual e coletiva. Todavia, o abuso raras vezes foi considerado merecedor de atenção política. Em vez disso, quando é mencionado, em geral é algo que deve ser suportado em particular, com a cura ocorrendo em isolamento – e é útil que assim seja, porque joga toda a responsabilidade pela mudança no indivíduo que sofre, não nos sistemas que causam o sofrimento. Caso alguém não entenda a mensagem, quem se manifesta publicamente sobre o abuso pode esperar punição e humilhação públicas, sobretudo se for mulher.

Contudo, falar sobre abuso, exploração e trauma é fundamental se desejamos entender como a opressão funciona. Pessoas que aprendem desde cedo que os adultos têm permissão de maltratar crianças; que homens podem maltratar mulheres; que policiais têm o direito de ultrajar indivíduos de comunidades marginalizadas; que os fortes têm autorização para predar os fracos, e que estes não devem achar que algum socorro virá, vão reconfigurar sua imaginação em torno dessa narrativa. Estarão mais propensas, não menos, a aceitar a intimidação e a exploração como parte normal da vida profissional. E essa lógica de exploração tem sido reiterada, repetidamente, em anos recentes de turbulência política. Ainda que mulheres e crianças tenham começado a denunciar, num coro cada vez mais confiante, sua experiência com o abuso, abusadores conhecidos têm sido conduzidos aos postos mais elevados do serviço público e da responsabilidade política. Ver como os valentões são sempre recompensados dói de maneira difícil de ignorar se você também foi vítima de abuso, como muitos de nós, ainda que não gostemos de pensar sobre nós desse modo. As vítimas, de fato, parecem se sobrecarregar, rotineiramente, com a vergonha que, na realidade, deveria pertencer àqueles que fazem os outros vítimas. Na verdade, o grau de vergonha que ainda incide sobre uma pessoa vítima de violência ou perseguição, hoje, tem tudo a ver com o desejo de calar as vítimas e normalizar o abuso.

Mais uma vez, em todos os níveis, do institucional ao individual, a tentativa de entrar em acordo com a injustiça e a escala do abuso criou o caos. Pessoas e comunidades dilaceraram-se na tentativa de conciliar o desejo por justiça com o de não pensar nos erros cometidos. Vítimas e sobreviventes lutam para manter o prumo em meio à tempestade de dissonância cognitiva que fustiga quem quer que saiba que algo terrível e injusto lhe sucedeu, mas que, em algum nível, ainda acredita que a culpa foi sua, que é errado reclamar, que não merece crédito, que não pode se permitir acreditar na evidência da própria experiência.

A revolução não tem início nas ruas; começa na cabeça e no coração. A revolução sexual acontece sempre que uma mulher decide – diante de anos de autodesprezo cuidadosamente nutrido, em uma cultura que lhe diz, todos os dias, que seu corpo não lhe pertence, que sua sexualidade é uma mercadoria para consumo masculino, que seu prazer não importa, que sua ambição a torna desagradável, que seus desejos a tornam repulsiva, que sua exaustão a torna fraca – gostar de si mesma e tratar-se como alguém digno de respeito; como alguém que não deve seu corpo, sua energia ou seu trabalho como aluguel para existir em um mundo masculino. Quando uma mulher se comporta como se sua vida importasse e sua felicidade contasse, uma pequena revolução acontece. E, quando muitos milhões de mulheres fazem isso, de uma só vez, o mundo muda para sempre. Como escreveu Shulamith Firestone em *A Dialética do Sexo*:

> Assim como a eliminação das classes econômicas requer a revolta das classes baixas (o proletariado) e, em uma ditadura temporária, a tomada dos meios de produção, garantir a eliminação das classes sexuais requer a revolta das classes baixas (as mulheres) e a tomada do controle da reprodução: não só a completa retomada das mulheres como donas de seus próprios corpos, mas também a captura (temporária) do controle da fertilidade humana.[20]

No início do outono de 2017, alguma coisa mudou. Mulheres e alguns homens corajosos finalmente começaram a vir a público e a manifestar-se, em números grandes demais para ignorar, sobre o assédio sexual e o abuso que haviam sofrido. A coisa vinha se arrastando havia anos, mas, quando a barragem por fim se rompeu, o processo teve início em Hollywood.

Em 2017, a denúncia contra o megaprodutor e estuprador em série Harvey Weinstein desencadeou uma enxurrada de relatos de mulheres, além de uma mudança colossal na forma como a maioria de nós pensa e fala sobre a violência sexual. Por muito tempo, Weinstein foi uma figura pública, a personificação do patriarcado que apodreceu em uma poça estagnada de autocomplacência, bolinando e estuprando ao longo de décadas de arrogância endinheirada, tramando como calar cada uma das mais de sessenta vítimas, plenamente consciente de que aquilo que fazia era algo abjeto. Suas vítimas foram as primeiras a se erguerem unidas, muitas delas após anos sendo silenciadas por meio da humilhação, ameaçadas com processos judiciais e excluídas da indústria do cinema. No coração congestionado da cultura de massa, mulheres ricas e lindas que passaram a vida sendo pagas para dizer as falas escritas para elas pelos homens começaram a usar a própria voz para contar uma história diferente. Quando uma mulher denuncia o homem que abusou dela, esse é um ato de rebelião. Quando muitas fazem isso, é um movimento de resistência.

Conectado pela *hashtag* #MeToo, criada dez anos atrás pela ativista norte-americana Tarana Burke, o movimento espalhou-se por diferentes ramos de atividade, cruzou oceanos e chegou ao âmago da política. Homens poderosos começaram a recuar com sua reputação entre as pernas. Conversas desesperadas ocorreram nas esferas mais elevadas: o que essas mulheres queriam? Como seria possível detê-las? A história estava fugindo totalmente do roteiro, mas as câmeras continuavam rodando, e homens que por muito tempo acreditaram ser os protagonistas das próprias narrativas começaram a entrar em pânico. Os advogados de Weinstein o defenderam como sendo um tolo sem noção, um "velho dinossauro" não reconstruído; outros homens na mesma posição brigaram para controlar a narrativa, com o pânico de predadores jurássicos alucinados tentando barganhar com um asteroide.

À medida que mulheres de todo o mundo vieram a público com seus relatos de violência sexual, velhas certezas sobre o que constituía comportamento normal e aceitável entre homens e mulheres, entre quem detém ou não o poder, começaram a ser descartadas como se fossem pele morta.

Meia década depois, continua a acontecer. Não só em Hollywood nem apenas no Vale do Silício. Não só na Casa Branca ou nos bastidores da Fox News. Está acontecendo no mundo da arte e nos partidos políticos *mainstream*. Está ocorrendo na esquerda radical britânica, no Partido Democrata dos Estados Unidos, no Parlamento australiano e no mundo da ajuda internacional. Está acontecendo nas universidades, na mídia, nas profissões legais e terapêuticas. Vem acontecendo há décadas. Continua acontecendo. Mãos bobas e desumanização cotidiana continuam sendo uma velha rota de ataque não só para mulheres que tentam deixar sua marca no mundo do entretenimento ou das finanças, na mídia ou na política, como para muitos milhões de mulheres que continuam lutando para sobreviver com trabalhos mal pagos e não respeitados. Pouco depois do movimento #MeToo eclodir, dezenas de milhares de trabalhadoras domésticas começaram a falar publicamente sobre suas vivências de abuso. Funcionárias do McDonald's declararam que seus corpos não estavam no menu.

O movimento contra a dominação masculina e a coerção sexual pareceu, por breve momento, criar pontes entre diferentes raças e classes. Trabalhadoras rurais migrantes falaram contra violência doméstica ao mesmo tempo que atrizes de Hollywood, jornalistas, políticas e tecnólogas se organizavam para combater os predadores em série em suas áreas de atuação. O desafio para essas mulheres começou da única forma que o desafio começa no mercado de trabalho: no ponto em que as pessoas decidem que os riscos de ficarem caladas são iguais aos de se manifestarem. Quando as pessoas percebem que suas lutas não são únicas, que sua dor é real e importante, a sensação é aterrorizante e, ao mesmo tempo, libertadora. Há uma euforia em compreender que você pode confiar em si mesma, que não é loucura querer um mundo diferente e que, mesmo que você seja louca, isso não significa que esteja errada.

Muitos dos supostos abusadores e de seus aliados responderam a tais revelações com pedidos de mais compreensão, insistindo que os acusadores levassem em conta o contexto desses crimes. Bem, claro, o contexto é vital. É essencial considerar o contexto em que esse levante geral contra a arrogância masculina tóxica está ocorrendo. O contexto é um momento histórico em que ficou óbvio que o senso de direito inato do homem branco constitui a maior ameaça coletiva à sobrevivência de nossa espécie.

Não se trata de metáfora. O consentimento político e o sexual não são análogos; são *correlatos*. Alimentam um ao outro. A busca por entendimento mais humano do poder e do consentimento não é apenas um cenário armado para uma luta maior. É a luta maior. Essa busca diz respeito a velhos pegajosos e aos jovens que tateiam na esteira deles em busca do poder – e sempre foi assim. "O que acontecerá quando as mulheres por todo canto acenderem todas as luzes da casa [...] e os homens já não tiverem um canto escuro onde se esconder?", questiona a escritora Caitlin Johnstone, na revista *Medium*. "É inimaginável. As estruturas de poder serão desmanteladas, desde a unidade familiar básica até os escalões mais altos de influência."[21] Este livro trata diretamente das implicações dessa mudança colossal – e da ameaça que ela representa para os sistemas tradicionais de poder.

Os estados modernos são sexistas e racistas pela própria natureza, porque suas estruturas de poder estão calcadas na exploração das "pessoas não brancas" e das mulheres brancas. A violência sexual e a opressão racista são fundamentais para a forma como o trabalho, o dinheiro e os recursos estão organizados na maioria das sociedades modernas. Essa não é uma ideia nova. Teóricos como Catharine A. MacKinnon comentaram como o poder com base em gênero é essencial para a formação do Estado moderno. MacKinnon acreditava, porém, que a violência sexual é o código-fonte desse diferencial de poder – que o Estado foi construído para facilitar a violência sexual masculina contra as mulheres. Este livro traz outro ponto de vista. A violência sexual não é o objetivo final do patriarcado branco supremacista – é um mecanismo impositivo.

O verdadeiro intuito de manter as hierarquias de gênero e raça que sustentam a maioria dos sistemas políticos modernos não é controlar o sexo, mas, sim, o *trabalho*. Nossas arquiteturas de violência racista e sexista são projetadas para coagir "as pessoas não brancas" e a maioria das mulheres brancas a fazer o trabalho duro, repetitivo e essencial de sustentar a vida, para que uma minoria de homens brancos e ricos não precise fazê-lo – arranjo que, em última análise, prejudica todo mundo.

O sexo é parte da história. Minha geração herdou um mundo em que o sexo era barato, mas não livre. Herdamos uma cultura de heterossexualidade enfadonha, violenta e coercitiva. Crescemos sendo advertidos de que o sexo era algo perigoso; algo violento feito pelos rapazes às moças; algo de que os homens precisavam e as mulheres controlavam; algo que os homens fortes queriam e as garotas boas não os deixavam ter fácil demais. Crescemos marinadas num dilúvio de pornografia *mainstream* que reinterpreta o sexo como uma linha de montagem de corpos sovando uns aos outros para reduzi-los à submissão; de violência ritual executada contra mulheres, de socar, esmagar, arruinar, estrangular, surrar, destruir; uma linguagem de sexo que era tão puritana, sem graça e competitiva como tudo o mais em nossa vida.

A sociedade moderna confunde sexo e poder, criando um ambiente em que a ideia da liberdade é "fetichizada" na teoria e empobrecida na prática. Em que cada desejo deve se tornar o desejo pela dominação. Quando poder, violência e autoridade são erotizados, o próprio sexo se torna autoritário.

As tendências autoritárias estão entranhadas na cultura política *mainstream*. Um termo mais específico para essa tendência é o que algumas pessoas chamam de neoliberalismo. Colocando de forma simples, o neoliberalismo é uma maneira de organizar a sociedade – da política à cultura e ao comércio – de modo que as necessidades do mercado e do lucro privado tenham precedência sobre qualquer coisa. Isso descreve uma forma específica de capitalismo, em que nada é mais importante que o que pode ser vendido, para quem e por quanto. Em que a vida humana em si não tem valor inerente; em que cada desejo humano é canalizado para maior produtividade, e a maioria de nós passa a maior parte do tempo trabalhando até cair para dar lucro aos outros. Acima de tudo, o neoliberalismo tem alergia à ideia de seres humanos vivendo, organizando-se e cuidando uns dos outros coletivamente – em vez disso, imagina uma ordem mundial em que os indivíduos e suas famílias lutam sozinhos em um mundo de competição implacável, onde apenas sobrevive quem é mais forte e tem mais sorte. Esse é o motivo pelo qual o neoliberalismo, no fim, se transforma em autoritarismo. E o neoliberalismo, como todas as formas de autoritarismo, não visa apenas ao controle do que as pessoas fazem, mas ao de como pensam e sentem. No entanto, com o tempo, alguma coisa vai arrebentar.

Em geral, algo arrebenta. Wilhelm Reich foi um dos primeiros filósofos a perceber o modo como a frustração sexual estava sendo exacerbada e manipulada pelos déspotas da década de 1930 e canalizada para violentas finalidades imperialistas e racistas. Em

Psicologia de Massas do Fascismo, ele observou que "a supressão da gratificação sexual natural leva a vários tipos de gratificações substitutas. [...] Agressão natural, por exemplo, torna-se um sadismo brutal, que então é fator psicológico de massa essencial nas guerras imperialistas".[22]

Isso também é verdade atualmente, do Estado Islâmico à extrema direita norte-americana: o uso estratégico da frustração sexual e da misoginia transformada em arma na radicalização de homens jovens é consistente por meio das ideologias. Infelizmente, o senso de merecimento subjacente não é exclusivo dos movimentos fascistas. O oposto da cultura do consentimento não é a cultura do estupro – é o autoritarismo.

O autoritarismo sexual ocorre quando os homens heterossexuais não podem mais contar com a conformidade sexual das mulheres. De novo, isso é mais que metáfora. A repressão sexual é mais que simplesmente uma analogia à opressão política. Ela é real, assim como a opressão política, e as duas se relacionam. Ambas tendem a envolver homens poderosos que se apossam de tudo aquilo a que acham ter direito, custe o que custar, e saindo impunes – pois as leis que deveriam responsabilizá-los foram escritas por e para gente igual a eles. Essa é a própria essência do privilégio, palavra que significa, literalmente, "lei privada".

Desafiar a exploração sexual é, em última análise, desafiar o privilégio masculino em todos os níveis, do político ao pessoal. É afirmar o direito de todos os corpos não apenas à igualdade perante a lei, não somente à dignidade e ao livre-arbítrio, mas ao controle de si mesmo, ao prazer e à aventura. Este livro defende que a revolução sexual e suas demandas urgentes por uma reorganização do cuidado e do labor são uma ameaça à ordem econômica moderna. E à repressão sexual.

Essa revolução sexual é uma revolução na redefinição de termos – um exercício em taxonomia. Diz respeito a identificar e definir os contornos de um mundo de violenta incoerência. As palavras importam na política sexual. Em 2018, a atriz Alyssa Milano sugeriu uma "greve de sexo" como meio para as mulheres intensificarem o movimento #MeToo – negando sexo aos homens enquanto eles negassem ao restante de nós autonomia corporal básica. O instinto estava certo, mas era a estratégia errada. Uma greve de sexo geral é uma ideia estúpida, bem como socialmente conservadora, uma vez que o desejo sexual feminino é algo real e ativo, cuja repressão requer ampla estratégia social e econômica. Há séculos, religiosos e políticos vêm tentando sufocar a sexualidade das mulheres. Entretanto, uma greve de sexo específica – aquela que os chauvinistas temem – já está em andamento e bem avançada. A ampla adoção de práticas de consentimento é a "greve de sexo" temida pelos chauvinistas.

O que vem acontecendo, em silêncio e há algum tempo, é que as mulheres estão rejeitando a velha barganha patriarcal em que negociamos nossa sexualidade e o trabalho de nossa vida em troca de segurança e proteção. Hoje, menos mulheres são forçadas, por necessidade econômica, pressão social, isolamento ou medo, a entrar ou permanecer em relacionamentos que não desejam. Está tudo bem dizer que feminismo significa dar às mulheres o poder de escolha, mas o que acontece quando começamos a fazer escolhas – em massa – que os homens não aprovam?

O que ocorre é uma perturbação fundamental do "contrato sexual", que, de acordo com a teórica Carole Pateman, é a própria base daquilo que entendemos como liberdade democrática. Questionando a ideia do "contrato social" hobbesiano, Pateman explica[23] que os pressupostos básicos da liberação do Iluminismo dependem da imposição de um diferencial de poder entre homens e mulheres – um contrato sexual tácito pelo qual as mulheres devem aos homens cuidados, atenção, acesso sexual e trabalho doméstico não remunerado. Se as mulheres descumprem os termos desse contrato, recusando subserviência, merecem punição por isso – enquanto escrevia este livro, conversei com incontáveis mulheres que foram punidas por esse motivo, que carregam feridas que doem, as quais lembram a elas, sem piedade, o custo da não conformidade.

Para curar a injustiça no futuro, é necessário identificar e reafirmar as feridas do passado. Esse é um dos maiores desafios no que diz respeito à edificação de culturas que valorizam a vida humana e à construção de vidas humanas que resistam à opressão. A maioria de nós preferiria a versão da história em que estávamos no controle o tempo todo, em que todo mal e a decepção sofrida foram culpa nossa, porque assim é mais fácil assimilar as coisas horríveis que aconteceram conosco e dar sentido à maneira como nos fizeram sentir. É terrivelmente humano o desejo de evitar reviver as dores do passado. Muitas vezes, pode parecer que negar atrocidades pretéritas é a única forma de sobreviver, de maneira plena, a elas. Mas, não raro, reconhecer o mal que já aconteceu é necessário para impedir que volte a acontecer.

Não poderemos ter liberação sexual sem estarmos livres do abuso, e não estaremos livres do abuso sem denunciá-lo. Boa parte do trabalho de mudança social consiste em permitir às pessoas contar a verdade sobre as próprias experiências, para que externem a dor sofrida, de modo que outras não passem pela mesma situação. Foi o que aconteceu nas décadas de 1960 e 1970, quando as feministas começaram a falar sobre abuso sexual e violência doméstica, que eram e continuam sendo os segredos horrendos que corroem o cerne de nossas comunidades, famílias e instituições políticas. Na época, foi uma atitude corajosa e perigosa, assim como é ainda hoje. A humilhação do abuso devia ser suportada pelos sobreviventes, na maioria mulheres e crianças, dos quais se esperava que mantivessem silêncio sobre o que lhes acontecera, protegendo os abusadores das consequências de seus atos e – o mais importante – a todos os demais do desconforto da dor alheia.

Hoje, estamos indo de uma cultura que permite tacitamente o estupro e o abuso de mulheres e crianças, mas criminaliza a homossexualidade, o aborto e o controle de natalidade, e que considera o prazer sexual feminino como fundamentalmente suspeito rumo a outra na qual o importante não é com quem você faz sexo, com que frequência ou com quantas pessoas, mas se todo mundo quer fazê-lo ou não. De modo mais amplo, a revolução sexual imagina um mundo em que as pessoas são livres para fazer sexo e construir relacionamentos e famílias da maneira que escolherem, desde que não estejam ferindo ou violando ninguém. Imagina um mundo em que o esquema sexual não contabiliza quanto sexo está sendo feito, ou de que tipo, mas se é desejado e bom para todos os envolvidos. E tal esquema de consentimento não se aplica apenas ao sexo.

Essas ideias são uma afronta às atuais ortodoxias do trabalho, do amor e do sexo. São uma ofensa ao pressuposto de que as mulheres devem algo aos homens, como sexo, afeto, trabalho emocional e serviços domésticos. Esses pressupostos ficam abalados quando mulheres e crianças se unem para afirmar que, na realidade, os homens poderosos não adquirem automaticamente o direito de acesso aos corpos alheios. E quando, por fim, uma mulher se vê capaz de questionar se de fato deve qualquer coisa aos homens, se não seria ela a quem o mundo deve algo, esse é um ato de resistência.

Aprendi do modo mais difícil o que acontece quando incomodo os homens. Quando me recusei a me fazer pequena e impotente para que os homens pudessem se sentir grandes e no comando, houve consequências. Mas também há consequências se ficamos na defensiva e fechadas, se esquecemos nossa própria identidade. Há consequências se nos tornamos insensíveis. Há consequências se toleramos a violência e o desrespeito. A mais imediata é que a violência e o desrespeito continuam acontecendo. A você e aos outros.

Karah Frank, que finalmente saiu de uma relação violenta e abusiva, disse em uma carta apresentada no processo judicial contra seu abusador: "No hoje essencial texto de Judith [Lewis] Herman, *Trauma and Recovery*, ela delineia o processo de dominação psicológica. O estágio final desse processo é conhecido como entrega total, em que a vítima se torna totalmente cúmplice do próprio abuso". Herman explica a necessidade disso "na mente do abusador", usando uma citação de George Orwell, de *1984*:

> Não nos contentamos com a obediência negativa nem mesmo com a mais abjeta submissão. Quando finalmente você se render a nós, será por livre e espontânea vontade. Não destruímos o herege por resistir a nós; enquanto resiste, nunca o destruímos. Nós o convertemos, capturamos sua mente, damos a ele uma nova forma. Queimamos todo mal e toda ilusão que nele existam; nós o trazemos para o nosso lado não em aparência, mas verdadeiramente de corpo e alma.[24]

Na avaliação de Judith Lewis Herman, é assim também que os abusadores operam: a criação de uma lealdade acovardada e cúmplice sendo "necessária à justificativa e à continuidade do ciclo de abuso. O agressor insiste na lealdade total; mente, corpo e alma".[25]

A cumplicidade pode minar a coragem de qualquer um. É extremamente incômodo reconhecer a violência histórica feita em nosso nome. Esse é um dos motivos pelos quais mulheres, indivíduos trans e *gays*, pessoas negras, pardas e indígenas continuam sendo personagens secundários na concepção de história como ela é entendida individual e coletivamente. Isso importa. Importa porque, se não conhecemos nossa história, não podemos aprender com ela, e aqueles que não podem aprender com a história estão condenados a se expressar com clichês ignorantes e a vivê-los.

Mas algo está mudando. De repente, uma enorme quantidade de coisas que antes não eram ditas estão sendo expressas, num sussurro no início, depois aumentando num crescendo desconfortável. Os jovens já não estão preparados para aceitar o consenso popular que determina de quem são as histórias que importam. As concepções de raça e de gênero, do modo como viemos a entendê-las, como quer que se estampem em nosso corpo, foram refinadas ao longo de gerações para justificar e desculpar a exploração, a conquista colonial e a desigualdade. Isso não significa que raça e gênero não sejam coisas que conhecemos e sentimos em nosso corpo. São histórias que contamos uns aos outros sobre quem é considerado humano neste mundo, e em que termos, e desconhecer a história deixa livres aqueles que a direcionam para escrever e reescrever a narrativa do que significa ser um homem decente, uma mulher forte, uma boa garota. Inevitavelmente, essas definições parecem acomodar-se nos limites do que significa ser um cidadão obediente, um trabalhador dócil ou um vassalo submisso.

Para que o poder seja capaz de se olhar no espelho, certas coisas devem ser expurgadas da memória coletiva. Essa é uma resposta normal ao trauma – em especial ao dos outros. Por muito tempo, um dos privilégios especiais de fazer parte do grupo que escreve a história foi não ter que ler as notas de rodapé. Isso é válido seja você homem, pessoa branca, indivíduo hétero, pessoa saudável, norte-americano, europeu ou qualquer outra classe de ser humano que, em geral, tem lugar de fala garantido na longa e bizarra saga do herói da história recente. Todos os demais são obrigados a protegê-lo do conhecimento daquilo que foi necessário para manter você nesse lugar – não só para seu próprio bem como para o deles.

É mais fácil acreditar que você não é merecedor a crer que o mundo é injusto, uma vez que você não pode mudar o mundo sozinho. É mais fácil mentir para si mesmo e permitir que mintam para você. Quando você tem que assistir a pequenos déspotas abrirem o próprio caminho rumo ao poder à custa de intimidação e trapaças; quando você é forçado a confrontar a real extensão do estupro e do abuso que estão sendo revelados à sua volta, é mais fácil acreditar que, de certa forma, você escolheu isso. Que, de certa forma, você o quis. Que, de certa forma, você pediu por isso.

"Pedir por isso" – como se, de fato, vivêssemos em uma era de consentimento. Como se a coerção não fosse parte integrante de como encontramos trabalho, constituímos família e lutamos pela sobrevivência. O que acontece quando um número suficiente de pessoas deixa de acreditar que, em algum momento, desejou um mundo assim? O que poderia nos acontecer, como sociedade, como espécie, se um número suficiente de nós começasse a levar o consentimento a sério? O que poderia acontecer se um número suficiente de nós se unisse e se recusasse a gastar um segundo mais assistindo a homens velhos brancos e ricos fazerem o que bem entenderem com nossos corpos e chamando a isso liberdade? Seria maravilhoso, claro, mas também assustador.

"Fomos criadas para temer nosso sim interior, nossos mais profundos desejos", escreveu Audre Lorde em *Os Usos do Erótico*. "O medo de nossos mais profundos desejos os mantém suspeitos, nos mantém dóceis, leais e obedientes, e nos leva a aceitar muitos aspectos da opressão que sofremos por sermos mulheres."[26]

Muitas pessoas aprenderam a desconfiar do próprio desejo. O motivo é haver tantos desejos ainda estigmatizados e punidos por uma cultura exploradora que quer controlar o corpo de mulheres e *femmes*, e trans e *queer*, e pobres e negros, e pardos e com deficiência. Desde a primeira vez em que se pega desejando algo que lhe foi dito que seria perigoso e a tornaria merecedora de violência, uma garotinha aprende a sufocar e a reprimir os próprios desejos. Quando quer tocar um corpo proibido com o próprio corpo. Quando quer criar algo ousado e corajoso. Quando quer competir com os garotos. Quando quer retrucar à autoridade. Quando sente indignação com a injustiça do mundo que a oprime; quando quer mais do que lhe disseram que deveria querer. É perigoso para uma mulher querer coisas, quando se espera que ela passe a vida atendendo às necessidades dos outros. E o pior que uma pessoa pode fazer, sendo mulher, *queer* ou "não branca", é pedi-las.

Porque, uma vez que as pessoas começam a pedir, é difícil fazê-las parar. E mais e mais mulheres estão pedindo que as coisas sejam diferentes. Que o trabalho faça mais sentido. Que o sexo seja melhor. Que o amor doa menos. Mais mulheres estão se perguntando se poderiam fazer com a própria vida algo maior que apenas se acabar, salvando o mundo um homem por vez. Mais mulheres estão escolhendo a independência em vez da servidão, sabendo que ambas serão exaustivas, recusando-se a aceitar menos que o respeito que lhes é devido. Recusando-se a trabalhar para serem boas o suficiente, além de propriedades de alguém – começando a ser propriedades de si mesmas. Começando a rasgar os contratos sociais tácitos que sempre constituíram a base de nossas normas democráticas e sociais.

O consentimento é o oposto do autoritarismo. Transformar uma cultura de coerção em uma de consentimento pode reconfigurar o que significa ser humano. E é esse o objeto dessa revolução. Se homens e mulheres, e todos os demais, de todos os gêneros, puderem enfrentar juntos esse trauma, construir juntos algo que se pareça com justiça, então talvez poderão ter a chance de um futuro brilhante – dessa vez, para todos nós. Admitir a ocorrência da violência íntima e estrutural do passado é a única maneira de sobrevivermos uns aos outros por tempo suficiente para conseguirmos chegar a esse futuro. No século seguinte, apenas uma de duas coisas sobreviverá: o frágil autoconceito e o conforto da masculinidade branca ou a sociedade humana como gostaríamos que fosse. Há tudo pelo que lutar. E tudo que precisamos fazer é pedir por isso.

1

Sem Nosso Consentimento

A primeira coisa que deve ser compreendida sobre o consentimento é que ele não é uma coisa. O consentimento não é um item ou um pertence. Não é um objeto tátil nem um presente que possa ser dado e depois exigido com grosseria. O consentimento é um *estado de ser*. Dar a alguém seu consentimento – sexual, político, social – é um pouco como dar à pessoa sua atenção. É um processo contínuo. É uma interação entre criaturas humanas. Creio que muitos homens não entendem isso. Acredito que essa falta de compreensão está causando um trauma indescritível para mulheres, homens e todos os demais que estão fartos da dor que a sexualidade humana ainda causa.

Precisamos falar sobre o que de fato significa consentimento e sobre por que ele se torna mais importante, não menos, em um momento em que os direitos fundamentais da mulher à autonomia sobre o próprio corpo estão sob ataque no mundo todo. Ainda entendemos o consentimento de modo totalmente equivocado e precisamos tentar compreendê-lo um pouco melhor, pelo bem de todos nós. Assim, como poderíamos criar uma cultura em que o consentimento é a linha de base para a interação sexual? Vamos começar com a má notícia.

A má notícia é que não há um conjunto simples de regras que devamos fazer circular para garantir que ninguém jamais volte a violar outro ser humano, por acidente ou de propósito. Acredite, se um conjunto de regras fosse suficiente, uma receita que dissesse quem age primeiro e o que vai onde, eu as escreveria, e ponto-final. Infelizmente, se um conjunto simples de regras fosse o bastante, não estaríamos nesse caos.

O físico Carl Sagan escreveu, certa vez, que, se quiser fazer uma torta de maçã do zero, "você precisa, primeiro, inventar o Universo". Não é só questão de usar a receita certa: açúcar, farinha, manteiga e fruta nas proporções corretas. Antes, é necessário começar com um sistema complexo de distribuição e produção de alimentos, centenas de anos de sórdido comércio de cana-de-açúcar, grãos e mão de obra humana, milhares de anos de agricultura, milhões de anos de evolução e bilhões de anos mais para tudo isso ser formado da poeira resultante da explosão do centro de uma estrela distante. É disso de que precisamos para fazer uma torta de maçã do nada. O mesmo princípio se aplica quando você deseja criar uma mudança cultural.

Não é possível fazer a sexualidade humana doer menos sem voltar aos primeiros princípios, à própria base dos contratos sociais injustos e dos roteiros sexuais que norteiam nossa vida. Criar uma cultura do consentimento não é apenas uma questão de encontrar as regras certas e segui-las. *Você precisa de uma revolução sexual*. Precisa repensar totalmente de que maneira sexo, amor, trabalho, gênero e prazer são definidos. Se queremos liberdade sexual, primeiro precisamos retrabalhar a forma como as relações são organizadas, o modo como a violência é entendida, a maneira como os corpos são controlados, a natureza da feminilidade e o significado da masculinidade. A boa notícia é que provavelmente deveríamos estar fazendo tudo isso, de qualquer modo. De fato, o processo já começou. E começou ao ser dado nome ao problema.

Há uma magia cotidiana, extraordinária, no ato de nomear o problema. "Cultura do estupro" refere-se à linguagem e aos costumes que normalizam o estupro e o transformam em força policial na vida das mulheres. A cultura do estupro diz *não passe por aquela rua*; adverte mulheres e pessoas *queer* a controlarem-se. Controle é a questão. A mensagem é que nem a rua nem o mundo são para você.

Identificar e expor à vergonha a cultura do estupro é uma das intervenções feministas mais importantes de anos recentes – e uma das mais mal compreendidas. A "cultura do estupro" não implica apenas uma sociedade na qual o estupro é algo rotineiro. É rotineiro, claro – nos Estados Unidos, todos os dias, 600 mulheres são estupradas e três são assassinadas por parceiros ou ex-parceiros.[1] Uma em cada cinco mulheres e um em cada 71 homens serão estuprados em algum momento da vida.[2] Mas a cultura do estupro não é só uma cultura na qual isso acontece – é uma cultura em que isso acontece e *é normal*.

Outro termo usado é "autoritarismo sexual" – sexualidade baseada em dominância, em que o sexo é algo que um conjunto de pessoas impõe a outro ou extrai dele. "Cultura do estupro" refere-se às narrativas de nossa vida diária que transformam o estupro e a agressão sexual em armas, como forma de controlar a vida das mulheres – de modo que a violência sexual masculina é desculpada como sendo socialmente inevitável, mas as mulheres são educadas para temerem o estupro e resguardarem-se contra ele.

A experiência feminina com o estupro e sua *definição* legal são coisas completamente diferentes. Enquanto a definição do estupro como crime varia de um país para outro, essas definições raramente são baseadas na experiência real de sobreviventes. Em vez disso, baseiam-se em histórias que a cultura nos conta sobre o que se supõe que um estuprador gostaria – histórias escritas, sobretudo, por homens. Em um estudo com 77 universitárias norte-americanas que haviam sofrido "penetração vaginal não consentida", os pesquisadores descobriram que muitas não classificavam sua experiência como estupro – não porque não tivesse sido traumática, mas porque haviam absorvido narrativas sobre o significado que "estupro" supostamente teria.[3]

Para algumas delas, o agressor "não se encaixava em suas expectativas de estuprador" – ele não as espancou, não estava armado, era um amigo querido. Para outras, o próprio comportamento não parecia ser o de uma vítima "normal" – estavam embriagadas e culparam a si mesmas. Em outro estudo, feito em 2016, das 400 ocorrências de estupro registradas em uma central policial do Reino Unido, nenhuma se encaixou exatamente na narrativa do "estupro real", que envolve "um desconhecido armado que ataca uma mulher à noite, de forma violenta, em um local isolado, ao ar livre", e diz que "a mulher sofre ferimentos sérios por conta do ataque".[4]

Você não precisa ser vítima de estupro para ser afetada por essa cultura – basta crescer em uma que alerta que, se você não se controlar, se falar alto demais ou agir de modo muito louco, ou se for a algum lugar onde não deveria estar, com uma saia curta demais, o resultado será um estupro, e a culpa será toda sua. Todos nós crescemos em uma cultura assim – incluindo os homens.

A cultura do estupro também os afeta. Treina os homens a sentirem que têm direito aos serviços sexuais e emocionais das mulheres, a medir o amor-próprio por quantas "xoxotas conseguem agarrar", a ver as mulheres tanto como o inimigo quanto como o prêmio na batalha da vida, não como seres humanos iguais a eles. A cultura do estupro eviscera a intimidade e destrói a solidariedade entre homens e mulheres bem quando esta última é mais necessária.

Determinado ato de estupro pode "ter a ver" com muitas coisas, mas a cultura do estupro tem a ver com controle. Controle por meio da violência e da ameaça de violência. A questão é: o que está sendo controlado e por quê? Para quem a cultura do estupro trabalha, de fato?

Na realidade, é muito simples. A cultura do estupro é fundamental para o funcionamento de economias que se baseiam na exploração dos corpos femininos. E todas as economias do planeta estão baseadas no trabalho invisível realizado, em geral, por mulheres, quase sempre de graça – no trabalho reprodutivo, doméstico e emocional, sem o qual todas as economias modernas entrariam em colapso da noite para o dia. A liberdade reprodutiva e sexual das mulheres é um problema econômico, e, se você quer construir uma cultura do consentimento, é por aí que precisa começar. Você precisa começar perguntando por que o corpo das mulheres é tratado como um recurso a ser explorado, por que a ação e a dignidade da mulher ainda são tratadas como culturalmente irrelevantes, e como essa situação pode ser mudada para melhor.

Construir uma cultura do consentimento não requer apenas a mudança da legislação quanto ao estupro, ao assédio e à violência. Deve haver uma mudança da ética subjacente, de modo a incluir a noção de que a vida de mulheres e de pessoas LGBTQIAPN+ importa de fato; de que o que queremos e o que não queremos importa de verdade, e essa é uma tarefa muito maior – e muito mais incômoda.

Um tema recorrente, quando eu tinha meus 20 anos, foi ver comunidades e instituições, círculos de amizades e organizações políticas implodirem pela incapacidade de confrontar estupradores e predadores sexuais. Por toda parte, era a mesma história: homens populares e poderosos estavam sendo denunciados por comportarem-se de forma horrível com as mulheres. As denúncias tiveram consequências terríveis não só para os abusadores, mas também para as vítimas. Vi isso acontecer como repórter e como ativista. Vi acontecer na cena anarquista, na esquerda marxista, em escolas e universidades, no movimento Occupy, em grupos *geeks* e *gamers*, em sindicatos, no mundo *tech*, no ramo da segurança, no universo literário, no ramo hoteleiro e na indústria de filmes adultos. E todas as vezes eu via a dificuldade das comunidades em lidar com a vergonha de serem forçadas a reconhecer o que, na realidade, todo mundo já sabia.

Quando você pede a uma comunidade que lide com seus abusadores, está pedindo que ela lide com a própria hipocrisia e cumplicidade. Esse é um pedido profundamente incômodo. A maioria das pessoas, se puder escolher, prefere a conveniência e o conforto à autocrítica; o poder da inércia não deve ser subestimado. Semelhante paralisia tem produzido meses, anos de trauma, com as mulheres sendo marginalizadas de novo e de novo, porque todos os demais decidiram que preferem gastar sua empatia com os abusadores.

É mais fácil acreditar que as mulheres têm, de algum modo, culpa pela agressão sexual a realizar o perigoso trabalho de promover mudanças – perigoso porque tende a deixar incomodados os homens poderosos. Tenho desentendimentos rotineiros e acalorados sobre o tema com uma familiar mais velha. Ela crê que as pessoas que sofreram agressão sexual deveriam apenas ter tomado mais cuidado, e desconfio de que o motivo pelo qual ela acredita nisso é que dá certo conforto e sensação de controle pensar que existe uma escolha envolvida. Porque a alternativa é pior. A alternativa é que não há nada que ela possa fazer para impedir que isso ocorra e, por extensão, para proteger as filhas, as netas, as amigas, ela própria. Sentir-se cúmplice em nosso próprio assédio nos permite sobreviver ao trauma, mas também nos impede de encará-lo. É assim que chegamos a um mundo em que as mulheres, para a própria segurança, são aconselhadas pelas pessoas que as amam a não andarem sozinhas à noite. É nossa escolha, uma escolha que fazemos para nosso próprio bem, como mulheres independentes, para minimizar nosso risco. Mas isso não é liberdade sexual. É alguma outra coisa.

Não poderá haver liberdade sexual enquanto as garotas continuarem sendo descartáveis. E elas são tornadas descartáveis recorrentemente, nos *campi* universitários, em cidades pequenas em que os jogadores de futebol americano são os reizinhos das escolas, em quartos de hotel de todas as cidades, em qualquer continente. Nas próprias casas e *on-line*, as garotas estão lá para serem usadas e descartadas quando se tornarem inconvenientes. Estão lá como escarradeiras para a autoaversão que você não consegue engolir. Garotas que limpam sua casa. Garotas que removem as marcas da sua vergonha. E a pior coisa que uma garota pode fazer é recusar-se a ser esse tipo de fantoche.

As garotas que se manifestam sobre o que lhes aconteceu depois daquela festa, depois daquela entrevista, depois daquele jogo de futebol podem esperar que serão aquelas a receberem punição pelos crimes cometidos contra elas. Serão humilhadas e excluídas na escola, banidas do círculo de amizades e, mais tarde, de círculos profissionais. Ele cometeu um erro, e ela será exilada por isso. Ele estava bêbado, por isso não sabia o que estava fazendo; ela estava embriagada e tinha que ter pensado melhor no que fazia. Ela criou caso, foi difícil, não facilitou as coisas para ele, é mentirosa ou vadia, ou as duas coisas. Não aconteceu nada, e, se aconteceu, não tem importância, porque ele tem todo um futuro diante de si, e ela é apenas uma garota.

Agressão sexual é a linguagem falada na adolescência das garotas. A violência sexual masculina é uma experiência quase universal para as garotas à medida que crescem, mas isso não faz que esteja tudo bem ou seja normal. A violência sexual não é normal – é *normalizada*, e de forma deliberada e selvagem.

É esse o trauma que modela nosso entendimento coletivo de gênero e poder, e não "fica melhor" quando crescemos e deixamos de ser meninas. Esse ritual de violência e silêncio desenrola-se em todos os ramos de atividade e em todas as instituições de poder.

Há muito mais em jogo aqui que o simples fim da violência sexual, embora esse pudesse ser um começo. O mundo insano da cultura do estupro e da misoginia vai muito além do que a maioria de nós ousaria imaginar. Os seres humanos criam aberrações descomunais para não precisarem encarar a monstruosidade cotidiana em seus lares, nas escolas, nas comunidades. Nas teorias da conspiração que nutrem a cultura conservadora, há grande nervosismo em grupos de elite obscuros que abusam de mulheres e crianças. Mulheres e crianças visadas por tais conspirações ficcionais não existem e, portanto, não exigem nada dos salvadores. A total bizarrice dessas teorias só poderia advir de uma cultura desesperada para não encarar o fato de que a violência sexual é comum, todos os dias, por todo lado.

Da mesma forma, as mulheres que sofrem estupro, na sua maioria, são violentadas por alguém conhecido, com frequência um amigo próximo, um parceiro ou marido – e, mesmo assim, o entendimento cultural e legal que temos sobre como seria um estuprador ainda parece envolver um beco escuro e um desconhecido com pilosidade facial suspeita. Essa alteração bizarra de estupradores e abusadores é uma válvula de pressão crucial que permite ao restante de nós viver de modo mais confortável em estruturas econômicas e sociais baseadas totalmente no abuso. Se o estupro é um crime singular, cometido por umas poucas "maçãs podres", não há necessidade de destruir todo o pomar.

Às vezes, ao protegerem predadores, as pessoas externam o que deveriam guardar para si. Os jornais reagiram com surpresa e indignação à decisão proferida pelo juiz James Troiano, do condado de Monmouth, quanto a julgar como adulto um garoto de 16 anos acusado por uma garota da mesma idade de tê-la estuprado em uma festa enquanto estava inconsciente. Segundo reportagens da imprensa, o garoto filmou o ocorrido e compartilhou o vídeo com amigos, acompanhado de uma mensagem de texto que dizia: "Quando a primeira vez que você fez sexo foi um estupro".

Troiano observou que o rapaz viria a cursar "uma boa faculdade", era de "boa família" e destacava-se como escoteiro. O réu não teve dificuldade em entender como estupro as próprias ações – só não era o tipo de estupro que homens como Troiano consideram criminoso. O que aconteceu à garota não era um "caso tradicional de estupro", disse Troiano, que tipicamente tem "dois ou três homens envolvidos, em geral armados".[5]

Como todos os monstros, o estuprador imaginado é evocado como um alerta – não para os homens, mas para as mulheres. Não use esse vestido, não fale alto demais, não queira demais. Você sabe o que acontece com garotas que não obedecem às regras.

Há uma razão pela qual é tão difícil nos livrarmos dessa história. Se os estupradores são monstros, não seres humanos como o restante de nós, então saber que alguém é um ser humano com esperanças, sonhos, hábitos e sentimentos significa que podemos deixar de acreditar que ele também pode ser um estuprador. "Ele é um cara bom" costuma ser um código para "ela deve estar mentindo". Essa é uma fantasia reconfortante para o garotinho assustado e raivoso que existe em cada homem que se considera merecedor, desesperado para ser amado de forma incondicional; essa fantasia garante a ele que os monstros desaparecem quando você fecha o livro, e que as mulheres não são narradoras confiáveis da própria experiência.

Não que o predador obcecado, o estuprador patológico em série, não exista. Mas, quando existe, ele pode, igualmente, ser perseguido e detido, além de tolerado. Centenas de pessoas sabiam algo sobre o que Harvey Weinstein estava fazendo em Hollywood. Weinstein foi protegido, assim como Bill Cosby, do mesmo modo como o pedófilo Jimmy Savile foi protegido pelas empresas de televisão e por instituições beneficentes na Grã-Bretanha, pois a reputação de homens poderosos e as redes montadas por eles para blindar seus abusos geralmente são mais valorizadas que a segurança de mulheres e crianças. Reconhecer que há um estuprador na sala deixa todo mundo incomodado, de modo que o conforto social coletivo é alcançado à custa da vida de mulheres.

Enquanto a sociedade continua tendo dificuldade de lidar com o estigma imputado a sobreviventes de agressão sexual, os detentores do poder continuam a explorá-lo. Em novembro de 2018, a advogada de defesa em um caso de estupro em Cork, na Irlanda, fez circular entre o júri a calcinha da requerente de 17 anos. A peça de roupa provava que a garota estava "aberta a conhecer alguém", disse a advogada. "Vocês devem observar a maneira como ela estava vestida. Ela usava fio-dental rendado na frente."[6] Poucos meses antes, em Belfast, uma jovem de 19 anos que acusava de estupro vários jogadores de rúgbi foi interrogada por oito dias, e sua calcinha também circulou entre os membros do júri.[7] Se os promotores ainda utilizam essa linha de defesa, é só porque ela ainda funciona com jurados e juízes. O juiz canadense Robin Camp foi denunciado na imprensa depois de perguntar a uma suposta vítima de agressão sexual por que ela "simplesmente não manteve as pernas fechadas" ou não baixou "o traseiro na pia para que ele não pudesse penetrá-la".[8]

De novo e de novo, dos tribunais de justiça às relações íntimas, as partes interessadas em manter o *status quo* repetem a história de que não é responsabilidade dos homens se abster do estupro, mas, sim, das mulheres se defender dele, não só fisicamente, mas também controlando como se comportam, como se vestem e aonde vão. A onipresença do estupro é o mecanismo impositivo do patriarcado heteronormativo como sistema político, assim como a violência policial e o sistema judicial carcerário são os mecanismos impositivos do sistema político de supremacia branca – e, em muitos casos, os próprios policiais são os agentes disciplinares para ambos. Em 2020, a polícia de Louisville invadiu a casa da técnica em emergências médicas Breonna Taylor, de 26 anos, e matou-a a tiros, em seu quarto, durante uma operação desastrada. Ao menos um dos policiais responsáveis pela morte de Breonna fora acusado, por várias mulheres, de agressão sexual e havia sido investigado, duas vezes, por assédio sexual em serviço, mas, como a maioria dos agentes da lei norte-americanos, não enfrentou maiores consequências. Tal expectativa de impunidade foi o que permitiu a Daniel Holtzclaw, policial de Oklahoma, mirar sistematicamente mulheres afro-americanas vulneráveis e coagi-las a fazer sexo. Quando, afinal, foi preso, Holtzclaw contava 36 acusações, incluindo múltiplos casos de estupro e agressão sexual.

Nos Estados Unidos e em outros locais, a ideia de que a polícia protege as mulheres contra estupros e agressões sexuais é usada com frequência como argumento contra o corte de recursos e a desmilitarização. Esse argumento não faz sentido, pois a polícia nunca priorizou a punição à violência sexual, a ponto de a maioria dos estupros e das agressões sexuais continuar sem ser denunciada.

A única circunstância em que historicamente as forças da lei se preocupam com o estupro é quando o acusado é negro, e a suposta vítima, branca – sejam as alegações verdadeiras ou não. De fato, como este livro vai tratar com detalhes mais adiante, o espectro do *outsider* estuprador – o imaginado homem negro ou pardo como ameaça às frágeis mulheres brancas que necessitam da proteção de homens brancos – foi, durante séculos, utilizado como pretexto para justificar a violência policial racista. Esse mito tóxico tem sido central na narrativa da supremacia branca e nas histórias que os brancos contam a si mesmos para legitimar a desigualdade racial.

Os homens brancos, por outro lado, podem, em geral, contar com a proteção das forças da lei quando acusados de estupro. Durante a ocupação britânica da Índia, o estupro de mulheres indianas por oficiais do exército britânico era uma ocorrência rotineira – e hoje se sabe que esses oficiais "podiam usar, e usavam, o termo 'ultraje' no lugar de 'estupro' quando soldados indisciplinados estupravam mulheres indianas", de acordo com a historiadora Nancy L.

Paxton, que observa que, "por outro lado, os juízes britânicos podiam, e ocasionalmente o faziam, redefinir como 'agressão sexual' um incidente no qual algum homem indiano tivesse tocado uma mulher inglesa".[9] Contudo, o entendimento popular de estupro na Índia britânica era de ameaça sexual implacável às mulheres brancas colonizadoras por parte de homens indianos – e esses "roteiros de estupro" racistas foram usados durante gerações para justificar a repressão violenta de manifestações políticas.

Nos Estados Unidos e em outros lugares, os homens negros ainda são vistos como agressores sexuais, e as mulheres e garotas negras, como promíscuas, lascivas e, portanto, não merecedoras de respeito ou proteção. Esses estereótipos desumanizadores ainda servem para legitimar a violência branca e minimizar a culpa branca – pois, ao longo da história dos Estados Unidos, foram, de fato, os homens brancos que aterrorizaram sexualmente as mulheres negras e indígenas, não o contrário.

A violência sexual é uma forma de impor a dominância política e militar – e sempre o foi. Durante a Segunda Guerra Mundial, tanto as forças do eixo quanto os Aliados usaram o estupro como forma de aterrorizar e subjugar civis inimigos.[10] Estupro coletivo e cumplicidade com os estupros cometidos por exércitos conquistadores são deliberadamente utilizados para criar um sentimento de conexão e coesão entre os soldados, de acordo com pesquisadoras como Dara Kay Cohen e Gayatri Spivak.

Não é apenas no contexto das guerras de invasão que o estupro é utilizado para oprimir grupos civis. Nos Estados Unidos, por muitas gerações após o fim da escravidão, o estupro e a agressão a mulheres negras, pardas e indígenas por homens brancos eram tão comuns, e sua punição, tão rara, que funcionalmente eram algo legal.

Em 1944, no Alabama, Recy Taylor, de 24 anos, voltava a pé da igreja para casa quando foi brutalmente estuprada por seis homens brancos. A campanha pelo julgamento e punição dos estupradores de Taylor foi assumida pela Associação Nacional para o Progresso de Pessoas de Cor – organização de direitos civis – e liderada pela ativista Rosa Parks. Taylor e a família receberam ameaças de morte e precisaram fugir e se esconder quando sua casa foi incendiada por racistas, enfurecidos porque uma mulher negra ousava desafiar a violência masculina branca, mas Parks e Taylor não recuaram. O caso ajudou a galvanizar o movimento dos direitos civis da década de 1960. O mero fato de que "mulheres não brancas" se recusassem a aceitar a subjugação sexual era uma profunda declaração política – e um desafio a uma cultura supremacista branca que acreditava que só as mulheres brancas mereciam ser protegidas da violência.

Está claro que, quando falamos de "cultura do estupro", estamos nos referindo a uma forma de biopoder intimamente relacionada ao racismo e à lógica colonial. Também está claro que a resistência à cultura do estupro é inseparável da resistência à supremacia branca.

Confrontar a cultura do estupro não significa apenas evitar a ocorrência de estupros. É um acerto de contas direto com o poder. Recusar-se a tolerar a agressão de mulheres e crianças nas instituições de poder é desafiar os artigos de fé que sustentam essas instituições: que são os homens poderosos que fazem as regras; que, quanto mais poderosos são, mais permissão têm para desrespeitar os limites de outras pessoas; que a reputação dos homens vale mais que a segurança de mulheres; que os homens têm mais valor que mulheres, e ponto-final. A dor da mulher é necessária, quem quer que ela seja; o desconforto do homem é intolerável, o que quer que ele tenha feito. Ela deve fazer concessões porque é uma garota, e é para isso que garotas servem. Ele tem a vida toda pela frente ou, se é mais velho, possui uma carreira brilhante, ou, se é mais velho ainda, tem um legado importante que não pode nem deve ser analisado no contexto das vidas e dos legados prejudicados ao longo do caminho. Pense no futuro dele.

Mas não são feministas, *queers* e radicais que temem o futuro. Quando as pessoas que trabalham por um mundo onde mais de nós possamos ter uma vida significativa exigem algo melhor dos homens, do sexo, do governo e uns dos outros, elas estão pensando em como pode ser o futuro de todos, incluindo de homens e garotos. O chamado para uma nova cultura do consentimento, para uma nova maneira de tratarmos uns aos outros, é a simples e fascinante convicção de que pode haver uma vida pela frente para todos nós, talvez até uma vida melhor. O consentimento é o coração *queer* e pulsante da nova revolução sexual – e consentimento não diz respeito apenas ao sexo; ele diz respeito ao poder, à vontade própria, ao trabalho, ao amor e ao desejo. Diz respeito a quanto estamos dispostos a sacrificar para proteger a frágil fantasia da masculinidade, que reduz toda a mutualidade humana a transações indistintas ou à absoluta violência. Uma filosofia de exploração é o fio perverso que alinhava nossas relações com o poder, a segurança, o prazer e os demais. Falar sobre a construção de uma cultura do consentimento é falar, com sinceridade, sobre todas as formas pelas quais o abuso e a exploração são normalizados na vida diária – no trabalho, na política, em nossas casas e famílias e nas instituições.

O oposto do consentimento não é apenas o estupro, mas a coerção e o abuso de todos os tipos. E coerção é a lógica que sustenta tanto o patriarcado quanto o poder do Estado nas sociedades opressoras.

Há muito tem sido permitido aos homens, como classe política, definir as experiências das mulheres para elas próprias, legalmente ou por outras vias. Durante muito tempo, a sociedade dominada pelos homens realizou um exaustivo contorcionismo para persuadir as mulheres de que a violência que sofriam não estava, de fato, acontecendo. Para recriar suas lembranças como sendo ilusões e desorientar seu senso de identidade. A palavra apropriada para descrever esse processo vem do jargão utilizado no tratamento de traumas: *gaslighting*.

O *gaslighting* é um método específico de controle social. O termo surgiu na peça *Gas Light*, de 1938, mais tarde adaptada para o cinema (No Brasil, com o título *À Meia Luz*) – uma história de manipulação e abuso emocional a respeito de um marido que convence a esposa de que ela está louca e não pode confiar nos próprios sentidos. Ele faz isso movendo coisas na casa durante a noite e negando tê-lo feito. A única evidência que a mulher tem é o brilho trêmulo das luzes a gás (*gas lights*) do andar térreo. Gaslighting – é mais que simplesmente persuadir a pessoa de que ela está enlouquecendo; consiste em convencê-la de que o que ela vê, ouve e se recorda é falso; que os outros sabem melhor que ela o que aconteceu de verdade.

Muito antes de ter ganhado nome, o *gaslighting* era uma ferramenta psicológica empregada por pessoas e sociedades abusivas para garantir que os subordinados andassem na linha. O *gaslighting* sobre violência sexual, de gênero e racista não ocorre apenas em nível individual. Ocorre em nível estrutural, sempre que a evidência de abuso institucional pode ser negada, ainda que com um mínimo de plausibilidade.

Quando não é possível negar a evidência, a estratégia seguinte é desacreditar as vítimas. Na década passada, à medida que mais mulheres tiveram a ousadia de usar a tecnologia para comparar notas em público, uma terrível verdade veio à luz como o primeiro nascer de sol após uma guerra. Para sobreviventes de abuso íntimo, há uma terrível familiaridade na forma como a política moderna atua sobre a psique. Como escreveu Lauren Duca, colunista da *Teen Vogue*, semanas depois das eleições dos Estados Unidos de 2016:

> Praticar o *gaslight* é manipular psicologicamente uma pessoa a ponto de ela questionar a própria sanidade, e é, de maneira precisa, isso que Trump está fazendo com este país. Ele ganhou força na eleição repudiando as mentiras dos políticos, ao mes-

mo tempo que se contradizia com frequência, sem se incomodar em esconder os conflitos presentes nas próprias frases de efeito. Ele mentiu para nós repetidamente, então pegou todas as acusações de falsidade e teceu com elas evidências de parcialidade.[11]

Nas mãos de líderes desprovidos de restrições morais, como Bolsonaro, Putin e Trump, fatos tornam-se intercambiáveis com opiniões, e a própria realidade de consenso passa a se sujeitar aos caprichos de tiranos, largando os cidadãos em um mundo onde, nas palavras do jornalista Peter Pomerantsev, "nada é verdadeiro e tudo é possível".[12]

A mesma mutilação da realidade de consenso ocorre em relações pessoais abusivas. Todos já ouvimos falar do parceiro bêbado e grosseiro que toda semana convence a esposa agredida de que ela está sendo histérica, que a reação dela é exagerada. Histórias como essa são tão comuns que acabam virando clichê, mas ainda assim a noção de que são comuns por algum motivo, e que talvez haja algum padrão que mereceria ser abordado por políticas públicas, em geral é recebida com silêncio. Mais frequentemente, hoje, quando histórias de abuso e sexismo sistêmico vêm a público, as ativistas ouvem que, contra todas as evidências, as verdadeiras vítimas são os homens, ao mesmo tempo que abrigos para mulheres vítimas de agressão são fechados por falta de fundos em todo o mundo desenvolvido.

Silêncio. Silêncio culpado. Silêncio que você não pode romper sem se sentir um pouquinho louca. O *gaslighting* redefine os termos do abuso para servir ao abusador. Se levarmos a sério a tese de que o estupro – ato de coagir ou forçar outra pessoa a manter atividade sexual – é muito mais comum do que se supunha antes, também devemos aceitar o fato de que o estupro é muito mais normalizado do que jamais chegamos a admitir. Se há muito mais estupradores em liberdade que estupradores condenados e presos, devemos aceitar o fato de que, até bem pouco tempo atrás, era considerado muito mais horrível acusar alguém de estupro que de cometê-lo. Uma acusação falsa jamais pode ser perdoada. E a menos (e até que) o agressor seja considerado culpado por um sistema judicial que raramente, por vários motivos, coloca estupradores atrás das grades, toda e qualquer acusação é tida como falsa.

O problema é que supor a inocência dele não é apenas um procedimento-padrão legal; é também uma convenção social, e a premissa de que *ele* é inocente traz em si a ideia de que *ela* é culpada; de que está mentindo. A duplicidade das mulheres, sua incapacidade de relatar, de forma confiável, ou de entender o que acontece ao próprio corpo é uma premissa cultural que sustenta a lógica política do patriarcado.

De acordo com um relatório publicado em 2013 pelo Serviço de Promotoria da Coroa do Reino Unido (CPS), durante um período de dezessete meses, houve apenas 35 processos por falsa alegação de estupro. Para colocar esse dado em contexto, no mesmo período houve 5.651 processos por estupro.[13] Contudo, como a advogada Helena Kennedy nos lembra:

> Apesar da evidência, o espectro da mulher que está disposta a fazer uma falsa acusação paira com magnitude desproporcional na psique coletiva masculina e recebe cobertura igualmente desproporcional na mídia [...] não é incomum que o estupro reúna medos há muito aprendidos e sussurrados ao ouvido dos garotos quanto à inconstância e a falsidade das mulheres [...] medo de que a linha que separa o estupro da sedução seja fácil de cruzar, e que qualquer sujeito decente esteja à mercê de uma mulher inescrupulosa.[14]

Consertar tudo isso não requer apenas mudança na legislação. Requer também que se façam cumprir as leis que já estão nos livros. Em termos práticos, na maior parte do Norte global, é tão raro que se façam cumprir as leis referentes à violência sexual que estupro e agressão sexual têm sido sancionados de maneira tácita, exceto em circunstâncias mais extremas. Apesar dos mitos persistentes sobre o aumento de falsas acusações de estupro, a evidência conta uma história muito diferente. Nunca foi provado, de forma conclusiva, que há incidência maior de denúncias falsas de estupro que de outros crimes.[15] Mais importante, as denúncias falsas são irrisórias diante do número de estupros verdadeiros que nem sequer são julgados. O grupo ativista sem fins lucrativos Rede Nacional de Assistência às Vítimas de Estupro, Abuso e Incesto (RAINN) verificou que, nos Estados Unidos, apenas 23% das agressões sexuais são denunciadas à polícia, somente 4,6% resultam em prisão e apenas 0,5% resulta em condenação.[16]

Assim como a violência policial contra "homens e mulheres não brancos" nos Estados Unidos, a violência de gênero contra mulheres é ilegal apenas na teoria, não na prática. Isso significa que os homens reivindicaram, com êxito, o monopólio do uso legitimado de violência sexual e de gênero. "Legitimado" significa aqui a violência sancionada, de maneira tácita ou explícita, pelo Estado. A violência "legitimada", para os filósofos políticos, é aquela que os detentores do poder permitem a si mesmos usar contra corpos alheios. É a diferença entre ser preso e ser sequestrado. É a violência legal no sentido de ser legal a um policial colocar você à força em uma cela ou no de que, na Grã-Bretanha e na América do Norte, era legal, até o início da década de 1990, estuprar a mulher que tivesse cometido o erro de se casar com você.

Todavia, a "violência legitimada" também inclui, de forma velada, crimes tão difíceis de levar aos tribunais que se tornam funcionalmente legais, do mesmo modo como a maioria dos policiais norte-americanos que abatem jovens negros a tiros na rua escapam da prisão, e da mesma forma como a maioria dos chamados *date rapes* (estupros sofridos durante um encontro) nunca vão a julgamento. Nesses casos, quem sofre as consequências são as vítimas e sobreviventes, que devem decidir se querem sofrer a humilhação pública que, via de regra, segue à denúncia de estupro ou agressão, ou se o estupro em si foi suficiente para ensinar-lhes o preço da não conformidade. A violência de gênero e a violência supremacista branca são condenadas publicamente pela maioria dos governos do mundo, mas poucos deles tomam, de fato, qualquer providência para assegurar que as mulheres estejam protegidas contra estupros e abuso, ou que "homens e mulheres não brancos" tenham proteção contra assassinatos racistas.

O refrão comum de que "o estupro não tem a ver com sexo, mas com poder" não é de todo verdadeiro. O estupro tem a ver, de forma clara e consistente, com os dois ao mesmo tempo. A mais terrível verdade é que vivemos em um mundo que associa sexo e poder, em que cada desejo deve se tornar o desejo de dominar ou ser dominado.

A mensagem é clara: a dor de mulheres e garotas não importa. É certo e natural que o diálogo público sobre estupro e lei ainda se preocupa, sobretudo, com a proteção dos homens contra mulheres que mentem, não com a proteção de todos contra homens violentos. É certo e natural que as mulheres enterrem a dor do passado para que os homens possam desfrutar da promessa de um futuro mais luminoso.

Há séculos, a conexão entre opressão sexual e repressão social tem sido explorada pelos filósofos. Oscar Wilde teria escrito que "tudo diz respeito a sexo, exceto o sexo. O sexo diz respeito a poder". A conversa que acontece neste momento é sobre o ponto em que sexo e poder se encontram. Não basta reformular as regras ou perguntar de que modo, exatamente, se deve flertar e trepar, agora que as mulheres estão pedindo para serem tratadas, em todas as etapas, como pessoas, não como objetos de *status* ou receptáculos para o prazer e a dor dos homens. Para mudar a cultura do consentimento, precisamos, mais que falar sobre regras, começar a falar sobre ética – sobre o tipo de sociedade na qual queremos viver e o que será necessário para chegarmos lá.

A cultura do consentimento, denominação criada pela ativista e feminista crítica sexual Kitty Stryker, é a alternativa a tudo isso. A resistência à cultura do estupro e do abuso deve ir além da afirmação do direito individual de dizer não, embora esse seja tanto um bom ponto de partida quanto um conceito de difícil assimilação para algumas pessoas. Há um motivo para isso. O motivo pelo qual a noção de consentimento sexual verdadeiro, continuado, entusiástico é tão absurda é que o conceito da vontade própria da mulher no aspecto sexual – e do desejo ativo – ainda é assustador. Nossa cultura tem muito pouco espaço para a noção de que, havendo oportunidade, as mulheres e pessoas *queer* desejam e apreciam o sexo tanto quanto os homens.

Temos que lidar com a ideia de consentimento como sendo algo contínuo e negociável, não de consentimento como objeto, um contrato definitivo que pode ser desrespeitado ou debatido no tribunal. Se as pessoas de todos os gêneros vão ter uma chance de viver juntas nesse estranho mundo novo, sem destruir umas às outras, o consentimento deverá significar mais que isso. O consentimento é mais que a ausência do não. É a possibilidade de um sim, de fato. É a presença de reciprocidade no poder de decisão. É sensualidade e volúpia, e ausência de vergonha. É o horizonte do desejo.

Como sociedade, estamos nos equilibrando à beira de uma poderosa transformação – mas, com a mesma facilidade, podemos apenas recair nas certezas mesquinhas e violentas do passado. Poderíamos parar de falar em acabar com a violência sexual ritual em universidades, escolas e instituições religiosas e políticas. Poderíamos parar de insistir na importância do consentimento como parâmetro para o prazer e o desejo. Poderíamos parar de denunciar os estupradores e abusadores. Poderíamos continuar intimidando sobreviventes, pressionando-as e isolando-as até que parassem de se manifestar; até que o impacto de uma acusação de estupro na vida de um homem voltasse a ser considerado mais importante que aquele do estupro em si na vida da mulher. Poderíamos parar tudo e fingir – se pudéssemos – que nada disso jamais aconteceu.

Ou poderíamos tentar algo novo. Poderíamos tentar ser melhores do que temos sido. Poderíamos decidir ir além de apenas tentar não entrar em confusões, tentando não cometer ativamente estupros e agressões. Poderíamos começar a falar sobre desejo e consentimento como se ambos tivessem importância.

2

O Horizonte do Desejo

Tenho um amigo com passado nebuloso. É uma pessoa inteligente e digna que cresceu no patriarcado e sabe que fez coisas que talvez não tenham sido criminosas, mas que podem muito bem ter ferido pessoas – e por pessoas ele se refere a mulheres. Meu amigo feriu mulheres e não sabe o que fazer agora. De tempos em tempos, falamos sobre isso.

Foi assim que, no meio do primeiro ano de nossa amizade, no meio de uma efervescente confissão em uma cafeteria, as seguintes palavras saíram, desinibidas, da boca dele: "Tecnicamente, acho que não estuprei ninguém".

Tecnicamente. Tecnicamente, meu amigo não achava que fosse estuprador. Esse "tecnicamente" me perseguiu durante dias. Não porque eu não acreditasse nele, mas porque acreditava.

Não foi a primeira vez que ouvi algo do tipo, ou parecido, de amigos que, fora isso, eram bem-intencionados e estavam reavaliando desesperadamente o próprio histórico sexual, à luz do fato de que a vergonha já não é suficiente para impedir as mulheres de nomearem seus abusadores. "Tecnicamente, não estuprei ninguém." O que ele quis dizer, "tecnicamente"? Meu amigo prosseguiu, descrevendo como, depois de anos bebendo e trepando antes de ficar sóbrio, ele considera uma questão de sorte, mais que de orgulho, que nunca tenha, até onde saiba, cometido alguma agressão sexual séria. O fato é que, como muitos homens da última década, seu conceito de consentimento poderia ter sido escrito com giz de cera. O sexo era algo que se convencia as mulheres a deixar que você fizesse com elas, e, se não estivessem desmaiadas, dizendo não ou tentando, de forma ativa, afastar você, era provável que, para você, estivesse tudo bem.

Mas e quanto a ela? Para ela, estava tudo bem?

Voltando da cafeteria para casa, durante todo o caminho, pensei sobre consentimento e sobre por que seu conceito é tão assustador para alguém decidido a não olhar debaixo do tapete da moralidade moderna. Pensei no número de situações com as quais me deparei, em que, tecnicamente, ninguém cometeu crime e, sim, tecnicamente, o que aconteceu foi consensual. Talvez alguém tivesse forçado um limite até o ponto de rompimento. Talvez alguém tenha apenas ficado lá e deixado que algo lhe fosse feito porque não se sentia capaz, por qualquer motivo, de dizer não.

Esse "tecnicamente" não é algo que se ouve somente dos homens. Você ouve o mesmo "tecnicamente", num tom diferente, de garotas e mulheres adultas que não querem pensar que as coisas que lhes aconteceram, com ou sem sua aceitação, seja um problema. Assim como ocorre com os homens, nós aprendemos que não devemos confiar em nossos instintos quanto ao que sentimos e experimentamos. Aprendemos que nosso desejo é perigoso e então o reprimimos até não mais reconhecermos a diferença entre querer e ser querido. Aprendemos que nossa sexualidade é desprezível e, portanto, a sufocamos; tornamo-nos alienadas de nosso próprio corpo. Eu já disse a mim mesma antes que, tecnicamente, essa ou aquela pessoa não cometeu nenhum crime, de modo que, tecnicamente, não tenho motivo para me sentir usada como uma escarradeira humana, e tecnicamente eu o convidei a minha casa, de maneira que, tecnicamente, não deveria ter esperado nada diferente, e, tecnicamente, não há motivo para ficar com raiva e aborrecida, porque, de verdade, o que é a sexualidade feminina senão um conjunto de tecnicalidades a serem superadas?

O problema é que tecnicamente não é bom o bastante. "Pelo menos não agredi ativamente ninguém" não é um referencial para a moralidade sexual, e nunca foi. É claro, temos que começar de algum lugar, e "tente não estuprar ninguém" é um lugar tão bom quanto qualquer outro, mas a coisa não pode parar por aí. Nossos padrões para um comportamento sexual e social decente não devem ser definidos apenas por aquilo que provavelmente nos traria vergonha pública ou nos mandaria para a prisão, pois não somos crianças e podemos nos sair melhor.

É isso que a cultura do consentimento significa: ter expectativas maiores – exigir mais; significa tratar uns aos outros como seres humanos complexos, com vontade própria e desejos, não apenas uma vez, mas de modo contínuo. Significa ajustar nossas ideias sobre namoro e sexualidade além do processo de arrancar um "sim" relutante de outro ser humano. De maneira ideal, a pessoa deveria dizer "sim" de novo e de novo, e, de fato, consentir todas as vezes. O consentimento não precisa ser sensual para ser importante – mas há pouquíssima alegria em um modelo de sexualidade que conduz a uma discussão sobre até que ponto você pode chegar e ainda chamar de consensual.

Quando você o coloca dessa forma, consentimento parece algo simples. Infelizmente, há muitíssimas ideias simples que pessoas, em geral sensatas, preferem não compreender quando sua autoimagem como seres humanos decentes está em risco.

Neste exato momento, muitos homens e garotos que conheço estão desnorteados. Sentem-se incomodados. Estão lutando com o espectro dos próprios erros. Estão assustados, acima de tudo, com a rapidez com a qual as regras básicas para ser uma pessoa digna estão mudando.

Se você aceita a ideia de que uma mulher tem direito absoluto à escolha sexual; de que tem o direito de dizer não, embora antes tenha dito sim, mesmo que esteja nua em sua cama e que vocês estejam casados há vinte anos, você também deve encarar a perspectiva de que ela pode não fazer a escolha que você deseja. Esse é um ponto básico a ser aceito, embora muitos homens se considerem modelo de virtude ao fazê-lo.

Estamos cercados de tantas imagens de sexualidade que é fácil pensarmos em nós mesmos como liberados. Mas a liberação, por definição, envolve todo mundo. Em vez disso, as mensagens que nos bombardeiam, do *marketing* e da cultura *pop* à pornografia *mainstream*, afirmam que o desejo segue apenas em uma direção: dos homens para as mulheres. É uma visão homogênea, desumanizadora, do sexo heterossexual, uma narrativa simples na qual só os homens têm direito de decisão, e as mulheres são apenas pontos plotados em uma escala de "fodabilidade". É uma liberdade sexual, não uma liberação sexual.

O conceito moderno de liberdade sexual é muito parecido com o de liberdade de mercado. Sim, a palavra "liberdade" está envolvida – mas, no fundo, tudo se resume à liberdade para que pessoas com poder ditem as condições e à liberdade para que todas as demais calem a boca e sorriam. Na sexualidade, como na economia, uma visão de liberdade em que a ilusão da escolha mascara a indizível violência cotidiana.

Eis como acontece. Bem antes de terem idade suficiente para começarem a pensar em fazer sexo, as meninas são treinadas para imaginá-lo como sendo algo que é feito a nós, não algo que talvez gostássemos de fazer por si só. Crescemos com alertas de que a sexualidade em geral, e a heterossexualidade em particular, é uma coisa temível e violenta; o sexo é algo que devemos evitar, não algo que poderíamos ter. Se somos capazes de reconhecer que o queremos por vontade própria, aprendemos que somos anormais, sujas e perversas. Os usuários de *chats* misóginos que digitam com uma só mão enquanto ficam imaginando por que têm tanta dificuldade de levar alguém para a cama, por que as mulheres não passam cantadas, por que costumam usar a sexualidade como estratégia de barganha social deveriam se lembrar de que não foram as mulheres heterossexuais que criaram essas regras.

A maioria das mulheres hétero, sem falar nas *queer*, aprendeu, desde muito novas, como sufocar com suavidade os próprios desejos. Reprimir a sexualidade é o único poder social que lhes é permitido – mesmo que essa permissão lhes seja dada a contragosto por uma cultura que as chama de vadias e putas quando dizem sim e recusa-se a ouvi-las quando dizem não.

Os garotinhos heterossexuais, por outro lado, aprendem três coisas sobre o sexo enquanto crescem. Primeiro, que o sexo é algo que se faz com as mulheres; que você tem o direito de fazê-lo com elas; que, se você não consegue achar um jeito de fazê-lo com ao menos uma delas, então não é homem. Segundo, que o sexo é algo absolutamente vital para sua identidade e seu *status*, não só no aspecto físico – e, na realidade, não tem nada a ver com prazer –, mas também no emocional e no social, e é a única forma de intimidade verdadeira que lhe é permitida. Terceiro, que o sexo é violento.

Os meninos aprendem, pelo exemplo e pela doutrinação, que a sexualidade masculina é animalista, selvagem e danosa, e que as mulheres não querem sexo da mesma forma – a menos que haja algo errado com elas. Aprendem que a sexualidade envolve fazer algo repugnante e violento a outra pessoa, algo degradante – mesmo que a outra pessoa tenha permitido. Mesmo que goste. Talvez, especialmente, se gostar.

Isso significa que garotos heterossexuais aprendem a sentir medo e repugnância da própria sexualidade e a suspeitarem de qualquer mulher que pareça estar disposta a aceitá-la. Aprendem que o sexo é apenas mais um impulso violento a ser administrado. Com frequência, parte desse medo diz respeito à inevitabilidade de algum dia ferir alguém, de "entender errado".

Conversei com muitos homens que acham difícil assimilar a noção de consentimento real, ativo e entusiasmado. Por quê? Porque não conseguem acreditar que alguma mulher possa mesmo estar muito a fim de trepar com eles.

Um dos grandes medos que muitos homens parecem ter quanto à demolição dos mitos sexistas sobre encontros amorosos e à destruição da cultura do estupro tem raízes na convicção de que, se as mulheres não forem, até certo ponto, coagidas a dormir e se relacionar com eles... não vai rolar. Que sem as pequenas violências rituais da masculinidade tóxica os homens não vão conseguir fazer sexo de jeito nenhum, não poderão satisfazer a nenhuma de suas necessidades ou realizar nenhum de seus desejos. Embora o atual sistema frustre muitos deles, deve ser melhor que nada, certo?

Errado. De fato, a cultura do estupro é um ataque ao desejo. Diz respeito ao controle da sexualidade feminina. É antissexo e antiprazer. Nos ensina a negar nossos próprios desejos, como estratégia adaptativa para sobrevivermos em um mundo sexista.

Há todo tipo de coisas que garotas boazinhas não devem fazer. Garotas boazinhas são sensuais, mas não sexuais; podem ser fodidas, mas não fodem; falam sobre vitimização, se necessário, mas não sobre desejo; sabem que o consentimento sexual é uma mercadoria e que não devem ser muito generosas com seus favores para não desvalorizarem a moeda coletiva pela qual seu valor social é medido. Se damos a impressão de que talvez gostemos de uma trepada, ou de que preferiríamos decidir por nós mesmas como e quando vamos trepar, merecemos violência. Não somos nada.

Isso, ao menos, é o que certos homens na internet me dizem todos os dias. E, se para você isso tanto faz, por mim, prefiro não ter essa conversa nas condições deles. Não quero perder mais tempo da minha preciosa vida que o estritamente necessário desmascarando a pseudociência criptodarwinista de que tudo que as mulheres querem, de fato, é ser seguradas à força e comidas de verdade, até pararem de mentir sobre desigualdade salarial e começarem a parir bebês cristãos. Esse discurso desonesto é como um mofo gelatinoso que, quanto mais recebe oxigênio, mais cresce, e é por isso que as regras do jogo têm que mudar. É por essa razão que precisamos falar – mais que nunca – sobre livre-arbítrio, sobre consentimento e, sim, sobre desejo.

Algum tempo atrás, tive um amante que não conseguia superar o espanto por eu parecer gostar tanto de sexo. "Você gosta mesmo do sexo só pelo sexo", ele dizia cada vez que dormíamos juntos. "Você curte mesmo." Ele estava surpreso. Eu estava surpresa por ele estar surpreso – embora eu já tivesse visto aquele tipo de surpresa antes. Minha própria experiência mostra que os homens que mais se surpreenderam com meu entusiasmo sexual foram totalmente a favor dele no início – e depois foram os primeiros a achá-lo perturbador e a usá-lo como desculpa para me desrespeitar e desaparecer sem aviso, quando eu revelava ser uma mulher que conseguia me manter firme o bastante na própria sexualidade para expressá-la.

Com frequência, esse tipo de surpresa vem temperado com aversão – afinal, a cultura ainda nos ensina que as mulheres hétero e bissexuais que buscam o prazer são, de certa forma, sujas, indignas, de menor valor, *inferiores*. Em um mundo em que a heterossexualidade é reduzida à lógica de dominância e propriedade, não há nada atraente em uma mulher que é dona do próprio desejo. A maioria dos homens que manifestou surpresa pelo meu entusiasmo logo sentiu seu interesse esfriar. Se eles não precisavam me caçar, se eu não fingisse alguma timidez, se me cansasse do jogo de deixá-los esperar até o terceiro encontro porque estava com tesão e ocupada (e marcar encontros é bizarro; sempre preferi apenas ir para a cama e ver se nossos corpos gostam um do outro), tudo bem. E era aí que eu ganhava meu ingresso para a *friendzone*, a "zona de amizade", em geral com uma breve fala sobre como eu era diferente de outras garotas. Nunca entendi por que isso seria um elogio.

Não estou criticando a "zona de amizade"; é um lugar ótimo para visitar, porque ninguém espera que você use *lingerie* especial, e não há cobranças. Ninguém precisa continuar uma relação que não deseja; "não quero" é motivo suficiente. Acontece que minha experiência particular está repleta de homens que só conseguiam entender a sexualidade heterossexual como um jogo de predador e presa. Dizer claramente o que deseja, consiga você alcançar ou não seu objetivo, complica a narrativa-padrão do sexo heterossexual, no qual se espera que os homens estabeleçam as condições, controlem o prazer dos dois parceiros e determinem quem sente o que, quando e por quê.

Mas o consentimento não é nenhum fetiche. Uma cultura sexual baseada na violência afirma que a transparência e a honestidade são inaceitáveis e acabam com qualquer tesão, que "as coisas são melhores com um pouco de mistério", e torna muitas de nós incapazes de reconhecer o abuso como tal – e de sermos honestas em relação aos nossos próprios desejos. Assim, o que fazemos quanto ao consentimento quando o desejo feminino ativo é algo brochante? O que fazer quando as mulheres devem dizer "não" quando querem dizer "sim" e "tenho namorado" quando querem dizer "não"?

Os homens que usam a linguagem da liberação erótica guardam, com frequência, um terror secreto no que diz respeito à liberdade de ação das mulheres no sexo. A mulher sexualmente livre continua sendo uma figura do horror popular e moral. Ela – nós – é um poço que nunca poderá ser enchido. Historicamente, qualquer indício de promiscuidade de uma mulher era associado à prostituição, à insanidade ou a ambas, e as duas podiam fazer que você perdesse a liberdade que tinha em excesso. O desejo escancarado pelo sexo era atribuído à histeria, às enfermidades uterinas ou ao desequilíbrio dos humores. Hoje, quase sempre é imputado ao abuso sexual na infância – de forma estranha, essa é praticamente a única ocasião em que a natureza endêmica desse abuso é reconhecida. Como se o problema não fosse que garotinhas estivessem sendo feridas, mas que mulheres adultas não estivessem se controlando de maneira adequada.

Nós mulheres crescemos sabendo que nosso desejo é sujo e perigoso. Aprendemos isso cedo, e da maneira mais difícil. Aprendemos isso em nossos ossos. Aprendemos que o melhor que podemos esperar da sexualidade é sobreviver a ela. "O que aprendi com base na experiência das mulheres com a sexualidade", escreve Catharine A. MacKinnon, "é que a exploração e a degradação produzem uma grata cumplicidade em troca da sobrevivência. Produzem uma autoaversão que pode levar à extinção do eu, e é o respeito pelo eu que torna concebível a resistência."[1]

O desejo é perigoso para as mulheres. Ele nos torna feias e indignas de tratamento humano. Assim, nós o reprimimos. Extinguimos seu fogo, até na hora do sexo. Aprendemos que, para sermos respeitadas, até em nível íntimo, a dois, às vezes temos que fingir relutância, deixar-nos sermos caçadas e coagidas, e isso, claro, complica ainda mais uma situação que já é complexa. Se você é homem e lhe foi dito que mulheres atraentes agem, muitas vezes, como se não quisessem trepar com você, como julgar que você vai respeitar os desejos de mulheres que, de fato, não querem trepar com você? Se você erotizou a hesitação sexual feminina, como esperar que, de repente, mude para uma cultura de real consentimento, em que a coisa certa a fazer quando a pessoa quer distância é deixá-la ir embora?

As mulheres quererem trepar de verdade com os homens não é nem um pouco heteronormativo. É por essa razão que qualquer demonstração ativa de desejo feminino hétero ou *queer* ainda tem o poder de chocar em âmbito político e de causar espanto em âmbito pessoal. Tendo em vista o que está acontecendo no mundo além do nosso quarto, pode parecer não ser um bom momento para falar sobre desejo. Acossados como estamos por patriarcas malucos e velhos obtusos que encaram como direito inato e hereditário agarrar todo mundo pelas partes baixas, é tentador tirar o amor do cardápio temporariamente e manter bocas, pernas e coração fechados.

Contudo, a menos que falemos de desejo, livre-arbítrio e consentimento, estaremos sempre recuando enquanto lutamos nessa guerra cultural. E essa é uma guerra na qual ou todos ganham ou ninguém ganha. Se queremos virar essa batalha, devemos repensar nosso entendimento do que é consentimento. Será difícil, e incômodo, mas, pelo bem de todos nós – e por nosso corpo, e nossa vida, e nossas relações –, temos que fazer algo melhor, devemos fazer algo melhor que "tecnicamente".

3
Aqui Somos Todos Loucos

"É como descobrir que os alienígenas existem."

Eu estava bebendo com um homem que conhecia havia anos. Ele já tomara duas cervejas e tentava entender por que nunca se manifestara, ao longo de vinte anos, sobre seu melhor amigo, que se revelou estuprador múltiplo. As acusações acabavam de vir a público.

"Na época, todos ouvimos histórias sobre isso, mas... bem, as garotas que diziam essas coisas eram todas um pouco malucas", disse ele. "Sabe, elas eram complicadas. Então ninguém acreditava nelas."

Tomei um gole de minha bebida para me acalmar. Talvez o motivo de aquelas mulheres serem "complicadas" fosse o fato de terem sido sexualmente agredidas, sugeri. Lembrei a ele de que algumas de nós sempre tiveram certeza. Que eu, pessoalmente, tinha certeza. Não ergui a voz. Não perdi a calma. Fiz o possível para não perder a calma ou demonstrar dor. Queria que ele me escutasse – e quem escuta uma mulher com raiva e sofrendo?

O que está acontecendo em nossa cultura, enquanto tentamos coletivamente assimilar a noção de que as mulheres têm direito ao livre-arbítrio e à dignidade, é algo semelhante a um contato imediato. Os abusadores, como homenzinhos verdes em discos voadores, têm o hábito de revelar sua verdadeira natureza a pessoas em quem ninguém vai acreditar – a mulheres vulneráveis, ou marginalizadas, ou apenas, você sabe, mulheres. Mas os abusadores não vêm de nenhum planeta senão este. Crescemos com eles. Trabalhamos com eles. Nós os admiramos e amamos. Confiamos neles. E agora temos que lidar com o fato de que nossa realidade não é o que parecia. Então, quem está louco agora?

A sanidade é determinada social e politicamente. Quando falamos em gênero, poder e violência, uma questão está sempre na agenda: de quem é a saúde mental que importa? De quem é o sofrimento significativo? De quem é o testemunho confiável? E – o mais importante – o que significa quando chamamos uma mulher de louca por expressar sua verdade e exigir mudança?

De novo e de novo, em grupos sociais privados e ambientes públicos, profissionais, mulheres e pessoas *queer* que se manifestam sobre maus-tratos sofridos por elas mesmas ou por outros são tachadas de "loucas". Isso não é irrefletido. Não é por acaso que a ideia de ser "louca" englobe duas qualidades distintas: a de estar delirando e a de estar sofrendo. Enquanto a dor e o sofrimento dos homens são tidos como explicação ou desculpa para o mal que causaram, a dor das mulheres é vista como prova de que estão delirando e de que não vale a pena lhes dar ouvidos. É algo muito útil para quem está decidido a ignorar quanto as mulheres ainda sofrem em uma cultura de supremacia masculina. De acordo com a RAINN, nos Estados Unidos, 94% das mulheres estupradas sofrem de sintomas de transtorno do estresse pós-traumático (TEPT) durante as duas semanas seguintes ao estupro e 13% tentam suicídio.[1]

É muito conveniente que o sofrimento seja sinônimo de delírio, dependendo de quem está sofrendo. A palavra "louca", em geral, significa tanto "furiosa" quanto "delirante". Isso importa.

Ser vítima de agressão sexual é como entrar num universo paralelo e chegar a uma realidade criada pelo delírio coletivo: a saber, o delírio de que homens poderosos, ou populares, ou de aparência comum, que fazem um bom trabalho no mundo, não podem também ser abusadores ou predadores. Sugerir o contrário é parecer insana. Você se questiona. Mesmo antes que alguém a chame de mentirosa – e isso vai acontecer –, você começa a se perguntar se sua reação não foi exagerada. Com certeza ele não pode ser assim. Não ele. De qualquer maneira, seria loucura ir contra alguém com tanta influência. As garotas que fazem isso são doentes mentais. Dramáticas. Histéricas.

Em anos recentes, algo importante mudou. De repente, as mulheres estão se manifestando, e fazendo isso em números elevados demais para serem ignoradas. A narrativa pública quanto ao abuso e à arrogância sexual e o senso comum sobre em quem se deve acreditar estão mudando tão depressa que você pode ver as costuras entre um paradigma e o próximo, o alinhavo feito às pressas no ponto em que uma versão da realidade se transforma em outra. Agora, em vez de vítimas e sobreviventes de estupro e agressão serem desprezadas como sendo mentalmente doentes, são os abusadores que alegam serem perturbados e precisarem de ajuda.

"Estou aguentando firme", disse Harvey Weinstein no rasto das revelações sobre um padrão de abuso que virou do avesso a indústria do entretenimento, expondo seus segredos mais horríveis. "Não estou bem, mas estou tentando. Preciso conseguir buscar ajuda. Sabem de uma coisa: todos cometemos erros."[2]

Dias antes, Weinstein enviara e-mails a outros figurões de Hollywood, desesperado para não ser demitido, pedindo-lhes ajuda para convencer a diretoria da Weinstein Company a mantê-lo – e implorando para ser mandado para terapia como alternativa. Pedidos de clemência semelhantes, com base em transtornos mentais, têm sido feitos em nome de predadores poderosos na indústria da tecnologia. Eis a declaração que a empresa de tecnologia 500 Startups emitiu em relação às ações de seu fundador, Dave McClure, também acusado de agressão e assédio: "Ele reconhece ter cometido erros e tem passado por terapia para trabalhar as mudanças em seu comportamento inaceitável".[3]

Em outras palavras, quando as mulheres se manifestam sobre o abuso, estão loucas e, assim, não merecem crédito; quando os homens são acusados de abuso, estão loucos e, portanto, não têm culpa. O sofrimento das mulheres as torna alvo de suspeitas; o sofrimento dos homens os exime de culpa.

Tudo tem a ver com qual sofrimento importa. É só quando se torna impossível negar o abuso, quando os padrões ficam claros, quando fotografias e vídeos estão disponíveis e são suficientes para uma condenação que começamos a ouvir pedidos de clemência. Foram apenas vinte minutos de ação. Ele tem um futuro tão brilhante. Pense na mãe dele. Pense na mulher dele. Ele não conseguiu evitar.

Essas desculpas nunca têm a ver somente com o abusador e sua reputação. São tentativas desesperadas de barganhar com uma realidade que está mudando depressa. São justificativas para continuar, coletivamente, a negar o abuso sistêmico. De repente, é Weinstein, não as dúzias de mulheres vitimadas por ele, que passa a ser quem tem que lidar com os "demônios". Ele precisa de um terapeuta, não de um juiz. É um homem muito infeliz e doente. Assim como Bill Cosby. E assim como aquele sujeito em seu ramo de atividade que todo mundo respeita demais, aquele que tem um sorriso charmoso e todas aquelas ex-namoradas malucas.

Uma das definições sociais de sanidade é a capacidade de fazer as pazes com a forma como a injustiça opera. Fica evidente, assim, que a linguagem do transtorno mental funciona como linguagem abreviada para a articulação de verdades fora do consenso político aceito. Feministas, ativistas antirracismo, pessoas LGBTQIAPN+ e socialistas, todos têm sido alvo, às vezes até formalmente, desse tipo de patologização, de um modo que não tem nada a ver com nossa experiência cotidiana. Quem chama as mulheres de loucas cada vez que elas ousam falar em público sobre violência sexual ou justiça social não tem qualquer preocupação com a saúde delas. Qualquer um que desafie as convenções sociais é considerado louco, incluindo as mulheres que se atrevem a sugerir que os predadores em posição de poder têm de ser responsabilizados por suas ações. Quando você fala algo que ninguém mais quer ver, pode esperar ser chamado de delirante.

Há uma longa e sombria história por trás da ideia de que as mulheres mentem sobre o abuso sexual por estarem mentalmente enfermas. Décadas atrás, as mulheres que criavam caso, que cometiam o erro de confrontar os abusadores ou até de fechar a porta para eles, costumavam ser relegadas a um tipo bem diferente de asilo – não para o próprio bem, mas para o bem dos demais.

Diagnósticos como histeria sempre foram políticos, e ainda o são. Antes da psiquiatria moderna, as mulheres que exibiam qualquer tipo de comportamento aberrante – desde o sexo fora do casamento ao lesbianismo, a retrucar ao marido, ou talvez apenas a não serem mais jovens e belas, podiam ser confinadas a uma instituição psiquiátrica ou colocadas em uma verdadeira prisão domiciliar sem seu consentimento. Cinquenta anos mais tarde, com motivação semelhante, os psiquiatras da extinta União Soviética colaboraram com a polícia secreta para lidar com os dissidentes diagnosticando-os com doenças mentais e despachando-os para prisões disfarçadas de hospitais. A sanidade é definida politicamente, e, ao oporem-se ao Estado, os dissidentes eram, por definição, insanos; a mesma coisa ocorria às mulheres vitorianas que reagiam às restrições às quais o patriarcado lhes impunha.

A perturbadora noveleta de Charlotte Perkins Gilman, *O Papel de Parede Amarelo* (*The Yellow Wallpaper*, de 1892), descreve uma mulher confinada em um quarto no andar superior da casa, proibida pelo marido de trabalhar ou de se exercitar, pois ele está convencido de que o desejo dela de escrever a está levando à loucura. Quando o confinamento solitário tem início, ela apresenta controle das faculdades mentais, mas o trauma de estar encerrada contra a vontade e as semanas passadas olhando as paredes levam-na, aos poucos, a um colapso emocional, de fato. Gilman foi uma pensadora revolucionária, cujos escritos incluem *Herland*, utopia feminista que não teve sobrevida tão popular quanto *O Papel de Parede Amarelo*, em uma cultura que ainda prefere histórias sobre mulheres sendo torturadas até a loucura que aquelas sobre mulheres criando um mundo em que elas não têm de responder aos homens.

Mais de um século depois, a mesma retórica se aplica. As mulheres são emotivas demais. Não se pode confiar nelas porque são loucas, palavra que o patriarcado usa para descrever uma mulher que não sabe quando fechar a linda boquinha. Elas são narradoras pouco confiáveis da própria vida porque não estão bem é uma expressão utilizada pelo patriarcado para descrever as mulheres que estão furiosas.

Bem, é claro que elas estão furiosas. É óbvio que estão feridas. Elas estão furiosas e feridas porque *estão traumatizadas*, primeiro pelo abuso, depois pela resposta da comunidade. E não conseguem expressar essa justa ira sem consequências, porque não são homens. Se você tivesse sido atacado, penetrado à força, tratado como um pedaço de carne humana; se tivesse procurado a justiça, ou ao menos consolo, e encontrasse apenas um bando de amigos unindo-se para chamá-lo de mentiroso e histérico, dizendo-lhe que seria melhor que se calasse, como você se sentiria? Talvez se sentisse ferido ou furioso – mas seria melhor não demonstrar. Não se quisesse que acreditassem em você. Não se quisesse ser protegido. Mulheres furiosas não são confiáveis, o que é muito conveniente aos abusadores e a quem os acoberta. E, quando todos se juntam para negar a verdade inconveniente de sua experiência, é tentador acreditar neles, sobretudo se você é muito jovem.

Doze anos atrás fui estuprada por um homem muito mais velho em um quarto de hotel. Quando denunciei o ocorrido, disseram-me que eu era tóxica, difícil e mentirosa compulsiva. Disseram-me isso de forma tão consistente que no fim acabei aceitando e me afastei para me curar em particular, enquanto o homem que me ferira continuou ferindo outras pessoas. Na década que se seguiu, cada vez que as mulheres que conheço se manifestaram sobre abuso sexual, foram desprezadas e consideradas mentalmente doentes. E, sim, algumas delas *estavam* mentalmente doentes – ao menos um em cada quatro seres humanos terá problemas de saúde mental durante a vida; afinal, violência e trauma são fatores que contribuem para isso. Mais precisamente, os predadores buscam vítimas que pareçam vulneráveis. Os predadores sexuais costumam mirar pessoas nas quais ninguém acreditará por já serem "loucas".

O movimento #MeToo foi exatamente aquilo que no passado se tentou evitar, com o sacrifício da sanidade e da segurança de milhares de mulheres anônimas: um escândalo gigantesco e arrasador. É inacreditável o que pessoas geralmente sensatas podem fazer para evitar um escândalo. Lançam as vítimas ao ostracismo, fazem *gaslighting* com sobreviventes e oferecem proteção aos predadores; contratam advogados, entregam centenas de milhares de dólares por baixo dos panos e, se pressionados, reconfiguram paradigmas sociais inteiros para fazer que qualquer uma que peça justiça básica pareça uma histérica escandalosa.

Agora, porém, são os abusadores que, de uma hora para outra, estão buscando refúgio. Pedindo para serem tratados como indivíduos doentes, não como criminosos. A alegação de loucura é o último recurso quando a sociedade como um todo não consegue negar a evidência da violência estrutural. Ouvimos a mesma coisa depois de algum massacre ou de algum ataque terrorista de supremacistas brancos. Ele sempre foi um garoto tão bom. Algo se rompeu. Jamais poderíamos imaginar. Ele estava deprimido e frustrado. Não é possível fingir que nada aconteceu, e, em vez disso, fingimos que não há um padrão, apenas um desajuste individual. Um desequilíbrio químico cerebral, não uma injustiça sistêmica entranhada em nossa cultura. Harvey Weinstein não pode ser estuprador porque é "um cara muito doente" – ao menos segundo Woody Allen, que talvez não possa reivindicar muita objetividade. Agora esperam que sintamos pena dos abusadores porque eles têm algum problema, estão sofrendo.

Bem, podem entrar na fila. Todos nós estamos sofrendo. Todos nós temos algum problema. Isso porque todos nós somos humanos. Ter baixa autoestima e obsessão sinistra por intimidar sexualmente as mulheres próximas não são desculpas para o abuso. Na melhor das hipóteses, são explicações; na pior, tentativas de redirecionar a atenção do mal real sofrido por mulheres e pessoas *queer*.

De fato, de acordo com pesquisadores como Lundy Bancroft, que passou décadas trabalhando com homens abusivos, os abusadores não são nem mais nem menos passíveis de terem alguma doença mental que qualquer pessoa. "A abusividade tem pouco a ver com problemas psicológicos e tudo a ver com valores e crenças", escreve Bancroft no livro *Why Does He do That?*: "Os abusadores têm senso distorcido do certo e do errado. Seu sistema de valores é doente, não sua psicologia".[4]

Todos nós temos desilusões amorosas e infância complexa, e há muito tempo as sobreviventes têm sido discretamente direcionadas a buscar terapia como alternativa à justiça. Durante séculos, foi dito às mulheres e crianças que se manifestavam sobre a violência e o abuso sofridos que estavam delirando e perturbadas. Que, por mais que acreditassem ter havido uma injustiça, não deveriam confiar nas próprias lembranças, tampouco deveriam os demais.

Às vezes, o modo como isso funciona é simplesmente criando uma cultura na qual admitir a violência e o assédio é incômodo demais. Todos os dias, sobreviventes de estupro e agressão relatam ter suas lembranças e seu histórico sexual questionados pela polícia e nos tribunais quando têm coragem suficiente para denunciar seus atacantes – e o *gaslighting* acontece nos círculos sociais, nas famílias, nos relacionamentos, onde quer que mulheres, crianças e pessoas *queer* sofram coisas das quais o mundo preferiria não ouvir falar.

Nos primeiros anos da pioneira cura pela fala, Sigmund Freud ficou impressionado com o número de mulheres e garotas infelizes que íam a seu consultório e confidenciavam terem sido molestadas e agredidas por familiares, inclusive na mais tenra infância. Jeffrey M. Masson, que descobriu essa parte da história de Freud nos arquivos dele, escreveu que:

> Freud foi o primeiro psiquiatra que acreditou que suas pacientes diziam a verdade.
>
> Freud anunciou sua descoberta em um artigo intitulado "A Etiologia da Histeria", apresentado em abril de 1896. [...] Sua conferência trouxe uma visão revolucionária do transtorno mental [...] a saber, a crença de que tais experiências do passado eram reais, não fantasias, e tinham efeito nocivo e duradouro na vida futura das crianças que as sofreram.[5]

A reação da sociedade vienense culta foi glacial – mas Freud foi taxativo ao afirmar que "o comportamento das pacientes enquanto reproduzem essas experiências de infância é, em todos os aspectos, incompatível com a suposição de que as cenas são qualquer outra coisa senão uma realidade que está sendo sentida com sofrimento e recordada com grande relutância.[6]

As consequências profissionais dessa posição, porém, foram severas. Em cartas angustiadas escritas a um amigo logo após proferir sua conferência, Freud relatou: "estou tão isolado quanto seria possível; circulou uma determinação de que eu fosse abandonado, e um vazio está se formando à minha volta".[7]

Em 1905, Freud retratou-se publicamente do que veio a ser chamado de Teoria da Sedução – e mudou seu discurso. Ele se enganara, a princípio, e aquelas mulheres não tinham, de fato, sofrido abuso – em vez disso, tinham uma obsessão inconsciente com a ideia erótica da figura paterna, em oposição à figura paterna real, que poderia ter cometido um abuso real. As pacientes de Freud, ele agora afirmava, não tinham sido vítimas de abuso. Estavam delirando.

Isso é importante, porque o trabalho de Freud sobre o inconsciente é a base para muitas de nossas teorias modernas sobre como o desejo humano funciona – inclusive na política. A psicanálise freudiana introduziu conceitos como os de "subconsciente" e "ego", que mudariam, de forma radical, o modo pelo qual pessoas comuns poderiam entender a si mesmas como criaturas sencientes. E, no entanto, algumas verdades foram radicais demais para Freud – ou para as gerações de psicanalistas homens que seguiam as ideias dele, consolidando-as e expandindo-as. Freud foi ousado o bastante para desafiar a ortodoxia religiosa quanto à natureza da alma humana, mas não teve coragem suficiente, no fim das contas, para acreditar em suas pacientes. Não quando elas lhe contavam verdades inconvenientes demais para serem tratadas de outro modo senão como espasmos simbólicos das débeis mentes femininas.

E foi assim que tudo aconteceu. É assim que a forma como a cultura moderna entende o desejo sexual foi, em parte, baseada em uma mentira. Ela foi baseada na ignorância deliberada da magnitude do abuso a mulheres e crianças, numa tentativa de explicar o trauma como sendo um delírio – tudo para evitar causar mal-estar ao clube de cavalheiros por colocar demasiada fé em jovenzinhas infelizes.

Sim, mulheres jovens, com frequência, ficam traumatizadas com cada indignidade violenta que faz parte de ser uma jovem mulher na era moderna. Na Inglaterra, quase uma em cada quatro mulheres jovens tem algum transtorno mental, sendo mais comuns problemas emocionais como depressão e ansiedade. Um relatório recente do Serviço Nacional de Saúde do Reino Unido (NHS) revelou que mulheres jovens, com idade entre 17 e 19 anos, tinham duas vezes mais probabilidade de terem problemas que homens jovens, com 22,4% delas relatando algum distúrbio.[8] Garotas negras, pardas e imigrantes são particularmente vulneráveis, e os dados do NHS mostram aumento de 68% nas internações hospitalares decorrentes de ferimentos autoinfligidos entre garotas com menos de 17 anos em relação à década passada.[9]

A despeito desses números, não é a saúde mental das mulheres que é tratada como preocupação pública. Uma das poucas estatísticas concretas sobre gênero e violência que marcou a consciência pública é o terrível fato de que os homens estão tirando a própria vida em números cada vez maiores[10] e morrendo em massa por suicídio, abuso de substâncias ou outras "mortes por desespero". O fato de que isso esteja acontecendo já é horrível demais por si só. O fato de que a morte desses homens seja tão frequentemente usada como arma, constituindo motivo para desqualificar a dor das mulheres – como se transtorno mental fosse uma competição entre gêneros –, soma o insulto a uma ofensa irreparável.

Novamente, mulheres e garotas ouvem que a culpa é delas quando os homens fazem mal a si mesmos. Em 2019, quando as mulheres na indústria dos *games* denunciaram o abuso e o assédio sofridos no trabalho – homens em posição de poder que as manipularam, extorquiram sexo delas e depois as descartaram –, um dos abusadores citados foi um desenvolvedor chamado Alec Holowka. Os empregadores de Holowka consideraram críveis as acusações, embora o caso nunca tenha sido levado aos tribunais. Vários dias depois de as denúncias se tornarem públicas, Holowka, que por muitos anos lutou contra problemas de saúde mental, cometeu suicídio. As mídias sociais explodiram. Não por solidariedade à família Holowka, mas pela fúria contra as mulheres que denunciaram seu comportamento – com a acusação de serem diretamente responsáveis pela decisão dele de pôr fim à própria vida. A ameaça de autolesão extrema é uma clássica tática empregada pelos abusadores como último recurso, ao pressentirem que estão perdendo o controle, que a parceira está a ponto de deixá-los ou de contar a alguém, ou ambos. É uma chantagem emocional eficiente, pois quase sempre é plausível. Quem quer ser a pessoa que coloca a própria liberdade e a segurança acima da vida de outra pessoa?

No auge do movimento #MeToo, à medida que as listas com nomes de agressores foram aumentando, aumentaram igualmente os pedidos de clemência com base em transtorno mental. Os homens violentos, lembravam-nos, também sofrem, tanto quanto aquelas a quem fazem mal – talvez até mais! Não é suficiente que se sintam culpados, que saibam que têm um problema, que se odeiem por isso? Nós não nos preocupamos com eles? Queremos que desmoronem ou, pior, que façam mal a si mesmos?

A ameaça de que os homens vão desmoronar ou fazer mal a si mesmos se as mulheres se recusarem a tolerar seu comportamento é uma tática de controle antiga, testada e aprovada, e joga com questões de identidade intensas e profundas. As mulheres são criadas para colocar os interesses dos homens acima de seus próprios. Das mulheres, espera-se que protejam os homens das consequências dos próprios atos. Mesmo que isso signifique permanecer em um relacionamento abusivo, ou aceitar o ostracismo social e a vergonha, as mulheres devem sofrer para que os homens possam crescer. A maioria das mulheres e pessoas *queer* foi criada para tratar as emoções dos homens com respeito e deferência, mesmo ao custo da própria felicidade, pois a maior parte de nós foi criada com o entendimento de que, quando os homens ficam contrariados, coisas ruins acontecem. Também os homens, mesmo os decentes e não sexistas, cresceram com esse entendimento – o sofrimento masculino importa mais, ou por qual outro motivo o trataríamos como preocupação pública?

Eu estive lá. Fui aquela pessoa que lutava para não priorizar a dor de um homem e sei como é duro se libertar dessa mentalidade. Um de meus ex-parceiros e ex-amigo próximo é um estuprador múltiplo que abusou sexual, física e emocionalmente de inúmeras mulheres, inclusive de mim. Quando algumas das vítimas começaram a juntar as peças, ele nos garantiu que daria fim à própria vida se tudo viesse a público. Acreditamos nele. Sabíamos que era frágil. Havíamos aceitado sua narrativa de que ele abusava das mulheres pelo mesmo motivo pelo qual abusava das drogas e do álcool – porque estava sofrendo e não conseguia se controlar. Ele usou a mesma combinação de ameaças e de fraqueza performática que consta da cartilha de todo narcisista, convencendo-nos de que era, ao mesmo tempo, poderoso demais para ser contrariado e fraco demais para sobreviver se fosse responsabilizado. Quando, ainda assim, as histórias vieram à tona, apesar de todos os esforços, ele não escolheu dar fim à própria vida. Mas, sim, ele sofreu. Com frequência, as pessoas responsabilizadas por anos de abuso sofrem – e suas vítimas não são responsáveis por esse sofrimento.

Eis uma ideia: e se as pessoas começassem a pensar no efeito sobre a saúde mental de outras pessoas *antes* de tomarem a decisão de abusar, intimidar e estuprar? Por muito tempo, as mulheres e as pessoas *queer* aprenderam a não falar sobre sua exaustão, sua dor e seu trauma. Aprenderam a dar uma impressão cuidadosamente neutra, interminavelmente sensata, para esconder a depressão, o medo, a ansiedade. Para cada homem cujo comportamento foi perdoado por causa dos problemas de saúde mental, há incontáveis mulheres e pessoas *queer* cujos problemas de saúde mental foram usados como arma para desqualificar o que dizem. O risco que a violência masculina representa à saúde mental das mulheres não é considerado digno de comentário.

Isso é o que acontece em ramos de atividade e instituições em que os homens detêm a maior parte do poder e da senioridade – e, mais importante, também é o modo como o poder masculino se perpetua nessas instituições. As mulheres abandonam, em silêncio, profissões e locais de trabalho nos quais é rotineiro serem atacadas, menosprezadas e isoladas. O dano é suportado em particular pelas vítimas e pelas redes de mulheres que fazem uma limpeza emocional profunda para que os homens não precisem ser confrontados com o dano causado.

Neste exato momento, vejo por toda parte mulheres trabalhando para dar apoio aos homens e umas às outras durante esse processo. Não é só porque somos legais, e não é só porque somos trouxas, embora, provavelmente, haja um pouquinho de ambos. É porque sabemos quanto isso vai doer.

Sabemos porque temos carregado isso em particular por muito tempo. Sabemos como o dano pode ser profundo, quanto ainda permanece sem ser dito. Mesmo quando nos juntamos para exigir o fim da violência sexual, nós nos preocupamos com o fato de que os homens são fracos demais para lidar com as consequências do que fizeram e do que lhes foi permitido nos fazer.

Isso é trabalho, e ele nos desgasta. Sou uma pessoa com dois empregos e no último fim de semana passei ao menos oito horas de que não dispunha segurando a barra de amigas colocadas em situações iguais a essa – situações em que estavam impotentes. Se você nunca teve experiência com esse limbo emocional, se não sabe o trabalho diário necessário para manter esses cuidados tão delicados, então pode muito bem parecer que isso está surgindo do nada. Se não sabe como é ver uma amiga se retrair aos poucos em si mesma enquanto lhe conta sobre um homem que ambas conhecem, sobre o que ele fez e o motivo pelo qual ela nunca vai poder falar nada, porque ele pode e vai destruir os sonhos dela com um gesto, e ele já a magoou o bastante – se não teve que aprender, à própria custa, que a fragilidade dos homens poderosos e voláteis é um risco muito maior que a força deles –, então você pode muito bem perguntar: por que as mulheres só estão se manifestando agora?

Meus dedos estão coçando com todas as histórias que não vou contar aqui porque não são minhas, então não posso compartilhá-las, pois não seria apenas eu que arcaria com as consequências. Segredos que devoram você por dentro. Não quero pensar em quanto tempo passei, nos últimos cinco anos, lidando com as consequências da violência masculina, dando conselhos, tentando mitigar os danos, proteger sobreviventes. Não quero pensar nisso porque a maioria dos homens em minha vida e em meus ramos de atuação não precisa gastar sua energia com coisas assim.

Os abusadores que agora estão sendo perdoados como sendo mentalmente doentes não são monstros nem aberrações. Estão agindo totalmente de acordo com o sistema doentio de valores de uma sociedade que preza pela reputação e pelo *status* dos homens acima da segurança das mulheres. Muitos abusadores, de certa forma, não sabem que o que estão fazendo é errado. Acreditam serem bastante decentes. A maioria dos homens que preda mulheres teve essa crença confirmada ao longo de anos ou de décadas de abuso. Eles acreditam serem superdecentes, e muita gente mais acredita que eles são superdecentes. São caras legais que só têm algum problema com as mulheres, ou com a bebida, ou com as mães, ou os três.

Requalificar o abuso em série como questão de saúde mental o acomoda convenientemente na prateleira mais alta, rotulada como "problema alheio". Mas a doença não evita a responsabilidade social. Nunca evitou. A doença pode dar a uma pessoa o impulso incontrolável de agir de forma repulsiva, mas não justifica essa pessoa durante reuniões de negócios, ou paga os advogados, ou garante que as mulheres sejam afastadas de filmes. É necessária uma aldeia para proteger um estuprador.

Estou perfeitamente disposta a aceitar que a masculinidade tóxica deixa em seu rasto um monte de homens em frangalhos. Que a cultura conspira para impedir que homens e garotos sejam capazes de lidar, de maneira adulta, com sua sexualidade, sua agressividade e seu medo da rejeição e da perda de *status*. Que o mundo moderno torna insuportável, às vezes, existir em um corpo masculino sem validação constante. Todavia, poucos homens – poucas pessoas, e ponto – crescem com atitudes totalmente saudáveis em relação ao próprio gênero. Nem todo mundo com ideias escrotas sobre as mulheres chega a fazer coisas escrotas a elas. A masculinidade tóxica, como observa Bancroft, é, antes, uma doença social que uma doença psicológica.

É mais fácil lidar com a ideia de homens doentes que encarar a realidade de uma sociedade doente; esperamos tempo demais para tratar nossos sintomas, por não querermos ouvir o diagnóstico. O prognóstico é bom, mas o tratamento é brutal. As pessoas que, por fim, estão encarando as consequências de ter tratado mulheres e garotas como possessões sem identidade própria podem muito bem estar extremamente infelizes com a situação. É compreensível. Tenho certeza de que não é muito divertido ser Harvey Weinstein neste momento, mas, infelizmente, para o superprodutor caído em desgraça e para outros iguais a ele, o mundo está mudando, agora sem passar mais pano para os sentimentos de homens poderosos.

Alguns dias, é como se o mundo todo estivesse refém da fragilidade masculina. Às vezes, parece não haver limites para o que se espera que mulheres, meninas e pessoas *queer* tolerem, de modo a proteger os homens de um instante de autorreflexão incômoda. Às vezes, não sei mais em quem confiar. Há muitos homens por aí que parecem ser aliados, mas que não consideram relevante para a discussão o próprio comportamento íntimo relativo às mulheres. Não sei quem, no fim, vai passar pano para o amigo violento, ou descontar na namorada a baixa autoestima, ou expulsar as mulheres mais jovens de seu ramo de atividade quando elas se recusarem a sair com ele. Só quero saber uma coisa: e se decidíssemos nos importar tanto com o bem-estar das mulheres que sofreram abuso quanto nos importamos com o bem-estar dos abusadores? Como seria viver e trabalhar em um mundo onde as consequências de ferir uma mulher tivessem peso maior que as consequências de ser mulher?

4

Sexo Ruim

A dor é política, assim como o prazer. A maior ilusão da sexualidade moderna é que o preço do prazer é a dor; que, sobretudo, o preço do prazer dos homens heterossexuais é a dor da mulher. Mais uma vez, quando mulheres e jovens se manifestam contra a violência sexual, a sociedade reage como se o sexo, não a violência, fosse o problema a ser resolvido. Eis um exemplo de aonde isso pode levar: em anos recentes, a noção de "sexo violento" tornou-se uma estratégia de defesa popular em casos de agressão e assassinato. Os homens que rotineiramente estrangulam ou brutalizam as parceiras tentam requalificar seu comportamento apenas como "sexo violento que deu errado" – como se, no início do século XXI, assassinato e mutilação constituíssem riscos cotidianos a serem levados em conta, previamente, por qualquer mulher que vá para a cama com um homem.

Hoje, a violência é tida como sendo a base do sexo heterossexual, de modo que tem pouco a ver com fetiche e nada a ver com consentimento. Crueldade e coerção são cada vez mais normais na sexualidade hétero. De acordo com uma unidade investigativa da BBC, "mais de um terço das mulheres do Reino Unido com menos de 40 anos já enfrentou tapas, sufocamento, amordaçamento ou cusparadas não desejados durante o sexo consensual".[1] O que acontece com sua sexualidade quando você não tem como saber se, ao ir para a cama com um desconhecido que parece perfeitamente legal, será humilhada ou machucada sem pedir? A coisa fica pior: um estudo publicado na *JAMA Internal Medicine*, que analisou mulheres com idade entre 18 e 44 anos nos Estados Unidos, revelou que "mais de 3 milhões de mulheres sofreram estupro no primeiro encontro sexual".[2]

Apesar de tudo, a simples ideia de que a iniciativa sexual das mulheres importa e de que o mundo deveria ter menos estupros ainda é considerada equivalente a "ódio ao sexo". Ativistas contrárias à violência sexual são rotineiramente tratadas como se estivessem atacando a sexualidade em si. Isso só faz sentido se você aceitar a definição de sexo heterossexual em que tudo que importa é o prazer do homem; em que às mulheres não é permitido estabelecer limites; em que a humilhação, a violência e a misoginia ritual são parte do vocabulário da intimidade.

Parece que para as mulheres heterossexuais "sexo bom" ainda significa "sexo no qual você não foi gravemente ferida ou morta". Para os homens héteros, por outro lado, "sexo bom", em geral, deve envolver o orgasmo. Essa discrepância não leva à liberação erótica. Não dá para considerar o sexo como sendo livre quando envolve mais de uma pessoa e apenas uma delas desfruta dele. Tudo isso quer dizer que boa parte do sexo tecnicamente consensual é muito ruim e decepcionante. Sobretudo o sexo hétero. Principalmente para as mulheres.

Muitas de nós estão famintas de prazer. Repercutiu muito o fato de que os *millennials*, em especial os homens, estão fazendo menos sexo que as gerações anteriores. Uma investigação feita pelo

Washington Post sugeriu que 28% dos homens com idade entre 18 e 30 anos relataram não ter feito sexo em 2018 – em comparação a 18% das mulheres jovens.[3] Quase todos os veículos relataram esse fato como tendência negativa, como se a quantidade em si fosse a única métrica válida para mensurar as relações sexuais humanas. A edição norte-americana do *The Economist* juntou sua opinião, sugerindo que esse declínio do sexo hétero "é provavelmente uma resposta ao maior empoderamento feminino, à grande mudança na política sexual [...] acentuada ainda mais pelo medo dos homens de uma acusação de assédio ao estilo #MeToo".[4]

Aqui, o empoderamento feminino é considerado obstáculo inaceitável à liberdade sexual masculina. Se as mulheres têm, de fato, livre-arbítrio e autonomia para escolher com quem, como e se farão sexo, podem decidir não fazer sexo com você, mesmo que você queira muito que elas façam – e isso é ir longe demais em uma cultura em que o direito masculino ao corpo das mulheres ainda é mais importante que o direito das mulheres à segurança básica. O acesso heterossexual é apresentado como produto essencial à saúde dos homens, e qualquer coisa que a perturbe é redefinida como ameaça ao florescer humano.

Mas e se abordarmos a questão de maneira diferente? E se, em vez de indagarmos quanto sexo está sendo feito, começarmos a questionar quanto as pessoas o estão curtindo – todo mundo, não apenas os homens heterossexuais? Por que a regra deve ser o sexo coercitivo, sem graça, com que o restante de nós deve se contentar, com tanta frequência, sob o patriarcado?

A nova revolução sexual, como vimos, não é apenas uma luta contra a violência sexual – é uma luta pela liberdade sexual perante o sexismo, a transfobia e a homofobia. Ela destrói o modelo de dominância do sexo heterossexual e rompe o binário de gênero. Não se deve permitir que misóginos, transfóbicos e homofóbicos se apropriem da linguagem da liberdade sexual. Por infelicidade, foi exatamente essa a primeira reação negativa ao movimento #MeToo poucos dias depois de chegarem à imprensa as denúncias iniciais contra Harvey Weinstein. As ativistas dos direitos das mulheres foram acusadas de histeria, pânico moral, ódio pelo sexo e pelos homens. De fato, durante entrevistas que dei nos primeiros meses do movimento #MeToo, perguntaram-me várias vezes em que ponto deveria ser traçada a linha entre estupro e "sexo ruim" – como se as mulheres não fossem capazes de saber a diferença.

Nas semanas seguintes às primeiras revelações do #MeToo, muito se falou de uma carta aberta publicada no importante jornal francês *Le Monde* desaprovando o movimento e qualificando-o como "onda puritana de purificação". Na carta, a atriz Catherine Deneuve, com mais uma centena de cossignatárias, condenava as mulheres que denunciavam a agressão dizendo serem elas inimigas da "liberdade sexual".[5] O problema é que a liberdade sexual não é algo que pode ser desfrutado de forma isolada, quando mais da metade da raça humana ainda luta pela autonomia básica de escolher quando, como e com quem trepar.

Dias antes, o crítico Andrew Sullivan reclamou na *New York Magazine* que "a exposição justa de um horrendo abuso de poder havia se transformado em uma revolução mais generalizada contra o patriarcado".[6] Era essa, claro, a questão. Como vimos, expor os abusos de poder é inevitavelmente uma revolução contra a natureza do poder em si.

Sullivan não foi, de maneira nenhuma, o único a acusar o movimento #MeToo de constituir um pânico moral sobre o sexo em si. Acusações iguais a essa são sérias demais para serem ignoradas, e não quero fazê-lo, ainda mais sendo uma pessoa *queer*. Mas por que tanta gente está tão ansiosa para redefinir essa revolução sexual como um movimento de pureza pudica?

Há, ao menos, uma resposta simples. É mais fácil, e socialmente mais aceitável, protestar contra um ataque à sexualidade que protestar contra um ataque ao patriarcado. Mais uma vez, em meus anos como ativista e jornalista, vi os reacionários lutarem contra a mudança social enquanto acreditavam, de fato, serem grandes defensores da liberdade – vendo-se como Mel Gibson, em *Coração Valente*, lutando pela liberdade contra as forças invasoras da cultura *woke*, quando são, na realidade, tão somente o bom e velho Gibson gritando ofensas racistas a desconhecidos.

O problema não é o sexo, mas, sim, o sexismo, com um número perturbador de homens e mulheres que parecem não conseguir ou não querer fazer a distinção. Poucas semanas depois das primeiras "revelações" sobre Weinstein, um âncora de rádio me perguntou se agora as cantadas estavam proibidas. Não estavam e não estão. Para quem as recebe, sobretudo mulheres, a diferença entre cantada e assédio – entre sexo e estupro – é extremamente clara. Para algumas pessoas, principalmente homens, que fazem essas coisas, a distinção parece difícil de entender, e, quando recebem a explicação, ficam sem desculpas e tratam depressa de cair fora.

Não foram as mulheres, porém, que decidiram que a heterossexualidade seria sempre e somente violenta. Foi a cultura supremacista masculina que passou gerações imaginando o sexo e a conquista como uma coisa só, fundindo-os no imaginário coletivo até quase não restar diferença entre os atos de paixão e de agressão. Não é de surpreender que tantas mulheres que por tanto tempo levaram a pior nesse processo tenham desistido de encontrar um modo de intimidade com os homens que não machuque. Também não surpreende que algumas dessas mulheres tenham passado a ver o sexo masculino como traiçoeiro, irrecuperável e irremediavelmente violento.

Hoje, diferentemente da opinião conservadora, não precisamos escolher entre lutar contra a violência sexual e sermos sexualmente liberais. Há muitos anos, as mulheres têm sido incapazes de exigir o direito ao respeito pela autonomia corporal e, ao mesmo tempo, sentir-se livres para serem sexuais, vestir-se e caminhar como tais e sugerir que possamos querer algo que as boas garotas não querem. Por muitas gerações, às mulheres foi permitido pedir aos homens que não as atacassem, desde que o fizessem com gentileza e não criassem muito caso, mas, na realidade, qualquer demonstração de desejo sexual independente ainda era perigosa. Contudo, até que todas as pessoas, de qualquer gênero, sejam livres para expressar e explorar sua sexualidade, não pode haver, por definição, liberdade sexual.

De fato, a luta contra a violência e a repressão sexual são duas faces da mesma batalha: separar uma da outra é levar ao fracasso da iniciativa como um todo. Os chamados liberacionistas sexuais das gerações de nossos pais e avós falharam (e feio!) ao pensar que poderiam ter liberdade sexual sem enfrentar a supremacia masculina e a violência sexista, aferrando-se cegamente à confortável ilusão de que as mulheres não são seres sensuais como os homens, que a liberdade sexual delas pode continuar sendo algo de importância secundária e que qualquer mulher que se comporte como se não o fosse pode e deve ser punida. Sem igualdade sexual o sexo nunca poderá ser livre. Pode apenas ser barato.

Mais uma vez, o problema é o sexismo – e, para algumas pessoas, o sexismo em si tornou-se erotizado. Isso *é* um problema. "Não são as cantadas que julgamos um problema", disse uma amiga minha, certa vez, tarde da noite, depois de outra rodada de trabalho emocional exaustivo tentando dar uma força à autoimagem abalada de homens conhecidos nossos, para que não desabassem sobre nós. "É a arrogância. A projeção. A objetificação. Sabemos quando estamos sendo desumanizadas. Cantada boa é aquela em que eles nos veem. Eles não saberão passar uma cantada do jeito certo até que comecem a desaprender a forma como nos olham."

Assim, sempre que um homem me diz que toda essa nova pressão para tratar as mulheres (até aquelas com as quais ele gostaria de fazer sexo) como pessoas que importam faz com que sinta que sua sexualidade está sendo policiada, não sei o que dizer a ele. Sempre que um homem confessa estar preocupado com o que vai acontecer se tentar dar em cima de alguém, que está com medo de ser castigado para sempre por algum erro de julgamento minúsculo (ou não tão minúsculo assim), eu me pergunto se ele compreende que, para as mulheres, esse tipo de angústia desiludida, aterrorizada, essa paralisia ansiosa, não é nada novo. É normal.

Se queremos ter uma conversa sobre o policiamento da sexualidade, a sexualidade dos homens heterossexuais brancos não é o ponto pelo qual começar. Sei como é ter minha sexualidade policiada. A maioria das mulheres sabe. A maior parte de nós sabe como é ser julgada por quem é, não por aquilo que faz. A maioria das mulheres e pessoas *queer* que conheci sabe exatamente como isso funciona, com a diferença de que elas não são humilhadas e atacadas por serem sexualmente violentas, mas tão somente por serem sexuais. É meio irritante ter que ver os homens entrando em pânico e implorando por misericórdia agora que estão sendo punidos, ainda que de forma tão branda, por fazer mal às mulheres, acidentalmente ou não, quando algumas de nós temos passado a vida sendo punidas, sem trégua, só por sermos mulheres.

Tudo mais sendo igual (e quando tudo mais foi igual?), homens e mulheres têm impulsos sexuais comparáveis. Essa é, ainda, uma verdade controversa. O famoso estudo de 1989, "Você Iria Para a Cama Comigo?",[7] já foi tido como evidência sólida daquilo que uma pesquisadora que atuou nele disse à BBC que seus colegas homens supuseram desde o início: "que os homens eram doidos por sexo o tempo todo, e as mulheres, na verdade, o odiavam".[8] Quando esse estudo foi repetido na Dinamarca, em 2011, mais uma vez os homens tinham muito maior probabilidade de aceitar uma oferta de sexo casual de uma pessoa desconhecida que as mulheres. Mas não foi realizada nenhuma pesquisa sobre as causas dessa diferença que fosse além da simples conclusão de que os homens querem mais sexo que as mulheres.[9]

Há, é claro, muitas outras razões para não ir para a cama com um desconhecido. No caso de ficadas casuais, as mulheres relatam níveis muito mais baixos de satisfação que os homens – e um risco percebido muito mais elevado. Talvez um dos motivos pelos quais as mulheres têm menos probabilidade de aceitar uma oferta de sexo de um desconhecido não é terem medo do sexo, mas de homens desconhecidos, e talvez tenham razões para acreditar que o sexo casual não será bom. Por outro lado, estudos que mediram tanto os níveis de excitação quanto a disposição teórica para ter uma noitada de sexo em condições de completa segurança encontraram pouquíssima diferença entre os impulsos sexuais do macho e da fêmea da espécie humana.

Essa é uma verdade com uma luz no centro, daquelas ao redor das quais nos reunimos à noite para contar histórias que não fazem sentido à luz do dia. No que diz respeito ao simples princípio do prazer, a trepar por trepar, sexo e gênero não determinam o apetite. Algumas pessoas apenas têm mais tesão que outras, independentemente do sexo que lhes foi designado ao nascerem. Mas o sexo designado ao nascer influencia a probabilidade de uma pessoa ser dona de seus apetites – e do quão livre é para agir de acordo com eles.

Para as mulheres, o sexo vem com todo tipo de riscos e motivos para evitá-lo, carregado de alertas sobre punição social, vergonha e violência, bem como gravidez. Gerações anteriores, incluindo muitas gerações de mulheres, policiavam a moralidade sexual não porque não tivessem desejos, mas por serem obrigadas a pagar muito caro pelos desejos dos homens antes de pensar em ter os próprios. Em período anterior ao advento da tecnologia médica moderna, entre 1% e 2% das gestações terminavam com a morte da mulher.[10] No Renascimento, era prática-padrão que, ao engravidar, as mulheres escrevessem seus testamentos, por precaução. Até bem recentemente, no escopo da história humana, o sexo era uma perspectiva arriscada se você fosse mulher heterossexual. Ele poderia matá-la, ou destruí-la, e o fato de você, provavelmente, desejá-lo piorava muito as coisas – quando seu corpo quer algo que talvez signifique desastre, isso não faz a vontade ir embora; só faz que você tenha muito mais medo dos próprios desejos. O sexo era perigoso – e, para muitas mulheres heterossexuais, ainda é.

Sem intervenção médica, a gestação ainda é uma situação muito mais arriscada aos humanos que à maioria das outras espécies. "Os números são, de fato, aterrorizantes", disse Jonathan Wells, pesquisador do Colégio Universitário de Londres, à BBC.[11] "É extremamente raro entre os mamíferos que as mães paguem um preço tão alto pela produção de descendentes."

A Organização Mundial da Saúde (OMS) estima que 810 mulheres morreram por dia, em 2017, de causas evitáveis relacionadas à gestação e ao parto – número que inclui, de forma desproporcional, mulheres de países com renda baixa e média baixa e meninas entre 10 e 14 anos.[12] Os Estados Unidos têm a taxa mais elevada de mortalidade materna no mundo desenvolvido[13] – e as mulheres negras têm duas vezes mais chance de morrer no parto que as brancas, graças a um sistema médico que nega a dor de mulheres negras e sabota a experiência delas com o próprio corpo, além de a um sistema econômico racista que faz a mesma coisa.[14]

Mesmo sem levar em consideração os riscos da gestação e do parto, o relacionamento sexual com homens continua sendo estatisticamente traiçoeiro para mulheres e garotas. Quando o *Washington Post* analisou todos os assassinatos de mulheres em 47 grandes cidades norte-americanas ao longo da última década – 4.484 no total –, descobriu que quase metade delas havia sido morta por um parceiro íntimo.[15] Após quatro décadas de declínio, os homicídios por parceiros íntimos tiveram alta, puxados, sobretudo, pela violência armada. Um estudo conduzido pelo criminologista James Alan Fox, da Universidade do Noroeste, nos Estados Unidos, calculou que o número de vítimas mortas por parceiros íntimos aumentou 19% entre 2014 e 2017, indo de 1.875 para 2.237.[16]

Quando a sexualidade é formulada como perigosa e as estruturas sociais são estabelecidas para garantir que o perigo seja real, não é surpresa que tantas mulheres e garotas permaneçam alienadas da própria identidade sexual. Para os homens, ao contrário, o sexo é apresentado como imperativo social, algo que alicerça seu *status*, sua autoconfiança e sua conexão íntima. Os homens de verdade, dizem-nos, devem foder – e foder com força, e com frequência, e superar todos os obstáculos do caminho.

O sexo heterossexual, na forma corrente, tem muito mais a ver com poder que com prazer; o sexo heterossexual ainda é entendido como algo que os homens querem e que as mulheres controlam. O sexo é algo de que os homens precisam e ao qual têm direito, e algo que as mulheres dão em troca de segurança, proteção ou amor. Esse entendimento do amor como mercado sexual serve como desculpa para boa parte da violência, como explica a cientista Emily Nagoski: "Quando o sexo é conceituado como necessidade, isso cria um ambiente que fomenta o senso masculino de direito sexual adquirido [...] se você acredita que os homens, em particular [...] têm necessidade de aliviar sua energia sexual acumulada, então pode inventar justificativas para qualquer estratégia que um homem possa usar para se aliviar. Sendo o sexo uma necessidade, como a fome, então as parceiras potenciais são iguais a comida. Ou como animais que devem ser caçados para matar a fome".[17]

Essa visão predatória e consumista da sexualidade é o paradigma que os conservadores sociais estão ansiosos por proteger – no qual o consentimento em si é uma mercadoria.

O consentimento das mulheres, mais especificamente o das mulheres para prover os homens com sexo e cuidado emocional, tem sido entendido, há muito tempo, de forma velada, como um serviço negociável, algo que pode ser comprado e vendido. Isso é verdadeiro não só para a indústria do sexo. É verdadeiro em todas as situações. A indústria do sexo não se diferencia por colocar preço no consentimento sexual das mulheres, mas por nos dizer qual será esse preço.

Tudo começa bem cedo. Começa a acontecer em algum momento entre a perda do primeiro dente de leite e a descoberta de quais aspectos de seu rosto e corpo destoam daqueles das modelos nas revistas. Em algum momento, uma menina começa a perceber que seu corpo é uma propriedade que não lhe pertence, pelo menos não por completo. O corpo dela é um instrumento de negociação – seu maior trunfo no louco jogo de transações comerciais da vida adulta – e um convite à violência. *Seu corpo é a coisa mais importante em você*, e se não for bom o suficiente as pessoas não vão gostar de você. Se seu corpo for inaceitável, ou ficar muito exposto, você poderá ser atacada. Você deve se controlar. Isso muda você, esse processo de entendimento de que você deve pedir desculpas por tudo que estiver errado em seu corpo – sobretudo o fato de ser feminino. Isso muda a maneira como você ocupa o espaço, como habita os contornos da própria vida.

Essa visão das mulheres como troféus a serem comprados, vendidos e comercializados existia antes do capitalismo moderno. Contudo, a lógica do neoliberalismo, segundo a qual os mercados devem ser libertados e as pessoas são livres para fazer o que lhes é pedido, é o tempero especial que sufocou a sexualidade em ilusões da própria liberação. A liberdade para disputar com outros homens o acesso sexual às mulheres como objeto não é a repressão sexual escancarada de déspotas e demagogos religiosos – mas é repressão sexual, de qualquer modo. Você está livre para foder, ou para ser fodido, porém só se seguir um roteiro preestabelecido, e sempre sob vigilância. Se você é mulher ou *queer*, não terá permissão de morar em seu corpo como propriedade sua. Terá a sexualidade confiscada e revendida a você por um custo.

Ainda é difícil para as mulheres lembrarem-se de que não são mercadorias, pedaços de carne a serem comercializados em troca do dinheiro, da aprovação e do afeto dos homens. Quando passou toda a vida sendo lembrada de que, seja o que for, você é, antes, um corpo, e se seu corpo não for aceitável você não tem valor para os homens e, portanto, para o mundo; quando sempre foi encorajada a medir seu valor pelo que vale no inconstante mercado da atenção masculina; quando aprendeu isso em pleno furor da adolescência; quando cresceu tendo que pensar, todos os dias, em como o desejo dos homens, ou a falta dele, é mais importante que sua própria dignidade, pode ser difícil recordar que você sempre deveria ter sido mais que algo a ser possuído.

Avaliar a sexualidade pela quantidade de sexo sendo feito é como julgar uma orquestra pelo volume. O sexo, como o amor, não é um fenômeno bem definido ou mensurável; não é uma mercadoria escassa que uma categoria de pessoas distribui a outra. Também não é um patrimônio que pode ser adquirido e acumulado. O sexo não é algo que você tem, mas algo que você faz – como a dança. Você pode dançar sozinho ou com outra pessoa; pode fazê-lo para se divertir ou por simples tédio, mas se ninguém quer dançar com você não faz sentido ficar com raiva porque você decidiu que alguém roubou toda dança e a está guardando para si. A redistribuição é boa. Partilhar os recursos é bom. Mas a sexualidade em si não é um recurso escasso.

O sexo não é algo que as mulheres acumulam cruelmente, como dragões deitados sobre pilhas sensuais de ouro. O consentimento delas não é uma mercadoria para ser comercializada ou guardada de modo a elevar os preços. O sexo é algo que, em igualdade de condições, as mulheres desejam tanto quanto os homens. Mas, em geral, não com quem as ameaça, humilha e tem rancor delas. Considere o fato de que as mulheres heterossexuais têm muito menos probabilidade que os homens heterossexuais de chegar ao orgasmo durante o sexo casual, com 80% delas, em um estudo, "admitindo" fingir os orgasmos.[18] Os motivos mais comuns citados foram que o ato sexual era doloroso, que queriam "proteger os sentimentos do parceiro" ou que estava "demorando muito". O sexo que está demorando muito é aquele que você está ansiosa para que termine, mas nervosa demais para pedir ao outro que pare. Uma cultura que só consegue entender o prazer das mulheres por meio das lentes do orgulho masculino é uma cultura que alienou por completo as mulheres e garotas do próprio desejo.

Tampouco a onipresença repleta de culpa da pornografia – ponto sensível da sexualidade moderna – constitui sinal de que muito sexo gratificante esteja sendo feito. Pessoas solitárias assistem à pornografia da mesma forma que pessoas famintas assistem aos programas culinários. Realmente, a pornografia produzida em massa e disponível *on-line*, de graça, com frequência atende a uma visão específica do sexo hétero – na qual o sexo é, por natureza, competitivo, violento, racista e misógino, que diz respeito mais a uma exibição de poder de gênero que ao prazer, uma linha de produção de corpos lubrificados forçando um ao outro à submissão. A pornografia hétero alucina e mostra a sexualidade em um universo alternativo totalmente separado do dia a dia, no qual os homens nunca são rejeitados, e ninguém jamais diz não. Isso significa que, na pornografia hétero *mainstream*, em vez de fazerem sexo, as mulheres submetem-se a ele, um sexo que nunca é difícil, ou emocional, ou espontâneo; um sexo vingativo e degradante, como forma de misoginia ritual, reduzido a uma taxonomia desoladora de atos e tipos corporais.

"Nem toda pornografia é sobre o ódio às mulheres, mas a que está sendo vista no momento é", disse Virginie Despentes, autora e cineasta feminista francesa, em uma entrevista ao *The Guardian*. "O que está se passando na cabeça dos homens, em sua sexualidade, quando o prazer das mulheres se tornou um problema?"[19]

A ideia de que o prazer, os desejos e a vontade das mulheres são não só irrelevantes como constituem obstáculos a serem superados penetrou em todos os aspectos de nossa cultura. Boa parte da retórica da extrema direita moderna foi herdada da comunidade de artistas da sedução – movimento que começou há mais de dez anos com livros como *O Jogo: A Bíblia da Sedução*, de Neil Strauss, que ensina os homens a acossar e ludibriar as mulheres para levá-las para a cama sem o menor risco de nenhuma vulnerabilidade deles próprios.[20]

A "arte da sedução" há muito tem sido a última palavra do arrogante empreendedorismo sexual masculino ao estilo autoajuda. De acordo com sua lógica, a heterossexualidade é sempre um jogo e, muitas vezes, um esporte sangrento. Há regras, prêmios e condições para a vitória. Os homens jovens aprendem um tipo de interação sexual obstinada e pedante, cuja finalidade é levar ao sucesso, quantificado por meio de entalhes feitos na cabeceira da cama. Eis como essa dinâmica é descrita no *site* Return of Kings, "blogue para homens heterossexuais e masculinos" que contém uma das descrições mais terrivelmente clínicas da cópula humana que já encontrei:

> quando se trata de sexo, há uma demanda muito maior por mulheres. [...] A questão de como dividir essa quantidade relativamente limitada de desejo entre as mulheres é algo com que todas as sociedades humanas têm lidado. Basicamente, se você não consegue regular o mercado, o resultado lógico é que uma pequena minoria de homens angaria as atenções da vasta maioria das mulheres [...] para evitar isso, as sociedades quase sempre tiveram algum nível de regulação da sexualidade das mulheres.[21]

O *site* e seus leitores, como muitos dos rincões mais misóginos da internet, têm dois interesses principais: odiar as mulheres e criar estratégias para ir para a cama com quantas delas for possível. Em termos, isso não é considerado uma contradição, pois mulheres e garotas são explicitamente rotuladas como mercadoria, algo ao qual você deve lutar para ter mais acesso, e a principal maneira de fazê-lo é incrementando o próprio valor no "mercado" sexual. As técnicas para isso envolvem uma série de rituais complexos e bizarros, com estratagemas românticos baratos e *shakes* de proteína – qualquer coisa que tenha a mínima chance de funcionar, salvo tratar mulheres e garotas como pessoas que importam.

Tudo isso é mais ou menos tão erótico quanto uma apólice de seguro – e, como em uma apólice de seguro, os detalhes estão nas letras miúdas. O problema com essa abordagem estereotipada, ritual, do "jogo" dos encontros é que, mesmo jogando-o à perfeição, a maioria dos homens perde. É claro. Perdem porque a masculinidade moderna é um esquema de pirâmide. Como quer que você o transforme em jogo, é impossível "vencer" no sexo, a menos que seu conceito do erótico esteja asfixiado a ponto de você não poder conceber qualquer intimidade, qualquer prazer, que não se reduza ao cálculo de perdas e ganhos à custa do outro.

O erotismo fascista dos homens infantis e frustrados de hoje imagina a sexualidade como uma batalha travada pelo corpo das mulheres, como um ato de dominância e conquista que um dia os consagrará reis. Na qualidade de mulher ativa na internet, às vezes atuo como receptáculo dos sentimentos dos homens em relação às mulheres, e o que eles vertem, de novo e de novo, é a convicção de que uma foda vai, de certa maneira, curá-los – que as mulheres que lhes negam sexo também os privam não só do prazer como da única fuga possível à sua terrível solidão. Existe um violento senso de merecimento aqui, num infeliz casamento com uma espécie de aceitação autoaversiva de que eles podem nunca obter o sexo que acreditam merecer. O sexo é a tela na qual tantos homens jovens projetam todas as suas ansiedades, inseguranças, expectativas de cuidado e conexão, seu anseio por intimidade. E é demais pedir isso do sexo. Isso deixa os homens "fetichizando" a foda como a única coisa que pode salvá-los, o único modo de terem proximidade real com outra pessoa – e, ainda assim, tragicamente incapazes de terem nem sequer isso sem sentir vergonha; incapazes de ver a pessoa que estão fodendo através do nevoeiro da própria dor e carência.

"Os homens vêm até o sexo na esperança de que ele vai lhes fornecer toda satisfação emocional que teria vindo do amor", escreve bell hooks em *The Will to Change: Men, Masculinity and Love* [A vontade de mudar: homens, masculinidade e amor]. "A maioria dos homens acha que o sexo vai lhes proporcionar a sensação de estarem vivos, conectados; que o sexo oferecerá proximidade, intimidade, prazer. E o mais frequente é que o sexo simplesmente não entregue o que foi encomendado. Esse fato, contudo, não leva os homens a abandonarem a obsessão por sexo; intensifica seu tesão e anseio."[22]

Tratar o sexo como relação comercial é uma das maneiras de controlar suas condições. É mais seguro reenquadrar todo esse cenário assustador e pegajoso de carência, espera, vergonha, tesão, aventura, espasmo, rejeição e recuperação como um pregão da Bolsa, limpo e simples. Um livro-caixa que torne controláveis a desordem e a confusão do desejo. É mais simples imaginar o sexo como mercadoria, algo que as mulheres têm e os homens podem adquirir – algo que, por toda parte, os homens têm o direito de adquirir na maior quantidade possível.

Tratar a sexualidade como transação em que o prazer é negociado em troca de proteção garante a escassez de ambos. Isso deixa homens, mulheres e quem quer que seja presos em uma areia movediça de anseio mútuo: as mulheres desejando ser desejadas, os homens desejando que as mulheres desejem ser desejadas por eles, todos rodando ao redor do ralo de uma possível felicidade. Ninguém sai, ninguém goza.

O pressuposto de que a chave para o amor, a segurança e a autoestima está entre as pernas de uma mulher faz que a desumanização rotineira das mulheres pareça razoável a muitos homens, em geral racionais. É assim que o senso de direito inato se transforma em ressentimento, que se transforma em ódio, que se transforma em violência – porque toda essa rotina de desumanização não funciona como deveria. Não traz o amor, o respeito e a autoestima de que os homens carecem. Pois o amor, o respeito e a autoestima não podem ser tomados de outra pessoa à força.

A ilusão de que podem sê-lo significa que o sexo hétero é, de fato, muito mais carregado emocionalmente para os homens que para as mulheres. Às mulheres e pessoas *queer* são permitidas outras formas de conexões emocionais além do sexo. Podemos tocar umas às outras, sermos vulneráveis e tolas juntas. Homens heterossexuais romantizam o sexo como única fonte de conexão humana e de *status* a que podem almejar, sem medo de alguma punição social. Infelizmente, o sexismo, muitas vezes, faz com que os homens heterossexuais sejam incapazes de respeitar as pessoas com as quais desejam intimidade, e intimidade sem respeito é impossível.

Apesar de tudo, acredito que o sexo bom ainda é possível. O sexo sisudo, obediente, com o qual as mulheres heterossexuais tão frequentemente precisam se conformar sob o patriarcado, não precisa ser a norma. Há pelo menos três gerações os seres humanos dispõem da tecnologia e da infraestrutura médica para tornar a experiência sexual um evento com oportunidades iguais. Temos preservativos e outros métodos contraceptivos, aborto clínico[*] e antibióticos. A heterossexualidade em particular é hoje, em teoria, uma perspectiva muito menos arriscada para as mulheres que no passado. O fato de elas não terem permissão social para explorar essas novas perspectivas sem serem julgadas sempre me pareceu injusto. E assim, bem cedo na vida, decidi estabelecer minha liberação pessoal.

Nunca fui uma garota bonita nem popular. Era socialmente desajeitada e me sentia perdida em um mundo onde ser adolescente parecia significar ter aparência *sexy*, mas nunca fazer sexo, de

---

[*] Isso antes de o aborto ser proibido em muitos estados dos EUA. No Brasil, só é permitido em casos específicos, como estupro, feto anencéfalo e risco de morte da gestante. (N. da T.)

fato. Crescendo faminta e com tesão, o que eu mais queria era ir atrás do prazer onde ele era oferecido e não ser atacada por isso, a menos que tivesse ferido outra pessoa.

Eu queria aventura, experimentar, me divertir; queria sair da cama de um desconhecido sem ter que me preocupar em ser julgada por qualquer coisa que não fossem meus modos e minha destreza manual. Mais que tudo, queria poder trepar como um garoto. Não no sentido físico, mas social. Queria ser capaz de ter o máximo de diversão possível sem ser sentenciada. Queria que minha aparência importasse menos que meu tesão pela vida, minhas ambições, minha personalidade, meus talentos. Não queria ficar por aí esperando ser seduzida. Queria ser eu a seduzir. Queria ser ativa, paquerar, ser quem ia atrás, não apenas o prêmio. Nunca quis esperar até que um homem me pegasse.

Ao longo do caminho, encontrei homens violentos, homens assustados, homens raivosos, homens brilhantes, homens que não eram muito mais que crianças com início de calvície e baixa autoestima. Encontrei homens que me puseram para baixo, me decepcionaram e me trataram como lixo assim que me vi na cama deles. E também encontrei homens bons, gentis, engraçados e respeitosos. Às vezes, encontrei todos esses homens na mesma pessoa. E, de certo modo, ainda é difícil falar com honestidade sobre o fato de que o sexo pode ser divertido.

Para as pessoas que estão neste mundo como mulheres, falar sobre a aventura, a emoção e a tolice da sexualidade, sobre a busca livre de culpas e alegre do prazer, parece um pouco com sair do armário. Se vamos usar a expressão *slut shaming* (tachar de vadia) para descrever a prática misógina de jogar o desprezo público sobre mulheres que ousam trepar sem desculpas, sem gravidez, ou as duas coisas, então devemos nos acostumar à ideia de que não há vergonha em ser "vadia". Mesmo para mulheres que trepam com homens, há nesse tipo de autoposse sexual alguma coisa apenas tangencialmente hétero. O desejo feminino expresso sem pudores é uma ameaça à forma como deve funcionar o sexo heterossexual – ele desestabiliza o modelo de dominância da heterossexualidade. É, em outras palavras, inerentemente *queer*. Pode ser heterossexual, mas não é hétero.

Minha experiência não constitui um mapa a ser seguido ou um modelo. O que eu queria era sexo, prazer e intimidade por si sós. Queria o sexo sem as restrições do gênero e dos padrões duplos, e vez após outra me decepcionei. O melhor sexo de nossa vida pode não existir, mas nunca desisti de buscá-lo.

Parte do motivo pelo qual pude realizar experimentações com minha autoliberação sexual era estar protegida por meu *status* de branca, classe média e magra. Antes de ter idade suficiente para entender a razão, eu já sabia que poderia assumir o risco de ser vista como "garota má". Garotas brancas, chiques, magras sempre tiveram permissão de demonstrar certa dose de vulgaridade antes que as consequências se manifestassem. Embora tivesse enfrentado sexismo e desumanização em nível pessoal, não me vi excluída de educação, não tive promoções negadas nem deixei de ter acesso a serviços de saúde ou sociais porque uma figura de autoridade rica e branca decidiu que eu era "promíscua" e, portanto, indigna de ajuda. Mulheres negras, pardas, indígenas e pobres precisam lutar contra estereótipos racistas e classistas que lhes negam até o controvertido capital social da "inocência" conferido a mulheres brancas ricas. Como a pesquisadora Akeia A. F. Benard observa,

> Vivemos em uma cultura em que, até certo ponto, as mulheres brancas – em especial as de classe média – têm a possibilidade de definir sua sexualidade, "brincar" com ela e explorá-la de maneiras que as "mulheres não brancas" não têm (por exemplo, o movimento "Marcha das Vadias"), e as mulheres negras são definidas por sua sexualidade e como sua sexualidade.[23]

De acordo com a lógica do patriarcado supremacista branco, garotas negras, pardas, indígenas e de classe trabalhadora não conseguem se controlar sexualmente e, portanto, não merecem proteção. Mesmo na pré-puberdade, a sexualidade das "garotas não brancas" é suspeita. O patriarcado supremacista branco demoniza a sexualidade de "mulheres não brancas" e de mulheres brancas pobres acusando-as de serem um peso para o sistema. Isso significa que as meninas que não crescem sendo brancas e ricas enfrentam, com frequência, pressão adicional para reprimirem a própria sexualidade, para evitarem ser vistas como "fáceis" ou "perdidas". Prender-se a padrões rígidos de "respeitabilidade" é uma maneira de sobreviver em uma cultura de injustiça racial e econômica que procura qualquer desculpa para negar a humanidade de uma garota negra. Mulheres jovens negras, pardas e indígenas são muitas vezes submetidas a padrões mais rígidos de autonegação em comunidades e famílias que apenas querem proteger as filhas do trauma do racismo e da violência sexual.

Mesmo com a proteção da branquitude, conheci a vergonha e o terror sexuais na infância e me esforcei ao máximo para desaprendê-los como mulher jovem; contudo, com meus 20 e tantos anos, eles já me haviam sido impostos de novo pela humilhação sexual cotidiana, pela violência, pelo assédio e pelo estupro. Essa não é uma experiência incomum. Justamente por ser tão comum é que esse tipo de experiência merece atenção, por isso não deveria apenas ser arquivado na gaveta "Mulheres que criam muito caso".

De fato, a maioria das mulheres não cria caso suficiente. Poderíamos e deveríamos criar mais caso sobre como o sexo hétero pode ser insosso e horrível para nós, mesmo quando é tecnicamente consensual, quando nenhum crime foi cometido. Somos socializadas para não criar caso, assim como os homens são socializados para pensar no sexo como algo que precisam obter das mulheres à custa de intimidação e importunação. O sexo de bosta, desumanizador, não é normal nem aceitável – é apenas muito, muito comum.

E por ser tão comum, por ser um capítulo em tantas de nossas histórias, é mais fácil desconsiderar esse tipo de coisa somente como *sexo ruim*.

Mas eis o segredo: o sexo bom ainda é possível, uma vez que você pare de permitir que a supremacia branca e o patriarcado definam como deve ser. Ninguém jamais vai me convencer de que todos aqueles interneteiros frustrados e sem graça, com suas fantasias chatíssimas de trepadas "gamificadas", vão sentir, algum dia, a emoção do fim de semana que passei em Berlim, na primavera de 2018. Todos aqueles Proud Boys e Promise Keepers pudicos, cada um dos criptofascistas abobados dos *chats* e criadores de caso de direita que xingam desconhecidos no Twitter para fugir do vazio retumbante, todos gostariam de ter tido o tipo de diversão de que, até agora, poucos sortudos entre nós conseguiram desfrutar. Nesse espaço de ousadia e desejo mútuo, há algo perigoso demais para a sexualidade heterossexual contemplar. Algo inerentemente antiautoritário. Algo *queer*.

Aqueles que veneram a dominância nunca conhecerão, de fato, o prazer mútuo. Aqueles que bajulam os valentões e aterrorizam-se com a própria vulnerabilidade são incapazes de conseguir até mesmo uma transa quase decente. Eles simplesmente não conseguem concebê-la. O sexo decepcionante é inevitável quando até o prazer se torna uma produção, algo executado para a plateia. O melhor sexo de nossa vida ainda não existe.

Mas pode existir, se o imaginarmos. Afrontar a vergonha que se aninha no coração da sexualidade não é um ataque ao sexo. Protestar contra as rígidas obrigações da beleza feminina fabricada não é negar a beleza do mundo. Reagir quando o amor tem como condição aceitar nossa própria subordinação não é traição ao amor. Perturbar a lógica estéril que reduz todo prazer e toda aventura possíveis a uma transação insípida, violenta, é falar de sexo ao poder.

Dizer quero tudo, e agora, e a única coisa que importa é se você também quer.

Um dos melhores atos de rebelião acontece quando uma mulher que há muito aprendeu que deve terminar sendo, de alguma maneira, propriedade de um homem; que deve a ele seu corpo e seus desejos; ser bonita, agradável e boa o bastante para ser propriedade dele, de repente se recusa que lhe digam o que ela deve desejar e a quem deve agradar, e, em vez disso, escolhe agradar a si mesma.

5

Belo Problema

Nova York. Inverno. O vento uivando do lado de fora do apartamento de uma amiga; dentro, uma festa à meia-luz, vibrando com o som do baixo, repleta de desconhecidos esguios e lindos, em trajes íntimos. Eu tinha 25 anos, era nova na cidade, navegando em meio a um círculo de modelos incrivelmente glamorosas e *strippers* e escritores, todos atrás de dinheiro, tentando firmar-se; uma quantidade preocupante de socialização parecia envolver estados de seminudez. Era o aniversário de minha amiga artista. Ela decidira dar uma festa de "*lingerie*". Eu não tinha nenhuma *lingerie* sofisticada e, na época, para lidar com meus problemas de imagem corporal, tentava, sempre que possível, esquecer por completo que tinha um corpo. Mas não queria ser desmancha-prazeres, assim respirei fundo, tirei a roupa e fiquei com meu sutiã sensato e minhas calcinhas comportadas. Era suportável – chegava a ser divertido –, até que alguém começou a tirar fotos.

A aniversariante me chamou para uma foto. Tinha um braço ao redor de uma modelo e o outro circundava Stoya – atriz pornô e ativista, um dos raros seres humanos que conheci que tem rosto e corpo tão irresistíveis que faz todo mundo ficar em silêncio quando entra em uma sala. Minha amiga estava carinhosamente me convidando para posar com essas criaturas esguias, perfeitas – e entrei em pânico. Não podia suportar aparecer em uma foto daquelas, como um pequeno *hobbit* gorducho entre elfos. Gelei. Pedi desculpas. Fui para o banheiro me hiperventilar.

Alguns dias depois, entrei em contato com Stoya para saber se ela gostaria de tomar um café e bater um papo, para um artigo que eu estava escrevendo. Serei sempre grata pelo *e-mail* que ela me enviou em resposta. Adoraria me ver, disse, mas tinha certa preocupação. Ela percebera que, naquela festa, eu não quisera aparecer em uma foto com ela. Disse que compreendia; que sabia o motivo pelo qual alguém como eu – feminista, escritora, com uma reputação a zelar – poderia não querer ser associada a alguém igual a ela – uma atriz pornô – em público. Mas, ainda assim, aquilo a magoava.

Poucas vezes tive um momento de iluminação na vida em que o político se funde ao pessoal, e esse foi um deles. Respondi ao *e-mail* na hora explicando que eu não ficara com vergonha de ser vista com ela – eu seguira um roteiro muito diferente, de vergonha internalizada. Trocamos "abraços virtuais". Depois, abraços de verdade. Acompanhei-a quando ela foi trabalhar em uma convenção pornô, na qual passou horas conversando com os fãs, dando muito mais duro do que eu acharia possível para manter uma fachada acessível e desejável, ao mesmo tempo que se certificava de que ninguém ficasse pegajoso demais. Percebi, pela primeira vez, quanto eu compreendera mal o trabalho da beleza, como ele impõe deveres às mulheres contra nossa vontade – e como nos divide.

Quando eu era adolescente, achava que garotas como aquela – as meninas lindas que recebiam toda atenção – eram as sortudas. No jogo brutal do poder de gênero ao qual todas fomos apresentadas quando ainda éramos jovens demais para podermos consentir, aquelas garotas haviam vencido. Nunca parei para pensar se elas queriam, de fato, que os garotos as seguissem por todo lado, incomodando-as e pressionando-as. Eu tinha rancor delas, que me aterrorizavam, de modo que, para me sentir menos horrível, convenci a mim mesma de que, de algum modo, eu era melhor que elas. Que era menos superficial e mais liberada. Foi algo muito feio de fazer. Gostaria de poder voltar no tempo e pedir desculpas a todas aquelas garotas que menosprezei quando era mais nova, só por achar que eram "belas", e eu, não. Apenas quando fiquei mais velha e comecei a frequentar diferentes círculos sociais foi que percebi que as mulheres bonitas não "ganharam" nada. Que o poder concedido pela beleza sempre é só um empréstimo, com condições e ressalvas, que não ajuda você a andar de cabeça erguida por um mundo de homens.

Embora a beleza real se manifeste de muitas formas, há uma definição convencional da atratividade feminina aceitável, uma escala que muda de acordo com o que o patriarcado supremacista branco exige que as mulheres sejam. Essas regras, na realidade, não implicam o controle da aparência das mulheres, mas do modo como se comportam, e estão impregnadas não só de sexismo, mas também de racismo.

As regras de beleza são determinadas, sobretudo, por homens brancos, e os padrões são cada vez mais específicos. Em uma universidade na Carolina do Norte, quando pesquisadores pediram que milhares de entrevistados selecionassem imagens de homens e mulheres "atraentes", as mulheres heterossexuais apresentaram uma definição muito mais ampla do que seria um homem atraente.[1] O consenso dos homens heterossexuais foi quase universal: uma mulher atraente é magra, em seus 20 anos, com curvas sutis, cabelos longos e lisos e feições caucasianas pequenas e simétricas. Parece que há muitas maneiras pelas quais um homem é fisicamente atraente, mas apenas um padrão para as mulheres, um que idealiza não só a juventude e a conformidade, mas também uma visão particular de branquitude. "Mulheres e garotas não brancas" são avaliadas de acordo com padrões de beleza que definem a condição de mulher branca como a estética ambicionada. Curvas, cachos e penteados como as tranças africanas e nagôs, concebidas para proteger o cabelo negro, são tolerados, e até comemorados, em mulheres brancas – mas as jovens "mulheres não brancas" são desestimuladas a associar os corpos negros ou pardos à beleza, em uma cultura que afirma que a mulher deve ser bonita se quiser ser tratada com respeito.

Essas coisas não são frívolas. Elas importam. Cinco anos depois daquela festa, durante uma mesa-redonda em Frankfurt, na Alemanha, uma adolescente veio me fazer uma "perguntinha idiota". Queria saber como eu lidava, em meu trabalho, em minha vida, com "a pressão para ser bonita". Ela me perguntou como eu "lidava com a cultura da beleza". Fiquei atônita. Aquela garota de pele clara e dentes alinhados era alta o bastante para que eu precisasse erguer o olhar, indo além de seu nariz perfeito, para notar que estava a ponto de chorar. Na idade dela, eu não entendia que garotas iguais a ela não se sentem bem com a aparência, tanto quanto o restante de nós, garotas de aparência comum. Senti um aperto com aquele lembrete de que ainda não há vitória possível. De que ainda não são as garotas quem decidem o que é considerado bonito ou quão isso importa. Aquela garota esperara para me fazer aquela pergunta por ser tímida, por achar que se preocupar com a aparência fazia dela "idiota".

Mas não é idiota nem tolo. Ninguém apenas "lida" com a cultura da beleza. A questão da beleza, do que significa e de quem consegue encarná-la está longe de ser frívola quando é expressa como um dever seu com o mundo, um conjunto de mandamentos carimbado em seu corpo sem seu consentimento. A beleza, ao menos no sentido estereotipado, ainda é uma arma usada contra a sororidade. A pressão implacável que mulheres e garotas sofrem para alcançar certo padrão de "beleza" é uma das questões mais intimamente dolorosas da política feminista. Mas falar sobre esse assunto, e ainda mais admitir se importar com ele, costuma fazer que mulheres e garotas se sintam envergonhadas. Ou fúteis. Ou idiotas.

É por esse motivo que mulheres jovens raramente me perguntam sobre isso na frente de outras pessoas. Esperam um momento mais tranquilo, mais privado, para admitir que, enquanto é claro que se preocupam com a justiça econômica, com os direitos reprodutivos, com a violência, o poder e o privilégio, lá no fundo também se preocupam com os padrões de beleza, talvez por não serem bonitas o bastante e quererem que essa preocupação desapareça. Elas se perguntam se um esforço maior para serem bonitas pode afastar essa preocupação. Perguntam-se se essa preocupação é frívola. Não é. É *fundamental*.

A insistência cultural de que as mulheres e pessoas *queer* valem menos se não forem "belas" é um modo de aliená-las do próprio corpo. No livro *Manuscritos Econômico-filosóficos*, de 1844, Karl Marx descreveu sua teoria do trabalho alienado: no capitalismo, os trabalhadores veem seu produto como "hostil e estranho".[2] *Hostil e estranho* é exatamente como nosso entendimento da beleza feminina faz muitas mulheres se sentir em relação ao próprio corpo: que a própria carne é um produto que não lhes pertence por completo; que seu corpo é abjeto e descartável, não precioso e indispensável, sobretudo se é idoso, doente ou deficiente, indígena, pardo ou negro.

A "beleza" é posta como obrigação e provocação. É função de toda mulher tornar-se o mais bela possível, o que sua finança permitir, mas ao fazê-lo – se o fizer – ela acaba passando um convite ao desrespeito e ao desdém. Ela é ou "bonita demais" ou "feia demais" para merecer respeito e dignidade humana básicos, e de um modo ou de outro a aparência dela é tudo o que importa, e tudo por culpa dela. É quase como se as mulheres fossem reduzidas a seu corpo como forma de lhes negar o livre-arbítrio. É quase como se não houvesse aparência possível que permitisse a uma garota ser tratada como ser humano, não como um conjunto de apêndices e ângulos tentadores. Quase como se não houvesse modo de ganhar.

Não é de espantar que mais mulheres que nunca, de todas as idades, relatam que sua preocupação com a aparência as está deixando infelizes. Pesquisas mais recentes sugerem que adolescentes e jovens na casa dos 20 anos são, agora, consideradas "grupo de alto risco" para a ansiedade, a depressão e outros transtornos mentais – e a "imagem corporal" é citada como fator importante para todo esse sofrimento silencioso.[3]

Essa expressão – "imagem corporal" – sugere que a ansiedade relacionada à aparência é algo que ocorre de modo espontâneo no fraco cérebro feminino. "Imagem corporal", no imaginário coletivo, é sinônimo de garotas tolas preocupadas com quão magras estão. Tem algo a ver com o Instagram ou propagandas e absolutamente nada a ver com séculos de desigualdade baseada na noção de que as mulheres são primeiro corpos e depois pessoas, e que todas as nossas esperanças e nossos sonhos e ideias e realizações tornam-se irrelevantes se não formos "bonitas".

Os "distúrbios de imagem corporal" não surgem do nada. As menininhas não nascem achando que seu corpo é inaceitável. Alguém faz com que sintam isso. Considero um insulto à minha caríssima educação ser informada, cada vez que abro uma revista, ligo a televisão ou tento comprar um maldito iogurte, de que meu corpo não atinge os padrões mercantis necessários – para então ser bombardeada com preocupações quanto ao meu "problema com a imagem corporal".

As qualidades consideradas belas nas mulheres variam dramaticamente de uma década para outra. A desejabilidade feminina não é, como afirmam alguns psicólogos evolucionistas ranzinzas de divã, um artefato da natureza, do impulso inevitável dos homens de buscar mulheres que pareçam "férteis" – se assim fosse, o acessório mais sedutor imaginável seria, com certeza, um bebê. A beleza é uma força da cultura, não da natureza, que os homens são recrutados a impor – voluntariamente ou não.

Para homens jovens em particular, a pressão para obter uma mulher "gostosa" pouco tem a ver com a mulher em si – e tudo a ver com os outros homens. Ter uma mulher gostosa do lado e na cama significa *status*. Estar com uma mulher gostosa significa que os outros homens vão respeitar você – e que você pode respeitar a si mesmo. Isso é importante, sobretudo, em uma cultura que oferece aos homens jovens tão poucas formas de provar seu valor. Não tem a ver com sexo. Tem a ver com *status*.

A "gostosura" tornou-se um dever das mulheres com o amor-próprio masculino. Quase nunca conheci uma mulher que não soubesse mais ou menos em que ponto da escala de "gostosura" se encontra. Por mais complicada que seja a relação com a imagem no espelho, a maioria das mulheres, salvo aquelas que sofrem de dismorfia corporal extrema, têm uma ideia razoável do que o restante do mundo enxerga quando olha seu corpo pelos olhos dos homens. Tal conhecimento é parte de um arsenal defensivo que uma garota constrói ao se preparar para passar por toda escala cromática psicológica da condição feminina. Mas ela jamais deve admitir saber. As mulheres devem buscar a beleza, aspirar à beleza – contudo, se por acaso a conseguirem, não poderão desfrutar dela. As mulheres não devem saber que são bonitas. São os homens que devem lhes dizer isso.

Queria poder voltar no tempo e dizer a cada garota que já me perguntou sobre a cultura da beleza que tudo não passa de uma enganação concebida para você perder tempo, drenar suas energias e fazê-la desconfiar de outras mulheres, e vice-versa. Diria àquela garota tímida de Frankfurt que ela não precisa ser fisicamente adorável para pagar pelo "pecado" de ser mulher. Que, quer você se sinta bonita ou não, quer alguém lhe diga que você é bela ou não, respeito básico e dignidade humana são direitos de nascença.

A autoestima das mulheres é uma questão político-econômica. Se você sente que não vale nada por causa de sua aparência, é mais fácil ser explorada. Se você sente que seu corpo a faz valer menos, é menos provável que insista em ser tratada de acordo com seu real valor, em termos sociais, sexuais e econômicos – no trabalho, em comunidades e em relacionamentos. A mulher que transforma a vida em um pedido de desculpas por seu corpo terá mais dificuldade em se defender caso seja agredida, explorada ou abusada. A garota que acredita ser imprestável por não se parecer com o tipo de garota de que os homens supostamente gostariam terá dificuldade de pedir aquilo que *ela* deseja, de impor seus limites, de dizer *não* quando, de fato, é não.

O poder de determinar qual corpo feminino tem valor ainda é garantido a todos os homens, queiram eles ou não, mas alguns o exercem com mais responsabilidade que outros. Tive um parceiro, há não muito tempo, que me rebaixava com frequência, apontando mulheres femininas, mais curvilíneas, mais loiras, mais jovens que eu (eu tinha 26 anos). Quando me irritei com isso, ele me disse que eu era desmancha-prazeres e uma puritana tentando controlar a liberdade dele de expressar seus desejos ao me informar todos os aspectos nos quais eu não correspondia aos padrões dele. Isso fazia que eu contorcesse o corpo em um milhão de desculpas dolorosas, que fosse ainda mais passiva e complacente na cama, e ainda mais rápida em aceitar aquele comportamento horrível fora dela. Eu tinha que lutar pela atenção e pelo respeito dele – e, se meu corpo não era bom o bastante, tinha que compensar isso de outras maneiras.

A ortodoxia da beleza lança as mulheres em uma competição para a qual não se inscreveram. As imagens da beleza sabotam a solidariedade entre mulheres de todas as idades, ao nos colocar umas contra as outras, uma geração contra a outra, as maiores contra as menores, aquelas consideradas bonitas contra todas as demais.

Reivindicar a beleza pode ser radical. Viver em nosso corpo sem pedir desculpas, comemorando o que achamos lindo, sensual e atraente em nós mesmas e nas demais, ainda é radical. É radical quando uma mulher reivindica a própria beleza e não espera que o patriarcado a defina por ela ou lhe negue, mas não é o suficiente. Jamais escaparemos da cultura da beleza se a beleza, como quer que a definamos, ainda for o aluguel social que as mulheres devem pagar para existir no mundo. Nunca avançaremos enquanto formos forçadas a gastar dinheiro, tempo e energia com nossa aparência, quando poderíamos estar trabalhando em coisas duradouras, que nos dão poder verdadeiro sobre nossa própria vida.

Não é por acaso que hoje as coisas que o mundo considera "belas" nas mulheres sejam a aparência de fragilidade, a vulnerabilidade e a juventude. Mulheres mais velhas, por exemplo, não deveriam ser consideradas "belas". Isso se deve, em parte, ao fato de que, à medida que envelhecem, as mulheres se tornam, com frequência, mais independentes, mais capazes e poderosas, e o poder feminino raramente é tido como atraente. Se a "beleza", da maneira como a entendemos hoje, fosse algo que aumentasse com a experiência e a confiança, não seria tão valorizada nas mulheres.

De fato, desde ridiculamente jovens, as meninas aprendem que "envelhecer" é motivo de preocupação. Quando eu tinha em torno de 25 anos, muitas garotas da minha idade já estavam nervosas por seu tempo estar se esgotando, por parecerem mais velhas, pois haviam internalizado o horrendo e velho adágio de que as mulheres envelhecem como o leite, e os homens, como o vinho – que os homens se tornam maduros, e as mulheres apenas estragam. A ortodoxia da beleza diz a mulheres e garotas que seu corpo não é apenas mercadoria, mas mercadoria perecível. A ortodoxia da beleza, com a misoginia especial dirigida às mulheres mais velhas, nos ensina que nosso futuro não tem valor suficiente para justificar um planejamento. Em vez de ficarmos ansiosas para que o precário *show* de horrores da fase de jovens adultas chegue ao fim, como acontece com os homens, a perspectiva de finalmente termos idade suficiente para entender que raios estamos fazendo com nossa vida não é párea para o medo de ter que viver em um corpo que pode não ser considerado belo.

Tampouco é por acaso que, assim que o feminismo voltou a ser *mainstream*, em meados da década de 2010, tenha havido acirramento no policiamento do corpo, uma epidemia silenciosa de distúrbios alimentares e de gordofobia e aumento real no esforço exigido de garotas e mulheres para manter um padrão aceitável de "gostosura" que não destrua o frágil senso de *status* dos homens.

"As qualidades que dado período considera belas nas mulheres", escreve Naomi Wolf em *O Mito da Beleza*, "são meros símbolos do comportamento feminino que tal período considera desejáveis: o mito da beleza, na realidade, está sempre prescrevendo comportamentos, não aparência."[4] O tempo e a atenção que uma pessoa gasta para se assegurar de que está adequadamente bonita indica seu compromisso com determinado modelo de bom comportamento. No estranho mundo dos aplicativos de paquera, encontrei inúmeros homens com cara de batata deixando claro que o que estão procurando, de fato, é uma mulher que "cuide de si". Eles não querem dizer que estão em busca de alguém que faz terapia, que tem chinelos confortáveis e um plano de aposentadoria. Estão atrás de indícios de disciplina. Alguém que se esforça para manter um padrão de gostosura.

Já vimos que o corpo das mulheres é local de trabalho, produção e reprodução. Quando as mulheres são alienadas do próprio corpo, é-lhes negada a propriedade daquele corpo de trabalho. Quando uma mulher trabalha para se tornar "bela", pode ganhar privilégios temporários, mas estes vêm com um senão: alguns homens vão supor que ela está sinalizando disponibilidade a qualquer um que veja seu corpo, a deseje como corpo e se sinta no direito de agarrá-lo, apalpá-lo ou gritar coisas na rua caso a criatura indelicada que o habita não se dê ao trabalho de sorrir. Se ela não queria essas coisas, por que se vestiu assim? Por que, afinal, saiu de casa?

A beleza é uma disciplina que requer atenção constante. Espera-se de mulheres e garotas que disciplinem seu corpo e demonstrem essa disciplina. Supõe-se que o trabalho investido em autonegação, em pensar em como se vestir, em aprender a aplicar a maquiagem e a cuidar do obrigatório cabelo longo, lustroso, ao estilo caucasiano, não é opcional, tampouco a imensa quantia de dinheiro necessária para manter esse trabalho, os infindáveis cremes, e loções, e poções, e tratamentos, e injeções, e vestidos, e sapatos, e tinturas e pós-tinturas, e vidrinhos de produtos químicos que custam mais que as contas de calefação. Tudo isso deve fazer parte do aluguel pago para ter permissão de existir como mulher ou *queer* em um mundo onde os homens heterossexuais escrevem as regras. Quando uma mulher deixa de prestar atenção a seu rosto e corpo, é castigada por ter "relaxado". Deixou de ser a própria carcereira. Uma vez que "relaxa", quem sabe quão longe pode chegar?

É ainda radical quando mulheres e pessoas *queer* começam a redefinir, por si mesmas, o que a beleza pode significar – sobretudo as mulheres que sempre tiveram a feminilidade negada pela supremacia branca e pelo heteropatriarcado. Mulheres negras, pardas e trans, com deficiência e mais velhas, todas já foram definidas, de incontáveis e dolorosas maneiras, como menos bonitas e, portanto, menos importantes, menos merecedoras de respeito e proteção que a minoria de mulheres jovens, brancas, fisicamente aptas e cisgênero.

No entanto, mais uma vez, reivindicar a beleza não avançará muito se a noção básica de que a beleza é o cerne do valor de uma mulher no mundo não for contestada. A mudança duradoura virá não quando mais mulheres se considerarem bonitas, mas quando todas as mulheres, de todos os cantos, souberem que têm direito de viver com dignidade, não importando sua aparência, se seu corpo atende aos rígidos padrões estabelecidos para arruinar sua confiança e gastar seu tempo. A questão não é simplesmente o que a beleza é – é quanto ela importa, e os homens brancos já tiveram permissão, por tempo demais, de responder a ambas as perguntas em nome de todo mundo.

A única maneira de ganhar esse jogo é não o jogar, e o único modo de abandoná-lo é falar sobre ele. Há uma magia em nomear as coisas. Ao falarmos com franqueza sobre a beleza feminina, podemos começar a redefini-la – mas, mais importante, podemos impedi-la de nos definir. Podemos impedi-la de nos dividir. Podemos reivindicar espaço para nós mesmas e umas para as outras. Podemos decidir o que queremos que a beleza seja – porém, só se tivermos coragem suficiente de dizer seu nome.

O medo da carne feminina é o medo do poder feminino. De todas as qualidades que a cultura masculina considera não belas, e as quais, portanto, são moralmente inaceitáveis nas mulheres, a mais imperdoável é o pecado de ocupar espaço no mundo como se ali fosse seu lugar, ou, pior, como se você fosse dona dele. Hoje, a mulher ideal ocupa o menor espaço possível. É frágil, quebradiça, magra, de aparência faminta. É difícil manter a sensação de humanidade plena, ser uma pessoa com desejos, quando você é constantemente lembrada de que seu corpo é objeto de escrutínio, propriedade pública, que, seja quem for e faça o que fizer, como criatura fêmea, você é, primeiro, um corpo, e será julgada com base nisso.

Estima-se que 28,8 milhões de norte-americanos, na grande maioria mulheres, terão algum tipo de distúrbio alimentar ao longo da vida.[5] É uma estatística terrível, mas a realidade ainda mais cruel é que os distúrbios alimentares ocorrem no contexto de uma cultura que tem horror à carne feminina, que encoraja as mulheres e as pessoas *queer* a serem tão pequenas quanto possível, a ocupar o mínimo espaço possível. A estética recompensada em termos morais, sociais e financeiros é uma estética de fome. De falta. Da mulher que incansavelmente nega as demandas básicas de seu corpo. A mulher ideal do século XXI tem aparência desejável, mas não deseja nada para si. A mulher ideal assombra a imaginação de mulheres, meninas e *femmes* reais; corre atrás de nós, em nossos pesadelos, com pernas esqueléticas, dizendo-nos que devemos desejar menos, sonhar menos, ser menos, se quisermos ser amadas, bem-sucedidas e ter segurança. E as imagens à nossa volta reiteram essa narrativa.

Tudo começa bem cedo. Aos 10 anos, 80% das meninas têm medo de ganhar peso;[6] o medo de ocupar espaço demais começa já na idade pré-escolar, com metade das meninas de 3 a 6 anos, em um estudo de 2009, dizendo estarem preocupadas em ser "gordas".[7] Isso não afeta apenas mulheres com distúrbios alimentares ativos e perniciosos nem somente as pessoas cuja forma de lidar com o controle corporal é deixar de comer. Isso afeta a todos nós, qualquer que seja nosso tamanho – e para cada um dos milhões de mulheres diagnosticadas com algum distúrbio alimentar que ameaça sua vida há dúzias mais que gastam décadas obcecadas com a comida, tentando desesperadamente negar os próprios apetites, torneando na academia cada centímetro de carne extra, em busca de uma imagem de perfeição que, caso cheguem a alcançar, vai significar que, por fim, são merecedoras de amor; que, finalmente, têm permissão de gostar de si mesmas, e que, se ainda não gostam, então ainda não devem estar perfeitas.

Na Grã-Bretanha, as internações hospitalares por distúrbios alimentares dobraram entre 2011 e 2017.[8] Pais e pacientes relataram a agonia de tentar encontrar um tratamento que ao menos chegue perto de ser adequado. Por todo meu país natal, por todo o mundo, as mulheres estão se forçando a passar fome, às vezes até a morte. É uma espécie de loucura, e, como pontua Naomi Wolf, "uma população silenciosamente louca é uma população dócil.[9] Pessoas que estão o tempo todo envolvidas em autossabotagem ritual são fáceis de controlar.

Quando era muito mais nova, me impus a fome. Foi uma maneira pessoal, violenta, de recuperar o que sentia como certa autonomia sobre meu corpo – colocar restrições a mim mesma antes que outros o fizessem. Punir-me da melhor forma e mais dura que qualquer outra pessoa poderia. Para mim, era o mais perto que podia chegar de uma greve – desafiando o que era esperado de mim ao fazer justamente o que me diziam e fazendo-o tão bem que quase morri antes dos 20 anos.

Ao ser internada, a lógica por trás do tratamento que recebi no hospital era a de que as garotas com distúrbios alimentares tinham medo de se tornar mulheres, e que, para ser saudáveis, precisariam se reconciliar com seu lugar e papel no mundo dos homens. Ninguém perguntou se alguma de nós poderia ter bons motivos para recear a condição de mulher adulta. Para mim, a recuperação verdadeira teve a ver com a redescoberta do desejo – com o reconhecimento da fome, com me permitir ser uma coisa humana confusa e carente em vez de uma casca cheia de simbolismos em forma de garota. No entanto, na década e meia que se passou desde que saí do hospital e construí uma vida, o medo de engordar colonizou por completo o imaginário feminino.

Na Grã-Bretanha, os dados do NHS mostraram que as internações de casos que incluem anorexia e bulimia atingiram 13.885 pacientes entre abril de 2016 e abril de 2017, incluindo quase duas mil garotas com menos de 18 anos internadas com anorexia,[10] transtorno mental que apresenta a mais alta taxa de mortalidade. No Reino Unido, estima-se que 1,25 milhão de pessoas tenha algum distúrbio alimentar,[11] 75% de mulheres e garotas. Não se trata apenas de vidas perdidas – são vidas arruinadas, anos perdidos em autotortura inútil e dolorosa. Candida Crewe, na autobiografia *Eating Myself*, chama esse distúrbio de "a doença de todas as mulheres".[12] Sabemos que essa situação está acontecendo, e a sociedade parece mais ou menos à vontade com ela.

Se os distúrbios alimentares fossem uma doença associada aos homens, não às mulheres, seriam levados mais a sério, e o tratamento teria o financiamento adequado. A fome autoimposta e a preocupação com a magreza, com a imagem corporal e a autonegação tornaram-se tão padrão às mulheres em nossa sociedade que não podemos deixar de recordar a sugestão de que a ideia de anoréxicas e bulímicas é correta – só foi levada "longe demais". Dizemos às garotas que elas não têm permissão de ocupar espaço no mundo, então ficamos confusos quando param de comer. Criamos nossas jovens em uma cultura absolutamente obcecada com o controle do corpo feminino, então nos perguntamos por que elas querem retomar parte desse controle em atos selvagens, íntimos, de desafio passivo-agressivo. Como escreve Wolf, "Uma cultura com fixação na magreza feminina não tem obsessão pela beleza feminina, mas pela obediência feminina. Fazer dieta é o mais potente sedativo político na história das mulheres".[13]

    O aplauso que as garotas recebem por matar-se lentamente em público é proporcional ao volume de vergonha e estigmatização lançado a mulheres saudáveis que, por acaso, se desviam um pouco do padrão de magreza exigido. Não é coincidência. Há dados sólidos do mercado de trabalho que demonstram que as mulheres sofrem sanções financeiras e sociais por ganhar peso e recompensas por emagrecer – muito mais que os homens. Um estudo publicado no *Journal of Applied Psychology*, no outono de 2010, mostrou que mulheres "muito magras" receberam cerca de 22 mil dólares a mais que mulheres com peso na média, enquanto ter sobrepeso de apenas seis quilos prejudicava severamente as chances de uma mulher ser promovida e ter estabilidade no trabalho.[14] Um estudo mais recente revelou que, quando são apresentadas fotografias de mulheres de diferentes pesos a gerentes de contratos, somente 15% deles levariam em conta a possibilidade de contratar a mais pesada para uma posição de responsabilidade.[15] Estatísticas iguais a essas corroboram o que quase toda garota sabe por intuição: que o mundo a deseja menor e mais magra; que deseja que ela queira menos, seja menos.

    Não é só no mercado de trabalho que se espera que as mulheres se façam pequenas – a menos que sejamos honestos e admitamos que se espera que as mulheres trabalhem no grande estágio não remunerado que é a condição feminina, cada minuto da vida em que estão acordadas. Como esperar que as mulheres amem seu corpo e cuidem dele quando o mundo faz o oposto – sobretudo se moram em um corpo negro, pardo ou indígena, com deficiência, acima do peso, mais velho, que não se encaixa no magro estereótipo de beleza que determina o suposto valor de uma mulher? Ensinar as mulheres e garotas a amar o próprio corpo e a cuidar dele ainda é uma proposta radical em uma sociedade que espera o auto-ódio e lucra com ele. Contudo, as jornadas pessoais de amor-próprio não nos levam muito longe quando o problema é, outra vez, estrutural. O problema é o sexismo.

Quando chamamos o problema pelo nome, a resposta é o *gaslighting*. Criamos as garotas em meio a uma enxurrada de imagens de perfeição inatingível; nós as submetemos a uma incessante demonstração em que é dito exatamente o que elas têm a perder caso não exibam determinada aparência; sugerimos que o que quer que venham a ser no futuro não terá valor se não se ajustarem a uma imagem de beleza estreita demais para que um corpo humano possa respirar; fazemos que paguem, dia a dia, por simplesmente existirem em um corpo feminino ou *queer* – fazemos tudo isso e, então, quando adoecem, desenvolvem dismorfia corporal e distúrbios alimentares, encolhemos os ombros e dizemos: essas garotas tolas. Por que não relaxam e comem um sanduíche?

Dizer às mulheres e garotas do século XXI que elas têm problema com a imagem corporal é semelhante a dizer a uma pessoa que foi esfaqueada que ela tem problema com perda de sangue. Sim, nós sabemos. E sabemos que, muito provavelmente, é culpa nossa: fomos fracas e frívolas por permitirmos que nos esfaqueassem; e, se tivéssemos sido mais fortes, poderíamos ter fechado as artérias por pura força de vontade e parado o sangramento; mas nesse meio-tempo seria possível, por gentileza, que nos ajudassem a nos remendar antes de sairmos em busca de alguma justiça?

Esse tipo de raiva era impossível articular quando eu estava em pleno inferno do distúrbio alimentar; com frequência, a autonegação é um modo de lidar com a raiva que parece perigosa demais para ser expressa, voltando-a para o interior, contra seu corpo, controlando o apetite por tudo aquilo que disseram que você não deveria querer, como comida, ou uma foda, ou uma migalha de respeito, ou um lugar seguro no mundo, que é o motivo pelo qual, quase sempre, os distúrbios alimentares incidem, sobretudo em mulheres jovens. Os garotos têm mais probabilidade de externalizar-se, porque a eles é permitido fazê-lo. As garotas interiorizam-se.

A sociedade moderna ainda tem tanto medo da carne feminina, da fome feminina, de mulheres que desejam qualquer coisa que vá além daquilo pelo qual lhes disseram que sejam gratas que ensina as meninas a se fazerem menores, a encolherem o corpo e a sufocarem a ambição, até ocuparem menos espaço no mundo. É chocante como a cultura parece se sentir confortável com garotas que punem e negligenciam o próprio corpo. É impressionante quanto tempo e energia essa geração mais nova, brilhante, ainda parece perder odiando a si mesma e ferindo o próprio corpo, do mesmo modo como o fizemos, porém com mais eficiência, porque hoje os jovens são obrigados a fazerem tudo de maneira mais eficiente. A culpa não é deles. É das gerações mais velhas, que não dão o devido valor a eles.

O medo das mulheres gordas é o sexismo, no aspecto menos sutil. O medo da carne feminina, no fim, é o medo do poder feminino, do desejo feminino. E, assim, não podemos falar com franqueza sobre a maneira como tratamos o corpo feminino ou sobre o modo como mulheres e garotas são ensinadas a temer os próprios desejos sem falarmos sobre a maneira como as mulheres gordas são punidas e controladas. Quando falamos em estupro e assédio, quase sempre priorizamos as experiências de mulheres e garotas não apenas brancas, cisgênero e fisicamente aptas, mas também supermagras e tradicionalmente atraentes, o que é, hoje, quase uma tautologia.

Mulheres gordas não são "boas vítimas". Mulheres e garotas com sobrepeso e obesas têm a mesma probabilidade de sofrer estupro, abuso e assédio, mas é menos provável que acreditem nelas ou as tratem com algo que se assemelhe a respeito quando falam sobre isso. A ideia, implícita ou explícita, é a de que uma mulher gorda deveria se sentir grata por qualquer atração masculina, mesmo que esta assuma a forma de violência, estupro. Aqueles que entendem o estupro como nada mais que uma exibição exagerada do desejo masculino muitas vezes se recusam a acreditar que uma mulher não considerada "atraente" possa ser vítima dessa violência. Quem iria querer estuprá-la?

As mulheres gordas, em particular, transgrediram ainda mais a principal diretiva patriarcal – insultaram os homens ao negligenciarem o dever de serem tão gostosas e magras quanto possível. Podem até ter cometido o pecado capital de colocar as próprias necessidades corporais, a própria fome e seu desejo, acima do que qualquer homem que conheçam pudesse esperar delas.

As outras mulheres, estejamos nós ou não "acima do peso", também são cúmplices no policiamento da sociedade sobre o corpo gordo – em particular o feminino. Há mulheres demais que utilizam a palavra "gorda" da mesma forma que usamos a palavra "vadia" – como um insulto que incorpora nosso terror com o que pode ocorrer caso as mulheres cheguem, em algum momento, a ter a posse verdadeira do próprio corpo.

Se estamos reivindicando seriamente o desejo feminino, se acreditamos que todo mundo tem direito de decidir sobre o próprio corpo, nenhuma de nós deveria se omitir enquanto mulheres gordas, ou consideradas ocupando espaço demais no mundo, enfrentam a misoginia mais terrível e direcionada que se possa imaginar, na rua, no trabalho e *on-line*.

O problema com um distúrbio alimentar – seja passar fome, comer compulsivamente, purgar, ou as três coisas, qualquer que seja o modo de lidar com o terror de fornecer ao corpo o que ele quer e precisa – é que aquilo que você está tentando controlar se transforma em obsessão. Quando nega a própria fome, esta engole tudo que você tem de admirável e interessante. Você deixa de sonhar com grandes aventuras e começa a sonhar com um bolo de chocolate. Sua vida diária torna-se uma rotina de microgerenciamento das formas como vai evitar a comida e o que e quando vai comer. Seu corpo torna-se um companheiro abominável, daquele tipo do qual você não consegue fugir, mas passa o tempo todo com rancor, comunicando-se por bilhetes desagradáveis na porta da geladeira, convencida de que ele a está roubando, quando, na realidade, é você que deveria ter se aproximado dele e tentado entendê-lo. A fome torna-se um abismo voraz em sua mente, com tudo que de fato importa competindo por atenção à volta dele. Isso não é vida.

"Para uma mulher que aprendeu a se tornar pequena, em termos físicos e emocionais, a viver literal e figurativamente de migalhas, admitir que você tem apetite é fonte de um medo assombroso", escreve Jess Zimmerman no *Hazlitt*. "As mulheres, com frequência, fazem uma dieta do corpo, mas fazemos, o tempo todo, uma dieta do coração. A mulher de manutenção barata, a mulher ideal, não tem apetite. [...] Está satisfeita e é fácil satisfazer. [...] O que seria necessário para se sentir segura sendo voraz? O que seria necessário para você perceber que seus desejos não são monstruosos, mas humanos?"[16]

O que é necessário é a coragem de reconhecer a própria fome. Escolher a abundância. Aceitar o risco. É uma tarefa de dificuldade monumental, na qual espero estar trabalhando enquanto viver. Durante os terríveis primeiros meses de 2017, conforme o mundo mergulhava em um caos criptofascista, livrei-me de um relacionamento ruim e perdi o emprego. Recaí em antigos hábitos ansiosos, reafirmando o controle sobre meu pedacinho do mundo. Minha vida estava em chamas, e o planeta também. Eu queria precisar de menos coisas, ser menos, aí comecei a comer um pouco menos – então muito menos. Perdi o peso que não poderia perder. Comecei a parecer abatida e doente. Pegava qualquer gripe, sentia-me fraca e apática, parecia vulnerável, estava magra demais. E algo estranho aconteceu. Por algum motivo, de repente, eu havia me tornado irresistível aos homens.

Poucas vezes na vida tive mais atenção sexual que naqueles meses atordoados, dolorosos. Eu estava, não inesperadamente, quicando de um lado para outro como uma bolinha de *pinball* com afeto esquivo, e cada um dos homens com quem fui para a cama fez comentários sobre minha magreza de forma aprovadora, culpada. Um deles contou minhas costelas. Outro tentou adivinhar meu peso durante o sexo. (Chutou, com estranha especificidade, 38 quilos, que seria mais ou menos o que eu pesaria sem os órgãos internos: eu mal tinha registro como pessoa com um corpo funcional.) Infelizmente, algo nunca mencionado sobre passar fome para emagrecer é que isso acaba com todos os desejos. Eu estava fazendo muito sexo, mas de forma compulsiva, buscando o sabor, a abundância e o prazer que só podemos sentir de verdade se estivermos à vontade em nossa própria carne.

Quando você é apenas uma hóspede que seu próprio corpo mal tolera, age como tal: não relaxa, não se serve de um lanchinho ou pega um cobertor e, com certeza, não transa despreocupada no sofá. Quando se força a passar fome, seu medo é de comer e nunca mais parar. Que as exigências do corpo destruam tudo à sua volta. É uma mentalidade muito conveniente para ser cultivada em uma sociedade que tem bons motivos para se preocupar com o que pode acontecer se as mulheres começarem a pedir mais.

É claro, quando está com fome, "comer e nunca parar" é exatamente o que seu corpo quer – mas o importante é que isso dura pouco. A recuperação só vem quando você, de fato, desapega; quando chega a um lugar de segurança e pode ter certeza de que no futuro terá o bastante – comida suficiente, alegria suficiente, amor suficiente. Era desse desapego que eu tinha medo de verdade, quando, por muito tempo, tive medo de ser "gorda". Cheguei até a dizer isso algumas vezes na frente de amigas que *eram* gordas e sou grata a elas pela bondade e por compreenderem que eu estava tão mergulhada em dúvidas que não percebi que o que dissera era "Meu maior medo é ficar parecida com vocês".

Para muitas mulheres e pessoas *queer*, o medo de engordar é o medo de perder o pouco controle que lhes é permitido: sobre a forma como os homens avaliam seu corpo. O que eu temia de verdade – o que, às vezes, ainda temo – era perder o controle; que não houvesse um fim para minhas emoções, minha ambição e meu desejo; que eu libertasse uma fome incontrolável por todos os sabores possíveis na vida – não só por comida, mas por amor, sexo, poder, prazer, aventura e tudo que uma porção de tamanho masculino da vida deve conter. Eu tinha medo de que eu fosse demais, de que quisesse demais, de que assustasse as pessoas e as afastasse, de que fosse dominada, dominadora.

E, de fato, foi exatamente o que aconteceu. Eu *era* demais, e *queria* demais, e muita gente se incomodou com isso assim que deixei de me ferir e de me odiar o suficiente para aceitar. Como a maioria das pessoas interessantes que conheço, ocupo muito mais espaço do que deveria e paguei por isso, em público e em particular, embora não tenha sido nem metade do que pagaria sem os privilégios de classe, raça e contexto cultural em que nasci. Muitas vezes, teria sido mais fácil me encolher, ficar pequena e murcha, e agradecida, e reprimir cada fome, dor e ambição que já senti, aceitar fragmentos diminutos de experiência e nunca pedir para repeti-los. Mas não lamento, porque hoje estou cercada de mulheres e pessoas *queer* insaciáveis, de todos os tamanhos, que querem muito mais do mundo e se importam cada vez menos se o mundo gosta delas por isso, que recusam a escassez, que lambem o prato da vida e pedem mais.

6

Trabalhos de Amor

A heterossexualidade está com problemas. Ao longo da década passada, mais mulheres héteros escolheram adiar o casamento ou a união estável, sair de relacionamentos insatisfatórios ou abrir mão deles por completo. As taxas de natalidade despencaram em nações desenvolvidas, as quais nunca tiveram a preocupação de imaginar uma estratégia para amparar a vida familiar, além de empurrar as mulheres para o casamento e a maternidade. No mundo todo, mais mulheres estão se recusando a passar por isso, em uma greve massiva do formato tradicional de casal heteronormativo, com todos os perigos e decepções. As ondas de choque sociais dessa fuga serão sentidas por muitas gerações. Por que isso está acontecendo?

Há uma razão simples. Sim, há fatores socioeconômicos complexos e intrincados por trás dessa mudança de maré na política sexual, mas o resumo é: muitos milhões de mulheres heterossexuais são incapazes de encontrar parceiros românticos adequados que as tratem de forma decente – e não estão dispostas a construir a vida em torno de homens que não o fazem. Não que as mulheres heterossexuais tenham desistido de vez do amor. Mas agora elas estão mais livres para estabelecer as próprias condições sobre o que aceitam ou não nos relacionamentos com os homens – e mais livres para ir embora se essas condições não forem cumpridas.

O amor é político. Passei a década passada navegando nas complexas relações dos homens com sexo, amor e *status*. Vi homens com dinheiro, fama e poder tratarem mulheres como brinquedos sexuais descartáveis e mulheres serem destruídas, sem dó, em relacionamentos com homens que não se sentem poderosos o bastante. Vi homens acharem que com o sucesso vem um passe livre para o coração e o corpo de belas mulheres. Vi mulheres heterossexuais bem-sucedidas e confiantes ficarem arrasadas com sua incapacidade de se relacionar com os homens. E vi mulheres em relacionamentos sérios esmagadas pelo peso do trabalho emocional e doméstico que a vida em comum com os homens envolve com tanta frequência. O amor é político. E uma nova política do amor é essencial se quisermos que haja alguma chance de salvar qualquer coisa preciosa que exista no desastre sociopolítico que é a sexualidade hétero. Sobretudo para as mulheres que não estão dispostas – e são mais do que jamais foram – a comprometer o próprio poder pelo amor de um homem.

Levei muito tempo para entender que a dor e a autonegação não eram o preço que eu deveria pagar para ser amada. De fato, em minha vida, de novo e de novo, precisei fazer a escolha entre ser vista como "namorada potencial" e minha dedicação ao trabalho como escritora, e a escolha era tão dolorosa quanto óbvia. Nunca houve em mim uma parte que levasse em consideração a alternativa de reduzir minha ambição para evitar ameaçar os homens. Eu sabia o que isso custaria. Também sabia que tinha sorte por poder fazer essa escolha – poder escolher minha liberdade ao preço do amor pouco confiável de um homem. Minha avó não pôde. Muita gente ainda não pode. Mas escolha não é o mesmo que controle.

Quase nunca é pedido aos homens que sacrifiquem sua identidade fundamental, engulam seus anseios sexuais e reprimam suas ambições para terem um relacionamento amoroso e uma vida familiar. De fato, desde que a limitada revolução sexual da década de 1960 praticamente destruiu a obrigação social dos homens de sustentar as mulheres no casamento, eles agora estão livres para serem tão promíscuos quanto quiserem, quase sem quaisquer sanções sociais contra o abandono de uma parceira. Não é mais tabu para os homens – se algum dia o foi – largar as famílias porque ficaram entediados, ou sexualmente frustrados, ou cansados. Em geral, homens heterossexuais são perdoados por irem atrás de seus desejos, mesmo ao custo de compromissos familiares existentes. Mas as mulheres heterossexuais que fazem o mesmo são consideradas antinaturais. Isso significa, mais uma vez, que onde existe amor entre homens e mulheres este fica comprometido por um desequilíbrio de poder e deve ser negociado em condições desiguais – nas quais para um dos lados os riscos são sempre maiores. Restam poucas formas pelas quais os homens podem ferir as mulheres e continuar sentindo-se bem consigo mesmos. Esse tipo de brutalidade casual é uma delas.

Os homens sempre detiveram o poder no que diz respeito ao sexo – mas também detêm muito poder nos relacionamentos amorosos. A maioria deles não pediu esse poder, e pouquíssimos o exercem de modo responsável. Garotinhos em busca de amor e aventura não inventaram a ideia de que a vida de uma garota é vazia, sem sentido e um fracasso até que ela encontre um homem para amar – contudo, de qualquer maneira, essa ideologia é terrivelmente conveniente.

É importante sermos honestos sobre a forma como os homens heterossexuais usam a estrutura dos relacionamentos amorosos e a violência sexual para explorar, ao máximo, mulheres e garotas. Não estamos falando apenas de atos de crueldade física ou de abuso – há também os ataques cotidianos à autoestima da mulher, que se tornou parte da linguagem do amor da heterossexualidade. "Não estuprar ou espancar a parceira" há muito tem sido o padrão para o comportamento masculino decente em relações hétero, quando deveria ser a linha de base. O nível de exigência é muito baixo. O sarrafo está no chão, e, ainda assim, um monte de homens heterossexuais não consegue alcançá-lo. E por um bom motivo: se a ausência de dano físico ativo fosse a linha de base para o comportamento do homem hétero, em vez de ser o referencial, se as mulheres tivessem o direito de esperar mais dos relacionamentos primários que sobreviver a eles, talvez elas se sentissem mais à vontade exigindo mais dos homens, tanto em particular quanto em público.

No mecanismo da masculinidade moderna, o impulso para sistematicamente arrasar as mulheres, buscar o sexo e a intimidade como fontes de *status* está se tornando cada vez mais frenético. Isso ocorre porque os modos tradicionais pelos quais os homens podiam se sentir bem consigo mesmos estão cada vez mais difíceis de ser encontrados. Ser criado homem no capitalismo tardio é, em muitos casos, um processo de castração psicológica – de ter todos os doces desejos reduzidos à lógica de competição implacável, de ser ensinado a buscar poder, riqueza e *status* em uma cultura que nega à maioria de nós a maior parte dessas coisas e de ter proibida qualquer emoção além de desejo e raiva. Os homens que cresceram esperando ser os heróis das próprias histórias terminam tendo que lutar por migalhas de autoestima em uma economia e cultura que criam muito mais perdedores que vencedores.

Não pode haver uma conversa honesta sobre consentimento a menos que reconheçamos quanto o abuso é rotineiro nos relacionamentos românticos – e como as histórias que contamos sobre o amor podem normalizá-lo. Uma aliança é muito mais que, de forma cortês, se abster de estuprar; é relevante que haja muitos homens que agem de modo *woke* em público, mas, em particular, eles exploram e rebaixam as mulheres, tratando-as como recipientes para a própria dor. Importa a forma como um homem trata as mulheres em particular. É político. Se um homem afirma ser aliado ou defensor dos direitos das mulheres, mas rotineiramente abusa da confiança e fere o corpo das mulheres com as quais tem intimidade, ele é tão perigoso para essas mulheres quanto o misógino inabalável.

"Com frequência demais", escreve bell hooks em *Tudo Sobre o Amor*, "as mulheres acreditam que é sinal de dedicação, uma expressão do amor, suportar grosseria ou crueldade, perdoar e esquecer. Na realidade, quando amamos de maneira correta, sabemos que a resposta saudável e amorosa à crueldade e ao abuso é nos colocar a salvo de qualquer mal."[1]

O amor ainda é, com bastante frequência, a linguagem na qual aprendemos a compreender a violência. O fato é que a maioria dos estupradores e abusadores está em algum tipo de relacionamento próximo com as vítimas. A maior parte dos estupros não é "estupro por desconhecido". A maioria dos abusos sexuais e físicos ocorre na família, e isso significa que as pessoas que nos ferem quando estamos mais vulneráveis são, com frequência, as mesmas que mais amamos – às vezes porque não temos escolha, porque somos jovens demais para entender que o amor não deveria ferir desse modo.

A heterossexualidade constitui um sistema que reforça as hierarquias de poder e é, ao mesmo tempo, o âmbito em que muitas pessoas vivem as verdades mais cruas e pessoais. É por essa razão que, para falarmos de forma honesta sobre sexualidade e abuso, é essencial questionarmos o amor. Aqueles de nós que foram criados como mulheres absorvem a mesma lição, mais uma vez: o amor romântico, especificamente o heterossexual, é a coisa mais importante que vai nos acontecer. Os conselhos sobre namoro, como observa Moira Weigel em *Labor of Love*, dizem às mulheres jovens "eis aqui como vocês devem ser se quiserem ser amadas [...] o que significa se quiserem ter algum valor".[2]

Encontrar um homem para amar você e agarrar-se a esse amor a qualquer custo ainda é considerado o exame final de aprovação para qualquer garota. Independentemente de contexto, tudo mais que qualquer mulher, de qualquer idade, conquiste é redefinido como irrelevante se ela, além disso, não conseguir o próprio devotado e amoroso Príncipe Charmoso. O problema é que é muito difícil amar livremente quando um gênero tem muito mais poder estrutural que o outro. É quase impossível amar livremente quando você é mulher hétero que ama a liberdade e decidiu que esse é um preço alto demais a pagar pelo amor em um mundo que ainda condiciona nossa sobrevivência a encontrar e manter um homem, para, depois, nos humilhar por tornarmos o casamento uma perspectiva econômica, em um universo que fez de nossa sexualidade uma mercadoria, para, então, decidir que o pior insulto para uma mulher era *puta*.

A maioria dos homens heterossexuais nunca teve que negociar relacionamentos românticos de igual para igual. Ainda há pouca coisa na cultura que os ensine a fazê-lo, e menos incentivo ainda para que aprendam. A exigência de que os homens se comportassem como cavalheiros com as mulheres desapareceu – sempre uma desculpa ruim para a alteração –, sem ser substituída pela exigência de que os homens tratem as mulheres como seres humanos. Ambos os lados desta equação – o tratamento ritualizado das mulheres como seres etéreos e frágeis e o cruel placar mercenário – são formas de tratar o sexo "oposto" como algo que não é humano.

O amor é político porque a qualidade de muitas vidas de mulheres heterossexuais ainda depende – a menos que tenham sorte – de que os homens as amem, e bem. O amor é político porque é nele que vivemos nossa política íntima. O homem sente-se no direito de exigir amor; a mulher pode apenas ser objeto passivo do amor. Aos homens é permitido definir os padrões do que é desejável, atraente e digno de amor e respeito em uma mulher. Os homens têm permissão de exigir que as mulheres alcancem esses padrões e de puni-las por não conformidade – e isso significa qualquer mulher, tenham eles tido ou não intimidade com ela, e mesmo que nunca a tenham conhecido. Às mulheres não é permitido ter expectativas semelhantes em relação aos homens – nem sequer a expectativa da segurança pessoal básica.

Essa ameaça de abandono é a ferramenta máxima de coerção. Dizer às pessoas que, se não se comportarem, ninguém jamais vai amá-las é muito mais eficiente que ameaçá-las com violência. Coloque uma arma na cabeça de uma pessoa, e você perdeu o argumento moral. Em algum momento, as vítimas vão acabar se rebelando. Por outro lado, se você é capaz de convencer as pessoas de que, se não agirem como cidadãs cumpridoras dos deveres, trabalhadoras dóceis ou criadas submissas, elas vão ficar sozinhas para sempre, quase não há limites para as concessões que você poderá extrair delas.

Se você condiciona o amor à obediência, as pessoas vão encontrar maneiras de obedecer. Se você torna a submissão a base do amor-próprio, as pessoas vão encontrar maneiras de serem submissas. Como uma pessoa jovem, sentindo-me presa em um corpo que tinha certeza ser socialmente inaceitável, eu às vezes dormia com homens não porque os desejasse, mas porque a evidência de que um homem me desejava parecia renovar meu direito de ocupar espaço no mundo. Eu queria amor, mas também queria *ser amada* – ser julgada digna de amor por algum homem, de modo que pudesse amar a mim mesma. Não é isso que todas as garotas supostamente desejam? Serem desejadas de forma incansável e incondicional por um homem; serem purificadas pelo ato de refletirem sua luz de volta para o mundo?

Cresci nos anos 1990, a década do "desconhecido perigoso". Lembro-me de livros ilustrados com fábulas reconfortantes sobre crianças que tomavam boas decisões durante as férias da família. Lembro-me de visitas da polícia local dizendo-nos que não entrássemos no carro de caras estranhos nem que nos fossem oferecidos doces. A resposta, de todo modo, era praticar uma espécie de autovigilância – e não brincar sozinhos lá fora, por mais bonito que o dia estivesse. Se por acaso um homem sinistro com um casacão nos abordasse durante um raro momento em que não houvesse um adulto conosco, deveríamos gritar bem alto "NÃO CONHEÇO ESSE HOMEM". O que ninguém nos dizia era o que fazer caso as pessoas que deveriam nos amar e proteger fossem as que nos fizessem mal. Ninguém nos dizia que os desconhecidos não eram o único perigo.

O fato de que violência, sadismo e misoginia convivem com algo que se faz passar por amor é uma coisa extremamente difícil de admitir. Quando acontece com você, não importa quantas histórias de horror tenha ouvido, você se vê contorcendo-se em manobras acrobáticas de lógica convoluta para não encarar o dano, o perigo e o desperdício.

É muito duro ver mulheres jovens fazendo mal a si mesmas por amor. Tenho uma amiga que está totalmente obcecada com o amante casado com o qual tem um caso há anos. A vida dela gira em torno dele, assim como nossa amizade – todas as conversas íntimas que temos giram em torno de o que ele quis dizer com essa mensagem de texto; ou por que ele não entrou em contato; ou como o sexo foi, é e poderá ser; e se ela, um dia, será boa o bastante, especial o bastante, suficientemente digna de amor para ser *dele*. Mesmo quando está na mesma sala que você, minha amiga, muitas vezes, parece estar em outro lugar. Isso porque de fato está: ela está com ele, ruminando tudo isso, revirando tudo mentalmente, imaginando o que ele está fazendo, se está pensando nela, como será o futuro com ele. Ela já não consegue imaginar um futuro sem ele. Não é culpa dele, exceto de maneira oblíqua.

Quando você está apaixonada por alguém desse modo tão feroz, alguém que jamais será totalmente seu, a questão não é ele. É você, e o drama de seu amor-próprio, que você tornou dependente, por completo, de algum dia ele amar você ou não da maneira como você gostaria, como precisa que ele a ame. Você cria um vazio na vida ao redor dele, na esperança de que esse homem o preencha. Com seu brilho. Com a paixão. Com seu belo cabelo e os longos beijos; com o que quer que mantenha você acordada noite após noite, pensando, imaginando, desejando saber as palavras mágicas que pudessem fazê-la pertencer a ele, para que pudesse ser preciosa o bastante para ser dele, porque você quer pertencer a ele, não a si mesma.

O fato de que isso jamais acontece, de que eles nunca são totalmente acessíveis, é parte do vício. É o âmago da compulsão. Você preenche a ausência dele com tudo que teme; com tudo na vida que dói; com tudo a seu respeito que você odeia, e nada mais continua tendo a mesma importância. Se você puder envolver sua dor e seu terror em volta desse homem e do que ele significa para você, nada mais importa.

Quando as pessoas se autoflagelam, se cortam ou se ferem, estão contando com a dor para ancorá-las no próprio corpo, prendê-las ao presente – ou afastá-las de tudo mais na vida que é perturbador e foge ao controle. Ou ambos. O amor, esse tipo de amor, faz as duas coisas.

Certa vez amei um homem em São Francisco: rico e brilhante, mais velho e cruel. Lancei-me ao encontro do *glamour* e do perigo que ele constituía, e, quanto mais ele deixava claro que gostava de brincar comigo, de me mostrar quão descartável eu sempre seria; quanto mais ele me feria de propósito, mais obcecada eu ficava. Ele gostava de me lembrar de que, embora eu fosse inteligente e realizada, nada disso importava – porque eu não era gostosa o bastante. Aos 27 anos, eu não era jovem o bastante. Não era vulnerável o bastante. Se apenas eu pudesse chegar lá. Se apenas ele pudesse ver que eu era quem mais o conhecia, que o via por inteiro. Se apenas ele pudesse me enxergar como igual. Nenhum dos prêmios que eu pudesse trazer para casa, em toda minha vida, importaria, a menos que pudesse ganhar o coração dele.

Quando ele finalmente me disse aquilo que eu sempre quisera ouvir – que eu era especial, diferente; que ele precisava de mim –, foi porque estava com problemas. Precisava de alguém que o defendesse. Uma mulher com capital social para queimar e ser o combustível de sua fuga das consequências. Eu era a escolha perfeita. Ainda o amava. Ainda queria ser sua favorita. Mas ele cometeu um erro. Esqueceu-se de que as mulheres conversam umas com as outras. E, enquanto me dizia todas as coisas certas para conseguir que eu fizesse o que ele queria, também estava dizendo todas as coisas certas – muito diferentes – para outras mulheres.

Eu não era especial. Sei disso, assim como sei que, se neste exato momento ele ligasse e me dissesse que precisa de mim, que sempre me amara, que sempre fui a mulher certa, eu não saberia dizer, com certeza, se não iria até ele e deixaria todo passado para trás. Essa parte de mim tem esperança de que ele vai ligar, e é por isso que o restante de mim o bloqueou em todas as plataformas possíveis. Tirei totalmente aquele homem de minha vida, mesmo que isso fosse como cortar um dedo da mão com a qual me seguro à realidade. Jurei que jamais cometeria o mesmo erro de novo.

Já fiquei obcecada, como minha amiga, com homens que não estavam disponíveis. Com homens violentos, charmosos. Com predadores que odiavam a si mesmos e se achavam importantes, com belos olhos e vaga para uma amante. Com artistas suaves que não fizeram nada errado além de olhar um vasto leque de mulheres à sua escolha e escolher alguma outra. Disseram-me, novamente e mais uma vez, que sou algo que é demais. Ambiciosa demais, intensa demais, masculina demais, barulhenta demais, esquisita demais, independente demais, política demais; está claro demais que sou a protagonista de minha própria história para ser o prêmio ao final da jornada do herói de algum homem.

Sei muito bem que tudo aquilo de que mais gosto em mim, as coisas das quais mais me orgulho, são coisas que me prejudicam como prêmio amoroso – e como objeto de amor ideal – para os homens com os quais gostaria de sair. Para mim, a parte mais difícil da revolução sexual tem sido não mais esperar que um homem me ache digna de amor antes de conseguir amar a mim mesma.

Faz poucos meses, a amiga de uma amiga me ligou chorando; fora humilhada, mais uma vez, por um desconhecido medíocre durante um encontro. Ele se tornou frio e ficou com raiva após perceber que ela era superior a ele em termos profissionais e estava alguns anos à frente dele na carreira que ele escolhera. Ele a insultou e terminou o encontro, e naquela noite ela não pôde deixar de sentir que tudo pelo qual lutara no próprio trabalho, toda sua competência e *expertise*, de algum modo era inválido se não conquistasse um homem.

Essa narrativa nos relacionamentos hétero é humilhante para todos os envolvidos. É uma história única* tacanha, na qual insiste haver uma única forma pela qual o poder atua entre pessoas de diferentes gêneros: homens são criadores e consumidores ativos, e mulheres são objetos passivos que estão ali para apreciar o brilhantismo deles e lhes recompensar o trabalho árduo, e é assim que será para sempre. Os homens são protagonistas das próprias histórias, e as mulheres, coadjuvantes, interesses amorosos ou meros personagens não jogáveis que estão ali para propiciar aos homens uma *side quest*** excitante, que se dobram sobre si mesmas e desaparecem quando eles não precisam mais delas. Em muitas comunidades criativas, homens com talento e fama creem ter acesso a um plantel substituível de mulheres jovens, belas e dóceis, e, de modo geral, esse pressuposto está correto. Esses homens poderosos, influentes, são tratados como se o acesso sexual e romântico a essas mulheres

---

* História única (no original, *single story*) é uma expressão utilizada por Chimamanda Ngozi Adichie para descrever as percepções supersimplificadas e por vezes falsas que formamos sobre pessoas, grupos ou países. (N. da T.)
** Personagem não jogável e *side quest* são termos usados em *games*. (N. da T.)

fosse parte da recompensa pelo sucesso, e a maioria de nossa mitologia cultural sustenta essa narrativa.

"O que significa ser digna de amor?", pergunta Dalia Gebrial no brilhante ensaio "Descolonizando o desejo: a política do amor". "Quem merece e quem não merece tipos específicos de amor? Como o amor é codificado e reproduzido? O que, e quem, está ausente quando o amor é representado?"[3] Gebrial ressalta a grande quantidade de pesquisas que mostram que as mulheres negras e pardas são rotineiramente ignoradas em *sites* de encontros e enfrentam desafios extras para se encaixar no modelo de "namorabilidade". É claro, conseguir atenção em um *site* de encontros ou "ser casada" não são indicadores de ser amada. Contudo, o que essa massa de dados e as narrativas pessoais nos dizem é que a raça estrutura profundamente a experiência de desejo, compromisso e respeito de uma pessoa. "O que estou interessada em investigar a fundo é o que significa não ser legível, mesmo nesses problemáticos discursos de amor."

A necessidade emocional que os homens parecem ter de "proteger" as mulheres é uma das formas mais evidentes de como a narrativa do romance heterossexual está impregnada com o preconceito racial e de gênero. O constructo social da "mulher branca frágil" – delicada, preciosa, necessitando de proteção – que ocorre tão frequentemente na política racial moderna tem corolário na "mulher negra forte", a qual se supõe, por definição, ser menos vulnerável e, portanto, menos digna de amor. Algumas "mulheres não brancas", em particular as de ascendência africana, do Oriente Médio ou do sul da Ásia, são tidas como inerentemente menos merecedoras de proteção.

A aptidão das mulheres brancas a serem amadas – nosso *status* como "objetos do amor" – foi construída em oposição à rotineira relegação dos corpos negros, até mesmo em nossos roteiros interpessoais mais íntimos. Na cultura supremacista branca patriarcal, a maioria das coisas associadas à "beleza" são também associadas ao merecimento do amor. Ser jovem, magra, branca, parecer frágil. A isso podemos acrescentar falta de confiança e não mais que um modesto sucesso profissional e financeiro, em uma cultura na qual a independência e a confiança em si são consideradas feias e indignas de amor.

De fato, toda cultura do amor heterossexual está se tornando mais coerciva. Como escrevem Linda R. Hirshman e Jane E. Larson em *Hard Bargains*,

> os conservadores culturais e os libertinos sexuais, em conjunto, invocaram a ideologia do romance para impedir ações feministas com vistas às estratégias de legislação e de ação coletiva em prol do poder de negociação sexual feminino. Mulheres fortemente autoprotetoras na negociação sexual são tachadas de não românticas, assexuadas ou *odiadoras* de homens, por isso são ameaçadas com uma vida de solidão.[4]

As mulheres, em outras palavras, não têm direito a respeito, cuidado ou consideração. Homens heterossexuais têm direito a tudo isso, e mais. Estudos recentes mostraram que níveis mais elevados de crença em direitos masculinos inatos predizem maior sexismo tanto nos homens quanto nas mulheres. Com frequência, homens e garotos crescem marinados na crença de que as mulheres lhes devem certas coisas – não mulheres como indivíduos, mas mulheres no geral. Eles têm direito à atenção sexual e romântica de ao menos uma mulher por toda vida adulta. Têm direito ao prazer, ao conforto e aos cuidados emocionais. Não precisam fazer nada para merecer essa consideração: é seu direito nato. Se não a obtêm, têm direito a revoltar-se, a atacar e a punir.

À medida que psiques e certezas murcham no calor da idade, o gênero e o sexo tornam-se mais carregados de ansiedade. O desejo de provar-se homem de verdade, de tornar-se amado e poderoso pelo acesso ao corpo das mulheres e pela todo-poderosa foda passa a ser mais frenético, mais obsessivo, mais focado. Quanto mais os homens acreditam que devem ter uma mulher, que a vida lhes deve uma mulher, mais cruéis se tornam.

Para os homens, há muito o amor romântico tem sido entendido como um sentimento que pode ser experimentado por uma única pessoa, projetado sem trégua na outra pessoa, como se a pele dela fosse uma tela, um sentimento que dá ao homem certo direito de reivindicar para si o objeto de adoração. Se ele decide que está "apaixonado" por você, isso significa que você lhe deve algo. Isso vem acontecendo há séculos. No início de *Dom Quixote*, Cervantes recria perfeitamente esse conceito na fala de Marcela:

> Fez-me o céu, como dizeis vós, de tal maneira formosa que, sem poderem resistir, minha beleza faz com que me amem, e pelo amor que me demonstram dizem e até mesmo exigem que eu esteja obrigada a também os amar. Sei, pela compreensão natural que Deus me deu, que tudo o que é belo é amável; mas não consigo compreender por que, pelo fato de ser amado, aquele que é amado por sua beleza esteja obrigado a amar a quem o ama.[5]

No livro *Down Girl*, a filósofa Kate Manne explica que a "lógica" da misoginia se baseia nos "bens morais" que as mulheres supostamente deveriam aos homens – incluindo sexo, cuidados, criação dos filhos e trabalho doméstico.[6] Parte da barganha tácita é que as mulheres não têm permissão de pedir elas mesmas essas coisas, não importa o quanto possam querê-las ou necessitar delas. O que se supõe que as mulheres consigam desse arranjo é cada vez menos claro, mas, em geral, há algum papo-furado sobre proteção, provimento e ter alguém por perto para ajudar a abrir a tampa de vidros.

De acordo com Manne, a sociedade separa as almas, conforme o binário de gênero, em "seres humanos" e "doadores humanos". Aos homens é permitido que sejam "seres humanos", que podem agir sobre e no mundo, e das mulheres espera-se que sejam "doadores humanos" – aqueles cuja vida é definida segundo o que podem fazer, e ser, pelos outros. É nesses termos que ainda é colocada a lógica da heterossexualidade. As mulheres devem aos homens uma gama de serviços, incluindo sexo, atenção, cuidado emocional e doméstico. Os homens têm o direito de esperar essas coisas das mulheres, e elas não têm o direito de esperá-las em retorno.[7]

Desde o início, parecia sempre haver uma razão pela qual eu devia algo a quem quer que estivesse namorando. Aos 15 anos, era porque ele era generoso o bastante para sair comigo. Aos 19, porque eu estudava em uma faculdade chique, e ele trabalhava na mesma cidade e bebia à noite. Aos 20, porque eu era fisicamente apta, e ele, não; porque eu tinha energia para procurar trabalho, e ele, não. Aos 24, porque ele era da classe trabalhadora, e eu, não. Aos 26, e aos 28, e aos 29, porque eu tinha emprego de escritora e pequeno reconhecimento público, e ele, não; ou porque eu parecia estar lidando emocionalmente bem com as coisas, e ele, não, ou porque, ou porque, ou porque.

Como muitas mulheres jovens, passei a maior parte dos primeiros anos de relacionamento com homens me desculpando por coisas pelas quais não era culpada. Passei anos tentando compensar o mal que o mundo fizera a homens que eu adorava e minimizando o mal feito a mim, desdobrando-me para criar um lar para esses homens em meu coração. Eu sentia dever isso a eles. Devia a eles meu tempo, meu cuidado, meu dinheiro, meu corpo, e isso não fazia que me sentisse bem, mas fazia que me sentisse... *boa*. Não me dava prazer, mas fazia que me sentisse virtuosa e digna. Eu era uma namorada boa e afetuosa e, portanto, uma boa pessoa. A maioria das mulheres jovens com as quais convivi que namoram homens tiveram experiências como as minhas – de dar o sangue até ficarem translúcidas para apoiar os homens que adoravam, porque é assim que o amor deve ser.

O que os homens, como grupo, sentem ter o direito de receber das mulheres? O que se supõe que as mulheres devem aos homens? Tudo que o mundo se recusa a lhes fornecer. Cuidado básico emocional e físico. Sensação de plenitude. Amparo, companheirismo e compreensão. Alguém que note quando você está em dificuldade. Amor, cuidado e atenção. Essas são, precisamente, as coisas que o estado neoliberal se recusa a fornecer, ou pelas quais se recusa a pagar, e são, precisamente, as coisas que a lógica gritante da misoginia sugere que as mulheres devem aos homens como o aluguel que devem pagar na Terra.

Uma expressão utilizada para esse tipo de trabalho é "reprodução social",* mas ele foi chamado de várias formas, muitas vezes como modo de diferenciá-lo do trabalho "de verdade", tradicionalmente realizado pelos homens. Com frequência, é chamado de "trabalho de mulher". A filósofa Hannah Arendt, no famoso estudo *A Condição Humana,* chama-o de "labor", distinguindo-o de "trabalho" e "ação", que, como ela explica, são as outras categorias de esforço que constituem a vida humana. O labor, de acordo com Arendt, é efêmero, o trabalho básico da sobrevivência, de ser uma "criatura em movimento"; o "trabalho" é construtivo e produz resultados tangíveis e duradouros, fazendo que seja o tipo pelo qual é mais provável que você receba uma remuneração; a ação, o mais rarefeito, é o trabalho de pensar e construir a sociedade e o próprio lugar nela em relação aos outros – arte, política, narração. Se labor é fazer o jantar, trabalho é fazer uma mesa, e ação é deixar sua marca no mundo. Arendt não fala explicitamente que tipo de trabalho é melhor ou mais importante, mas também está claro o que ela passou boa parte da vida fazendo. Apenas uma mente igual à dela poderia descrever com tanta habilidade os principais modos da atividade humana, ao

---

* O conceito sociológico de reprodução social, proposto por Karl Marx, é entendido como a manutenção e a continuidade das relações sociais vigentes; essa reprodução de estruturas e sistemas sociais se dá, sobretudo, com base nas condições preexistentes de demografia, cultura, educação e transmissão hereditária de bens e títulos. (N. da T.)

mesmo tempo que evita, quase por completo, as questões do lucro e do poder, de quem de fato faz esses diferentes tipos de trabalho na sociedade e quem se enriquece com isso.

O que está quase ausente do tímido resumo de Arendt, como o está na maior parte da filosofia política, é qualquer reconhecimento da reprodução social como trabalho valorizado.

Se a crise da Covid-19 ensinou algo ao mundo, deveria ser que o trabalho de sustentar a vida humana é o mais essencial que existe. Quarenta anos de elaboração de políticas neoliberais que desmantelaram as redes de segurança sociais significaram que o trabalho de criar e sustentar a vida não mais é visto como responsabilidade pública – em vez disso, são as mulheres, em geral em ambientes privados e íntimos, em relacionamentos românticos e familiares, que constituem a primeira e última linha de defesa contra os estragos causados pela economia moderna. Quando homens e garotos se equilibram nas bordas das rachaduras do capitalismo camicase, espera-se que sejam as mulheres a criarem as redes com seus corpos. Muito frequentemente, elas o fazem porque ninguém mais o fará. Eu o fiz vezes demais para manter a conta e perdi muito tempo, meu e deles, antes de perceber que você não consegue salvar o mundo salvando um homem arrasado por vez.

Em anos recentes, a frase "trabalho emocional" passou a ter uso cotidiano como forma de descrever parte desse trabalho – "trabalho de namorada", o de remendar as vítimas feridas pela economia moderna. Enquanto as mulheres lutam para preencher as lacunas da provisão social nos relacionamentos, elas se veem levando a culpa pelas promessas que o capitalismo tardio fez aos homens e nunca teve a intenção de manter. Elas se veem levando a culpa pela humilhação dos homens. Elas se veem levando a culpa, de forma implícita ou direta, pela falta de estabilidade dos homens, sua falta de trabalho digno e garantido, sua frustração, sua falta de poder. Que as mulheres também possam sofrer de todas essas degradações e de outras mais não é levado em consideração: elas foram concebidas para a humildade, o sofrimento. Por todo mundo, hoje, incontáveis milhões de homens são consumidos pela percepção de terem sido enganados, pela suspeita de que mereciam mais da vida do que tiveram. Eles estão certos. Mas *as coisas às quais eles têm direito não devem vir das mulheres.*

Há não muito tempo, o casamento hétero era um acordo econômico muito claro – no qual a força de trabalho da mulher e seus serviços sexuais eram fornecidos em troca de comida, abrigo e "proteção", em uma economia planejada para manter as mulheres dependentes dos homens. Esse pressuposto era o alicerce da família nuclear, uma maneira de organizar os lares em unidades de produção econômica. A grande tarefa da vida de uma mulher era ser boa o bastante para ser propriedade de um homem aceitável. Essa lógica está levando tempo espantosamente longo para morrer.

O sufrágio feminino e a liberalização da legislação do divórcio não dissiparam a implicação de que o amor é a principal tarefa da vida de uma mulher, e o casamento, um contrato de trabalho no qual ela é tanto a funcionária quando o produto. Em vez de dependerem de um emprego vitalício, as mulheres modernas devem, agora, estar constantemente batalhando no precário mercado do romance morno e administrado.

Hoje, o casamento e outras formas de parceria heterossexual monogâmica não são mais a receita para a segurança que foram no passado – mas a ausência de segurança não foi compensada por maior liberdade pessoal, ao menos não para as mulheres heterossexuais. Em vez do casamento como "trabalho para toda vida" – ou parte significativa da vida –, as mulheres veem-se negociando por uma sucessão de relacionamentos inseguros, exaustivos, sem a promessa de compromisso de longo prazo. Sem estruturas culturais e econômicas para fazer que o namoro possa ser uma escolha, isso não é liberdade – é o namoro em regime de *gig economy*.*

O "mercado de namoro" hétero é como qualquer outro: fundamentalmente distorcido em favor de um punhado de homens brancos velhos e ricos, à custa de todos os demais. É uma arquitetura de escolha forçada e de regras arbitrárias, planejada para extrair do restante de nós o máximo possível de tempo e energia, enquanto acena diante de nós visões de realizações, por necessidade, impossíveis de alcançar. É assim que o comércio bruto captura a mais íntima das relações humanas. É desse modo que os poderes constituídos, com sua falta de imaginação, transformaram nossos momentos mais viscerais e transcendentes em uma competição insossa por recursos.

Milhões de mulheres e garotas no mundo todo ainda estão devotadas a essa visão deprimente do amor. Quem pode culpá-las? Se a sobrevivência diária e a segurança de seus filhos dependem de garantir que os homens ao redor estejam confortáveis, e se o conforto destes depende de sufocar suas ambições, descuidando das próprias necessidades, fornecendo intermináveis horas de cuidados emocionais e domésticos gratuitos, tolerando o desrespeito e a violência, colocando a sexualidade a serviço da satisfação deles e jamais permitindo que saibam quanto eles a magoaram, então você fará tudo isso, e muito mais. Não porque é tonta ou naturalmente abnegada, mas porque precisa.

O mercado da intimidade esquartejou o romance e o revendeu a nós em partes anêmicas, e é no mercado do namoro que a maioria de nós se depara com a lógica do sexo como mercadoria, na plenitude. Por mais frígido e sem graça que seja o jogo do namoro, por mais exaustivos e insatisfatórios que os relacionamentos héteros se tornem, o horror cultural de estar sozinha – solteira, independ-

---

* *Gig economy*, "economia de bicos", é a economia precarizada, baseada em trabalhos informais, que inclui a "uberização" intermediada por plataformas e contratos de trabalho intermitente. (N. da T.)

dente – é urgente o bastante para deixar muitas de nós com medo de questionar as regras do jogo. A mentalidade de escassez infectou as atitudes culturais relacionadas ao amor e ao sexo, encharcando-as com pânico e desespero. Passamos a nos comportar como clientes em um supermercado às vésperas de um tornado, pegando o máximo possível de tudo que nos pareça comestível, empurrando uns aos outros e gritando à medida que esvaziamos as prateleiras. Nós nos esquecemos, até que seja tarde demais, de que estamos competindo – entre outras coisas – para termos permissão de trabalhar mais. Que o papel de esposa, namorada ou mãe não é aquele no qual as mulheres possam relaxar. Que envolve grande quantidade de esforço e energia que permanecem invisíveis, pois isso ainda é parte da taxonomia do "amor".

Quando começa a entender o amor como forma de trabalho – necessário, sem o qual a trama da humanidade se desmancha como tricô: o trabalho do cuidado, da atenção, de atender às necessidades de outra pessoa –, você começa a ver a desigualdade no âmago de todas as velhas canções de amor. O trabalho de amor – incluindo o amor sexual, erótico – não era, e quase sempre não é, um trabalho que a maioria das mulheres é livre para escolher. O trabalho de amor não era nem é um trabalho no qual as mulheres podem negociar para obter proteção.

Pesquisas mostraram que os "benefícios do casamento" – os incrementos em saúde, riqueza e felicidade frequentemente associados ao matrimônio – vão, de modo desproporcional, para os homens.[8] Homens casados estão em melhor situação que homens solteiros. As mulheres casadas, em contrapartida, não estão em melhor situação – emocional, física ou financeiramente – que as solteiras.

Não importa quantos filmes e manuais de namoro melosos martelem a ideia de que a vida da mulher é incompleta se não orbitar em torno de um homem; que uma mulher sem marido ou filhos é uma pobre fracassada destinada a morrer sozinha e ser devorada, aos poucos, por seus animais de estimação; são de fato os homens – consistentemente – que mais se beneficiam com o casamento monogâmico "tradicional". Isso é importante, porque significa que mais mulheres estão se questionando se tudo isso vale a pena.

Se o amor é trabalho, as mulheres precisam se organizar, no coletivo, por melhores condições. E é exatamente o que está acontecendo.

No mundo todo, as mulheres estão fazendo greve. Não houve nenhum grande alvoroço, nenhum movimento organizado. Aconteceu de maneira orgânica. As mulheres estão simplesmente pulando fora. Pulando fora do casamento, do relacionamento de longa duração com os homens e, sobretudo, de ter filhos. Hoje, na Europa e nos Estados Unidos, há mais mulheres solteiras morando sozinhas ou sem parceiros do que já houve em qualquer outro momento da história registrada. Isso não é necessariamente a tragédia que possa parecer. O fato simples é que – em especial para mulheres que não estão ansiosas para terem filhos – a solteirice é, com frequência, a melhor opção.

"É uma convulsão radical, um ajuste de contas nacional com tremendas implicações sociais e políticas", escreve Rebecca Traister:

> em todas as classes e raças, estamos vendo uma revisão, no atacado, do que a vida feminina pode acarretar. Estamos vivendo a invenção da mulher adulta independente como norma, não aberração, e a criação de uma população inteiramente nova: mulheres adultas que, em termos sociais, sexuais ou reprodutivos, não mais são dependentes dos homens com os quais se casam ou definidas por eles.[9]

Após gerações de luta feminista por direitos de propriedade, igualdade salarial, melhor legislação relacionada ao divórcio e à seguridade social, há muito menos mulheres obrigadas, legal ou financeiramente, a serem a esposa ou a namorada de alguém. Em quase qualquer ramo de atividade, as mulheres ainda ganham menos que os homens em papéis equivalentes, e ainda ganham menos ao longo da vida, sobretudo pela ausência de dispositivos referentes à maternidade e à criação dos filhos dentro do que é considerada a economia "real". Mas a desigualdade está diminuindo. Para muito mais mulheres, incluindo mães, é possível alcançar uma segurança básica, sem sacrificar a independência.

As mulheres não só estão negando sexo a homens que não têm qualquer interesse no prazer delas – estão negando intimidade e romance a homens que não têm interesse em relacionamentos de igualdade. Havendo por aí uma escassez de homens que tratem as mulheres como pessoas e tenham um mínimo de noção, muito mais de nós estamos descobrindo que é melhor ficar solteira. Estar solteira é simplesmente mais agradável e enriquecedor que ficar por aí a reboque de algum vampiro emocional amargo e insensível, na esperança de que ele melhore se você lhe oferecer mais uma veia.

Dada a opção de fazer literalmente qualquer outra coisa com seu curto tempo na face da Terra, mais mulheres estão escolhendo não o desperdiçar arrumando a gaveta de meias de um homem, cuidando de seus traumas de infância e criando os filhos dele. A independência cada vez maior das mulheres é profundamente ameaçadora para a identidade masculina, e com razão. Já começamos a educar as mulheres para serem independentes dos homens – para serem, nas palavras de Gloria Steinem, os homens com os quais queremos nos casar –, mas não educamos os homens para serem as próprias esposas. Homens heterossexuais estão se descobrindo incapazes de se virarem de forma independente das mulheres, e isso os deixa furiosos e assustados.

O simples fato é que, embora realmente haja por aí homens corajosos e decentes, que buscam igualdade nos relacionamentos amorosos com mulheres e têm maturidade de levá-los adiante, eles não são tão numerosos quanto as mulheres que estão à procura. E isso afeta o equilíbrio de poder na heterossexualidade. Vale recordar que a agressão sexual criminosa não é o único modo pelo qual os homens podem exercer poder sobre as mulheres. De fato, muitas das tendências mais perniciosas dos homens heterossexuais em posições de poder social – as mentiras, a infidelidade, as sistemáticas traições de confiança – não são crimes. Assim, é difícil falar delas em uma cultura na qual não ser um estuprador violento aparentemente ainda é a referência para o comportamento masculino decente. Com isso, porém, torna-se ainda mais importante falarmos sobre quantas outras maneiras há de os homens degradarem e desumanizarem as mulheres.

Nossos roteiros românticos de gênero afetam as histórias que contamos, a arte que fazemos e os mundos que construímos na ficção e na vida real. E, quando repetimos novamente o discurso de que as mulheres só têm valor nos relacionamentos com homens; que as mulheres são mais passíveis de serem amadas quando não sabem o próprio valor, enviamos uma mensagem tão perniciosa, à própria maneira, quanto a atitude de que as mulheres, em certos meios culturais, só terão valor se forem jovens, gostosas e resignadas. De fato, essas duas atitudes caminham de mãos dadas: a lógica da misoginia que desvaloriza as mulheres como pensadoras e criadoras ativas e independentes é a mesma que mede o valor de uma mulher pela juventude e inexperiência – e sistematicamente explora ambas. Homens poderosos fazem arte, mudam o mundo e pegam as garotas, e as garotas apreciam a arte e esperam pacientemente ser escolhidas. É assim que sempre funcionou.

Sempre me surpreendo com o número de homens decentes, progressistas, empáticos, que embarcaram totalmente no trem da igualdade de gênero – em teoria –, que, no entanto, parecem achar que o modo como se comportam nas relações íntimas com as mulheres existe em uma esfera mágica separada da política. Homens feministas e antirracistas que parecem pensar que a maneira como tratam romanticamente as mulheres não tem nada a ver com racismo ou sexismo. Com frequência, esses homens são descomplicados e decentes com as mulheres com as quais não namoram ou estão casados. Anseiam desejar relacionamentos com verdadeira igualdade e humanidade recíproca com mulheres dinâmicas, confiantes e adultas; anseiam desejar todas as coisas que sabem que deveriam desejar se fossem os homens éticos que sabem que desejam ser.

Mas os seres humanos querem tudo que não deveriam querer. Querem *status* e a mera adoração, além de alguém que preencha o poço sem fundo da autoestima deles. Querem se sentir a salvo do risco de rejeição; querem se sentir fortes e importantes; querem se sentir necessários sem, na realidade, se fazerem conhecer. Estudos corroboram a observação de que, enquanto em teoria muitos homens héteros e bissexuais gostam da ideia de estar com uma mulher mais velha, mais bem-sucedida ou mais talentosa, na prática as qualidades mais valorizadas em uma parceira são beleza, abnegação e aparência de "vulnerabilidade".

A maioria das pessoas deseja se sentir competente, importante e poderosa. E para os homens que se debatem com as contradições da masculinidade moderna o impulso de tratar o sexo e a intimidade como atributos para obtenção de *status* é ainda mais pronunciado – uma vez que hoje restam tão poucas maneiras tradicionais de fácil ocorrência pelas quais os homens podem se sentir bem consigo mesmos.

Alguns homens podem hesitar – e com razão – quando ouvem que acham independência, confiança, inteligência e sucesso profissional pouco atraentes nas mulheres. De fato, muitos homens afirmam em alto e bom som que adorariam estar com uma mulher inteligente, espirituosa, dinâmica, que tivesse o próprio dinheiro. Por que, então, quase todas as minhas amigas heterossexuais inteligentes, espirituosas, bem-sucedidas ou estão solteiras ou penando em um relacionamento após o outro com homens cruéis e medíocres, por acharem que não têm opções melhores?

Na verdade, isso também se aplica a muitas mulheres de sucesso – mas mulheres de sucesso, em geral, não têm acesso a um séquito de jovens de 22 anos atraentes e frágeis dizendo-lhes que são maravilhosas. Mulheres de sucesso não precisam que ninguém lhes diga que fama, dinheiro e poder não compram o amor. Elas descobrem isso bem depressa, em algum momento entre a primeira rodada de ameaças de morte e a segunda vez em que veem a expressão decepcionada de um homem no primeiro encontro, quando revelam em que trabalham.

Esse tipo de cálculo é quase impensável para homens héteros que raramente enfrentam a exigência de mudar algo em si mesmos para agradar ao sexo oposto, menos ainda terem de se diminuir ou restringir suas ambições para poderem se encaixar nas fragilidades de uma parceira potencial.

O fato puro e simples é que os homens não são obrigados a escolher entre poder, realização criativa, independência e amor. As mulheres são, e sempre foram – porém os cálculos envolvidos nessa escolha estão mudando. Já não é tão provável quanto era para a geração de nossos avós que o bem-estar de uma mulher hétero dependa por completo de garantir o afeto masculino.

Não é estritamente verdadeiro que mulheres heterossexuais confiantes, realizadas, com idade suficiente para investir em um colchão decente sejam, de todo, incapazes de encontrar alguém com quem dividi-lo. Há opções, mas muitas delas são pouco atraentes ou até perigosas.

Tampouco é o caso de que mulheres hétero e bissexuais não desejem parcerias românticas com homens. A maioria delas deseja – mas não tanto quanto desejam as coisas das quais teriam de desistir por tal parceria. A maior parte de minhas amigas solteiras, realizadas, confiantes têm ideia bem clara do motivo para não estarem rodeadas de pretendentes. O problema é que as coisas que afastam os homens são, muitas vezes, aquelas das quais elas mais gostam em si mesmas.

Às mulheres, agora, é permitido desejarem outras coisas mais do que o amor e a aprovação dos homens, e essa é uma mudança que, aos poucos, vai transformando a sociedade como a conhecemos. Enquanto isso, estou cansada de ver as mulheres mais brilhantes que conheço desperdiçarem suas energias, partirem seu coração e perderem tempo em intermináveis estágios não remunerados de romance heterossexual, à espera do convite para entrarem no coração dos homens, mesmo sabendo que na mesma hora vão receber um esfregão, um balde e a ordem para começarem a limpeza. Estou cansada de ver minhas amigas mais sensíveis e empáticas reconfigurando-se ao redor de namorados medíocres, despejando todo seu cuidado e trabalho emocional para manter em pé as vítimas do capitalismo tardio, como se a única maneira pela qual uma mulher pudesse mudar o mundo fosse um homem por vez. E, como no restante da *gig economy*, a trabalhadora ideal é jovem, vulnerável e fácil de explorar.

Mulheres escritoras, artistas, criadoras, profissionais enfrentam a mesma dificuldade que os homens para alcançar destaque em seus ramos de atividade. Temos que encarar a batalha, o trabalho duro, os serões, os anseios e a insegurança paralisante. Temos que lidar com tudo com que os homens lidam – e ainda temos que lidar com eles. Temos que corresponder às expectativas deles, sermos brilhantes o suficiente para sermos notadas, mas, de algum modo, não interessantes o bastante para deixá-los com raiva. Se temos deficiências, se somos neuroatípicas, *queer*, indígenas ou "não brancas", é ainda mais difícil atingir esses padrões. E, quanto mais nos desviamos do ideal romântico, menos espaço de manobra temos para cometer um único deslize em qualquer outro aspecto de nossa vida.

Ao longo dos séculos, os homens criaram um sistema social, econômico e político que torna quase impossível para as mulheres rejeitá-los. É por isso que a noção de que o consentimento feminino possa ter importância mais que efêmera cria semelhante dissonância cognitiva.

Não se trata de os homens não terem mais nada a oferecer às mulheres. Ao contrário. Mas o que eles têm a oferecer não é o que aprenderam a dar valor. O famoso livro de Jon Birger, *Date-Onomics: How Dating Became a Lopsided Numbers Game*, de 2015, argumenta que o "mercado" do namoro tem um viés que favorece os homens por causa da relativa escassez de homens com ensino superior aptos ao casamento. O livro, exatamente o resultado que se esperaria se um estatístico tentasse escrever pornografia *soft*, dá como fato que a "formação universitária" é o principal fator de escassez, quando, na verdade, muitas mulheres procuram um parceiro com personalidade equilibrada, não com fundo de aposentadoria estável. Nível superior não garante nenhum dos dois. É interessante que, ao construir seus modelos estatísticos de homens "namoráveis", Birger deduz do total o número de graduados indisponíveis às mulheres por serem *gays*, mas não o número de graduados impróprios para namoro por serem, por exemplo, eternos bebezões parasitas e manipuladores, curtidos em vergonha tóxica. Esses homenzinhos chorões não entram nas estatísticas porque ainda se considera que, nos relacionamentos com mulheres, como em outros aspectos, o caráter real de um homem não importa.

Sei que o conceito de caráter é adoravelmente retrô. Sei que agora estamos no futuro, em que toda característica humana deve ser reduzida à lógica do mercado. Mas isso não muda o fato de que, na luta para serem "homens", os homens lutam para serem humanos. E, gosto à parte, decência humana é o que a maioria das pessoas espera de relacionamentos saudáveis. Em especial porque, à medida que as mulheres heterossexuais se tornam mais independentes, todas as outras coisas que tradicionalmente eram ensinadas a buscar nos homens – segurança financeira, capacidade de defendê-las contra malfeitores errantes – não são apenas menos comuns como também menos importantes.

A conclusão final é a de que os homens não são obrigados a escolher entre serem poderosos e independentes e amados, e as mulheres o são. Talvez um dos motivos pelos quais muitos homens parecem temer tanto mulheres realizadas, bem resolvidas, é o medo bem fundamentado de que eles também terão que ser mais bem resolvidos. Se já não são mais úteis somente por causa de seus contatos e do conteúdo de sua carteira, talvez tenham que trabalhar no conteúdo de seu caráter.

A recusa em se conformar com a mediocridade na vida ou no relacionamento é um ato mudo e pessoal de rebeldia para mulheres e *femmes*. De fato, uma característica comum às mulheres que conheço tão bem-sucedidas, felizes e confiantes quanto possível em uma época de crise global é que elas *se recusam* a se conformar – em qualquer aspecto da vida. Sabem o próprio valor, ou aprenderam a agir como se o soubessem. Querem lugar à mesa, uma fatia da torta; não vão aceitar migalhas a um canto. A maioria delas levou anos para desenvolver tal mentalidade. Por que iriam mudar agora por um homem que um dia pode deixá-las na mão? Um emprego permanente não vai deixar você na mão só porque conheceu alguém no Instagram que a escuta de verdade. Seu trabalho pode desaparecer, mas não vai levar toda sua louça fina. Suas economias podem oferecer apenas a segurança permitida pelo sistema financeiro global, mas, ainda assim, são muito mais confiáveis que muitos homens *millennials*.

Diante da escolha entre o amor dos homens, por um lado, e segurança, independência e poder pessoal, por outro, muitas mulheres estão escolhendo a segunda opção. Não é uma escolha fácil. Ainda causa pena. Contudo, para cada vez mais mulheres, é uma escolha positiva – que pode mudar para sempre as relações de poder entre os gêneros.

Se as mulheres já não estão mais correndo para cumprir um cronograma desesperado, tentando achar um homem apto ao casamento antes que a música pare na grande dança mercenária das cadeiras que é o namoro moderno, se as mulheres não mais estão obrigadas a buscar o amor segundo as condições dos homens, se estamos preparadas para nos afastar do amor que nos fere, humilha e exaure, isso é mais que empoderamento. É uma nova forma de acordo coletivo na esfera do trabalho do amor.

Muitas mulheres ainda têm dificuldade de se afastar dos homens – mas não tanto quanto costumava ser. Quando as mulheres heterossexuais são infelizes no amor, em geral são convencidas de que a culpa é de sua própria inadequação ou das escolhas ruins – elas só precisam se esforçar mais para serem adequadas como namoradas e escolher com mais sabedoria, da próxima vez. Essa narrativa não oferece a possibilidade de que talvez não seja apenas culpa das mulheres que uma proporção significativa dos homens heterossexuais simplesmente possa não ser de parceiros bons o bastante, por terem sido criados para encarar os relacionamentos como algo a ser adquirido, não que talvez exija esforço da parte deles. A revolução sexual não diz respeito a escolhas melhores por parte das mulheres – diz respeito a dar às mulheres mais opções de verdade.

Para algumas pessoas, isso é ir longe demais. É radical demais permitir às mulheres saírem em massa de relacionamentos medíocres nos quais o amor não é retribuído, em que não lhes são dispensados o cuidado, a dignidade e a autonomia que merecem. No entanto, cada vez que uma mulher se recusa a acreditar que o problema está nela, a tolerar o desrespeito, a covardia e a violência como o preço a ser pago pelo amor, torna-se muito mais fácil ao restante de nós fazer o mesmo. E mulheres e garotas já estão se afastando de relacionamentos heterossexuais perigosos, insatisfatórios, exaustivos, escolhendo a própria liberdade em vez da segurança muitas vezes precária do amor masculino, não importando o custo social. Há mais mulheres solteiras sustentando a si mesmas no mundo desenvolvido atual que em qualquer momento da história documentada. Isso é revolução sexual.

Enquanto as taxas de casamento e natalidade continuam a cair, os governos ao redor do mundo estão começando a entrar em pânico, e os partidos de extrema direita defendem abertamente a volta das mulheres aos papéis tradicionais de mães e esposas. A heterossexualidade não está funcionando para as mulheres – assim, como poderiam elas ser coagidas a voltar para a cozinha? A solução mais óbvia, que, no entanto, parece não ocorrer aos conservadores, é apenas fazer *a heterossexualidade funcionar melhor para as mulheres* – com todo o esforço e a estrutura econômica que isso requer. Com frequência, parece que os homens heterossexuais farão qualquer coisa para forçar as mulheres a amá-los, menos a única que elas de fato querem que façam: retribuir o amor delas e tratá-las com respeito básico.

Em vez disso, a única solução socialmente aceitável até o momento parece ser que as mulheres heterossexuais reduzam suas expectativas. A ideia de que talvez seja necessário que os homens se esforcem para ser parceiros melhores ainda é tabu na política moderna, tanto que muitos eufemismos fantásticos são utilizados para disfarçar esse fracasso basilar. Mas as mulheres, por todo lado, estão se recusando a se conformar com homens que se negam a realizar esse esforço – e, cada vez que uma mulher finalmente decide que prefere se sentir bem a ser boa, uma fração de mudança ocorre no mundo e de forma permanente.

O amor heterossexual só será livre de verdade quando as mulheres puderem escolher estar com os homens não porque precisam, mas porque querem – quando o amor não for mais um serviço que um sexo presta ao outro, e quando todo mundo, de todos os gêneros, for convidado ao desafio do trabalho do amor. É uma ideia romântica, no sentido original de romance, que nada tem a ver com flores e lugares-comuns ou com uma desesperada dança das cadeiras. O romance é o triunfo do possível sobre o meramente provável.

Como seria viver em um mundo onde houvesse amor, prazer e cuidado suficientes? Onde as pessoas não tivessem que lançar mão de tramas, trapaças e intimidação para obter afeto umas das outras? Onde homens, mulheres e todos os demais pudessem conviver como iguais e olhar no rosto uns dos outros, com todos os defeitos e desilusões amorosas e feridas, e tentar trabalhar juntos, como seres humanos, enquanto o mundo muda? Como seria amar um ao outro sem a camisa de força do gênero? Talvez seja porque sou romântica – mas ainda acho que vamos descobrir, um dia.

7
Corpos de Trabalho

Em quase qualquer ramo de atividade imaginável, a sexualidade tem sido usada como arma contra o avanço das mulheres. A violência sexual no ambiente de trabalho funciona como forma de garantir que, em ambientes dominados por homens, as mulheres saibam seu lugar e lembrem-se de seu papel: cale a boca e sorria ou aguente as consequências. Para cada homem famoso que perdeu o emprego por não conseguir manter as mãos longe de suas estagiárias, há centenas de mulheres brilhantes, talentosas, que jamais ascenderam na carreira, nunca conseguiram fazer pleno uso de suas capacidades ou contribuir para a cultura. Essa é a parte que, muitas vezes, nem sequer é mencionada quando falamos sobre trabalho e sobre quem faz o trabalho que importa no mundo.

O movimento #MeToo começou como campanha contra o assédio sexual no ambiente de trabalho. Primeiro, as mulheres no universo relativamente exclusivo da mídia, do entretenimento, da política e da tecnologia manifestaram-se sobre a humilhação e o silenciamento que sofriam enquanto tentavam desempenhar as atividades para as quais haviam sido contratadas. Em seguida, com um pouco menos de barulho, as mulheres de ramos de atividade de remuneração mais baixa e menos glamorosos começaram a fazer reivindicações. Trabalhadoras de lanchonetes. Trabalhadoras rurais. Trabalhadoras domésticas. Membras das forças armadas. Logo, homens no mundo todo começaram a perder os empregos por causa de violência sexual – e isso continua a ter implicações enormes.

Os sistemas legais tradicionais mostraram-se totalmente inadequados para a tarefa de controlar a violência sexual, o sexismo e o racismo institucional. Como resultado, recaiu sobre os empregadores a incumbência de providenciar algum tipo de reparação e de serem os porta-vozes da mudança cultural. Em anos recentes, tem sido muito mais provável indivíduos acusados de abuso, assédio ou preconceito ativo perderem o emprego ou serem forçados a renunciar a posições de influência a enfrentarem alguma consequência legal. A reputação corporativa, em suma, tornou-se substituta da ética coletiva.

Quando um homem perde o emprego porque a empresa ou os colegas não podem tolerar seu comportamento – sobretudo se ele é homem branco influente –, isso é visto como ataque coletivo pela cultura mais ampla. O rebaixamento ou o desemprego são uma humilhação em vários níveis, em uma cultura que valoriza o trabalho como disciplina moral máxima e considera o sucesso profissional sinônimo de virtude pessoal. A ideia de que os homens e as mulheres brancas possam, de repente, estar sujeitos a padrões éticos mais elevados no ambiente de trabalho provoca repulsa, por sinalizar mudança nas normas sociais.

Boa parte da reação, ao longo da última meia década de renúncias públicas e demissões de destaque nos meios midiático, cultural, acadêmico, financeiro, político e do entretenimento, centrou-se na perda que tudo isso representa, nas contribuições valiosas que esses homens e essas mulheres brancas poderiam ter feito se lhes fosse permitido continuar seu trabalho sem questionamentos.

Esse argumento não faz sentido por dois motivos. Primeiro, porque pressupõe que uma pessoa que age rotineiramente com base em valores racistas ou sexistas pode criar trabalho, ou contribuir com ele, sem envolver esses valores. Segundo, porque ignora a perda maior sofrida pelo campo de atividade e pela cultura em decorrência de séculos de preconceito sistemático.

O mercado de trabalho capitalista *sempre* foi um mecanismo de aplicação de normas de gênero e raça. Quando "pessoas não brancas" e mulheres brancas são preteridas em promoções, forçadas a sair do emprego por assédio ou nem são contratadas, essa não é apenas uma perda individual – é um prejuízo para a sociedade, no sentido de que talento e inovação sofrem supressão sistemática para que haja concentração de poder, dinheiro e influência nas mãos de pessoas brancas e dos homens. Nos Estados Unidos, a cada ano, a Comissão para a Igualdade de Oportunidades de Emprego (EEOC) recebe cerca de 100 mil queixas de discriminação no trabalho por causa de raça, sexo, gênero e aptidão física – menos de um em cada cinco desses casos resulta em reparação.[1]

Enquanto a sociedade educada continua a vociferar contra a "cultura do cancelamento", os ricos e bem-sucedidos lamentam as demissões por preconceito como sendo "justiça de multidão", chegando ao ponto de chamar essas campanhas de "caça às bruxas" e "linchamentos". É significativo que, quando os brancos e ricos sentem que estão sendo injustiçados, recorrem à linguagem utilizada para descrever a violência real, física, assassina, praticada em um passado recente sobre os corpos de pessoas pretas e pardas e de mulheres brancas.

O mercado de trabalho moderno é um mecanismo de aplicação das hierarquias de poder racial e de gênero. O pressuposto de que a atenção sexual não desejada seria parte do trabalho para qualquer pessoa feminina com emprego remunerado deveria há muito ter sido sepultado com uma estaca no coração. Ele persiste, porém, porque a violência sexual – incluindo assédio sexual no ambiente de trabalho – é uma forma de disciplina. É uma ferramenta de controle social. É uma maneira de demonstrar quem, coletivamente, tem poder – quem tem direito ou não a estar em um ambiente de trabalho. É uma expressão do ressentimento da presença de mulheres, pessoas *queer* e "homens não brancos" naquilo que foi, por muitas gerações, considerado espaço privilegiado dos homens brancos. É óbvio que a ideia de que as mulheres não deveriam estar no "mercado de trabalho", que usurparam o *status* "natural" e o potencial de remuneração dos homens, é conflitante com a realidade de que elas sempre trabalharam e de que seu trabalho sempre foi necessário.

O assédio sexual no ambiente de trabalho desempenha o mesmo papel do assédio de rua – um lembrete constante de que, seja quem for, e sejam quais forem suas realizações, você é, antes, um corpo, e esse corpo não é de todo seu. Em 2009, a Universidade Cornell publicou um estudo que revelou que, nos Estados Unidos, as garçonetes com cabelos loiros, cintura mais fina e seios grandes recebem gorjetas maiores que aquelas sem essas características.[2] A descoberta circulou entre os responsáveis pelas contratações nos restaurantes, ansiosos por alavancar as vendas nesse mercado de 799 bilhões de dólares. Assim como as atrizes de Hollywood, as garçonetes sofrem assédio sexual endêmico – de fato, 90% das mulheres do ramo de restaurantes dos Estados Unidos relatam serem objeto de investidas sexuais não desejadas no trabalho, e mais da metade diz que essas interações ocorrem todas as semanas, de acordo com um relatório do Centro de Oportunidades de Restaurantes, de 2014.[3] Para o ramo de restaurantes – que emprega 10% da força de trabalho total dos Estados Unidos, sendo duas mulheres para cada homem –, a magnitude do assédio sexual é difícil de imaginar, sobretudo quando se considera que a maioria das trabalhadoras tem pouca proteção no trabalho. Nos Estados Unidos, os trabalhadores de restaurantes dependem das gorjetas dos clientes para complementar o salário – o que significa que o pagamento que entra depende de terem de aturar o mau comportamento dos fregueses.

Nem todos os trabalhadores podem se dar ao luxo de reclamar do mau tratamento. Isso vale em dobro para trabalhadores rurais e domésticos. Décadas atrás, nos Estados Unidos, ambas as categorias foram excluídas da Lei Nacional das Relações Trabalhistas, que deu aos trabalhadores o direito de se organizar e negociar de forma coletiva, e da Lei de Padrões Justos de Trabalho, que criou o salário mínimo e proteções relacionadas às horas extras.[4] Essa foi uma resposta direta à pressão dos legisladores sulistas, em grande parte porque uma proporção imensa das pessoas empregadas no trabalho rural e doméstico eram – e ainda são – "pessoas não brancas". Atualmente, há mais de 700 mil mulheres trabalhadoras rurais nos Estados Unidos e mais de 2,2 milhões de trabalhadores domésticos, a maioria mulheres.[5] Trabalhadores domésticos também têm impressionantes três vezes mais chance de viver na pobreza que os demais trabalhadores.[6]

Com frequência, tanto o trabalho doméstico quanto o rural são isolados e invisíveis, tendo lugar por trás das portas fechadas de residências particulares, ou nos campos, ou nos galpões de acondicionamento dos Estados Unidos, de modo que as mulheres dessas forças de trabalho estão particularmente vulneráveis à agressão sexual e ao assédio. Oito em cada dez trabalhadoras rurais entrevistadas em um estudo recente da Human Rights Watch relataram assédio sexual.[7] O feminismo neoliberal "de escolha", que considera a liberação feminina uma questão de fazer melhores escolhas na vida e de dar mais duro no trabalho, não tem quase nada a dizer a mulheres e garotas que já trabalham tão duro quanto um ser humano é capaz e ainda têm pouca ou nenhuma proteção.

Durante muito tempo, o feminismo foi repaginado como escolha de modo de vida ideal: dê duro no trabalho, faça acontecer até cair exausta, aumente o volume dos cílios, abafe sua personalidade, e você também poderá ser aquela executiva com cabelos cheios de movimento e aquela babá na discagem rápida, comendo salada sozinha em seus doze minutos de tempo livre semanal. Foi vendida às mulheres a ideia de que o direito de fazer o trabalho dos homens era o único direito humano que importava. De fato, a ideia de que o trabalho remunerado em si, por mais árduo e mal pago que seja, é sinônimo de liberdade é uma das grandes falácias de nossos tempos.

O jantar anual do Clube dos Presidentes foi, no passado, um dos eventos mais exclusivos do calendário social de Londres. Festança extravagante para políticos e cavalheiros de ternos sob medida, exclusivamente masculina e apenas para convidados, o jantar tem sido, há muito, tachado como noitada de consagrado hedonismo. Isto é, até que, em 2017, uma investigação realizada sob disfarce expôs o que de fato estava ocorrendo. Madison Marriage, jornalista do *Financial Times*, fazendo-se passar por garçonete, revelou que o evento era sórdido e patético. Na ocasião, ocorreu um leilão filantrópico, e os prêmios incluíam cirurgias plásticas – para "apimentar sua esposa", como brincou o anfitrião.[8]

As jovens garçonetes não foram informadas, de modo explícito, que deveriam servir mais que comida. Entre cantadas grosseiras e passadas de mão desajeitadas, um detalhe se destacava: a frequência com que, segundo Marriage, os convidados seguravam e afagavam as mãos das garotas. A confusão entre intimidade e sexualidade predatória com a expectativa de cuidados que deveria acompanhar o poder é algo triste de suportar em troca da remuneração de uma noite. Não só rir das piadas dos homens ricos e aguentar suas mãos bobas, mas também ter de escutar os problemas deles. Os detalhes lançaram uma luz muito desfavorável sobre aqueles homens. O evento ficou marcado como um Valhala moderno de indulgência masculina, em que os homens podiam compensar seu mau comportamento com generosas doações à caridade, o dinheiro comprando-lhes um passe moral.

Parte do trabalho feminino nessas situações sempre foi fingir estar impressionada com esse tipo de homem. O fiasco do Clube dos Presidentes teve o mesmo clima das exigências de trabalho feitas às comissárias de bordo na década de 1960, antes que os casos judiciais envolvendo a Pan Am ajudassem o mundo a encontrar palavras para o assédio sexual no trabalho. As comissárias que trabalhavam nas linhas aéreas Pan American estiveram entre as primeiras a levar os patrões ao tribunal para exigirem tratamento menos degradante no trabalho. Eram empregos difíceis e cobiçados, em uma época em que as oportunidades para mulheres ainda eram restritas em muitas áreas – as comissárias de bordo em companhias aéreas norte-americanas tinham que usar trajes grotescamente reveladores e aguentar mãos-bobas, propostas e rotina de assédios dos passageiros, os quais eram explicitamente informados de que o serviço de bordo erotizado estava incluído no preço da passagem. As campanhas de publicidade dirigidas aos executivos dos anos 1960 prometiam: "Todos recebem cordialidade, simpatia e um cuidado a mais. E alguns podem conseguir uma esposa".[9]

As mulheres eram submetidas a pesagens regulares, e pesar mais de 63,5 quilos era motivo de rescisão de contrato – a menos que a mulher tivesse mais de 32 anos, caso em que era automaticamente demitida (de acordo com Jeri Fonté, ex-comissária de bordo da American Airlines, o ditado era: "Trinta e dois, tchau, tchau").[10]

Quando as comissárias, afinal, se organizaram para exigir mais respeito no trabalho, tiveram alguma dificuldade para explicar aos mediadores que o trabalho de comissária de bordo, como o da garçonete, era, de fato, uma profissão. Hoje, trabalhos "feminizados" – funções que envolvem organizar, limpar, alimentar e cuidar dos outros – ainda são rotineiramente mal remunerados, apesar de serem os mais vitais ao funcionamento continuado da sociedade.

Durante os *lockdowns* da Covid-19, quando em todo o mundo os "trabalhadores essenciais" tiveram permissão para continuar a realizar seus serviços, enquanto o restante da sociedade se abrigava em casa, logo ficou claro que há desconexão entre quão "essencial" é o trabalho de uma pessoa para os demais e quanto esse trabalho é valorizado.

Hoje, muitas mulheres heterossexuais ainda se veem presas a relacionamentos, ainda que com homens gentis e amorosos, nos quais o peso de séculos de tradição patriarcal se choca com as demandas implacáveis do mercado de trabalho moderno. Essa não é uma discussão abstrata. A recusa em reconhecer e dar suporte à maternidade e ao trabalho doméstico na economia tem graves consequências. Se não há suporte ao trabalho de cuidados parentais e comunitários, isso deixa as pessoas obrigadas a prestá-los – na imensa maioria mulheres, em especial as da classe trabalhadora – dependentes de homens para sua subsistência. Ao longo da última década, os salários caíram em termos reais, e a seguridade social foi dizimada. Ao mesmo tempo, o custo de criar os filhos elevou-se acima das possibilidades de muitas mulheres trabalhadoras – a menos que, como um terço das mulheres trabalhadoras do Reino Unido, elas escolham passar fome para poderem pagar por isso.[11]

O significado disso é que tanto na economia paga quanto em casa muitas mulheres estão descobrindo que sua sobrevivência diária, e a de seus dependentes, depende de manter felizes os homens à sua volta – de estampar um sorriso no rosto e tolerar certa quantidade de trabalhos enfadonhos, seja como empregada, seja como parceira. Como pode uma pessoa com doença crônica, cuja assistência médica depende que ela mantenha o emprego, sentir-se segura para manifestar-se sobre assédio no trabalho quando não pode se dar ao luxo de deixar o emprego? Como pode uma pessoa com financiamentos estudantis, hipoteca e filhos pequenos para cuidar ter condição de largar um marido que a espanca, um parceiro que a estupra, sabendo que fazer isso vai significar a penúria para ela e sua família?

Mais de dois terços das sobreviventes de abuso doméstico relataram que os parceiros regulavam o dinheiro como método de controle e de maus-tratos, de acordo com um relatório recente do grupo Women's Aid. "As mulheres nos relataram que o medo das implicações financeiras de irem embora fez que ficassem com os parceiros abusivos muito mais tempo do que teriam ficado se tivessem independência financeira", disseram os pesquisadores.[12]

Quase metade das mulheres entrevistadas disse não ter dinheiro suficiente para pagar por gastos essenciais, como comida e contas, quando estava com o parceiro abusivo, e mais de duas em cada cinco mulheres estavam endividadas como resultado de abuso econômico, enquanto um terço teve de abrir mão da casa por ter sofrido abuso econômico ou deixado o parceiro abusivo.

A economia política da heterossexualidade está estruturada de modo a manter as mulheres dependentes dos homens. Uma razão importante para a desigualdade salarial entre os gêneros não é apenas que as mulheres recebam menos para realizar os mesmos trabalhos. Em vez disso, é porque ainda é quase impossível conciliar a tarefa de ser a principal cuidadora das crianças com um trabalho em período integral, mesmo que você esteja entre a afortunada minoria que tem condição de contratar empregados – em geral, outras mulheres, mais pobres. O ideal, para quem pode alcançá-lo, é o que é conhecido como "equilíbrio entre trabalho e vida pessoal" – o que, na prática, revela ser uma precária caminhada na corda bamba entre diferentes tipos de trabalho, sem que haja rede de segurança para as mulheres que perdem o equilíbrio. É claro, as mulheres ainda estão sobrecarregadas com a tarefa menor de dar continuidade à espécie, mas agora se espera que executem esse trabalho arriscado, perigoso e exaustivo em qualquer tempo livre que possam arranjar entre os turnos de uma economia remunerada em que mulheres e garotas estão concentradas nos empregos com menor remuneração e menos estáveis.

Não há provisão para a maternidade no esquema do mercado de trabalho moderno. Nos Estados Unidos, a licença-maternidade remunerada é uma raridade, e em quase todas as economias desenvolvidas as mulheres devem, agora, se desdobrar para atender às demandas do "trabalho" e da criação dos filhos. No estágio crucial do meio de carreira, quando homens com 20 e 30 anos estão construindo suas reputações, as mulheres com filhos, de repente, estão focadas em tentar manter o que têm. Isso é apresentado, casualmente, como "escolha" – as mulheres escolhem ter bebês, sabendo que o mercado não as premia por isso.

Historicamente, tempos de crise econômica desencadearam uma obsessão popular pelos "papéis de gênero tradicionais" e um pânico quanto à "crise da masculinidade". Foi o que aconteceu nos anos 1980 sob as administrações Reagan e Thatcher. Foi o que aconteceu nos anos 1930 na Europa e nos Estados Unidos. Foi o que aconteceu em meados do século XIX, à medida que as revoluções se espalhavam pelo Norte global. Está acontecendo agora, quando as angústias sobre classe foram transpostas para o sexo e a raça.

Com frequência, as mulheres estão mais dispostas a assumir os serviços de bosta, mal remunerados, para realizar o "trabalho emocional" identificado primeiro por Arlie Russell Hochschild no tratado essencial sobre o "coração gerenciado".[13] As mulheres, em particular as jovens, não se surpreendem quando lhes é oferecida a chance de serem usadas, abusadas e humilhadas nas festas de arromba dos ricos, porque se supõe que nunca queiram nada diferente. Sobretudo as mulheres pobres. Principalmente as "mulheres não brancas". Os homens, em contrapartida, foram criados para esperar dignidade e decência no trabalho, respeito e segurança fora dele, e, quando nada disso está disponível, é muito mais fácil voltar-se contra as mulheres e culpá-las.

As mulheres, porém, têm sido tão enganadas quanto os homens. Agora elas podem ter permissão legal para exercer as mesmas funções mal remuneradas e sem estabilidade que os homens, mas isso não significa que devem se sentir gratas por isso. As mulheres também estão tentando continuar na luta, para cuidar de si mesmas e de suas famílias, e quando uma mulher exige uma fração do amor, do cuidado e da atenção – e até, vamos dizer bem baixinho, do prazer que se supõe que deva aos homens – a resposta vai da perplexidade à violência declarada.

Ao longo dos séculos XX e XXI, a afirmação de que as garotas poderiam fazer qualquer coisa foi redirecionada para a afirmação de que as garotas poderiam fazer tudo, sem nenhum agradecimento e de graça. Isso foi, por muito tempo, o limite máximo do significado da liberação política feminista nos círculos refinados e liberais – as mulheres tinham a liberdade de trabalhar tanto na esfera doméstica quanto fora dela, e era por isso, afirmava-se, que nossas antepassadas haviam lutado, e agora a luta fora ganha. Fim de jogo. Voltem para casa, senhoras – seus filhos estão esperando o jantar, e vocês podem lavar mais uma batelada de roupa e ainda terem seis horas de sono. O fato de que as mulheres não pertencentes à aristocracia sempre trabalharam "fora" de casa foi convenientemente ignorado, assim como o de que, para a maioria das trabalhadoras, a liberdade de labutar cinquenta horas semanais para dar lucro a outra pessoa nunca constituiu a maior liberdade imaginável. Poucos movimentos saíram às ruas pelo direito de passar menos tempo com a família.

Exatamente da mesma forma, o clichê de que a mulher trabalhadora moderna pode "ter tudo" – desde que "tudo" signifique uma vida de cega conformidade ao triunvirato de patrão, marido e filhos – transformou-se na obrigação, para as mulheres, de fazer tudo, e mais depressa, e por dois terços do salário. Se elas se sentem infelizes, se faz anos desde que se recordam de terem se divertido de verdade, e ficam acordadas às quatro da manhã com um filho doente e um prazo estourando no dia seguinte, tremendo de exaustão... bem, não foi por isso que o feminismo lutou? Não era isso que a liberdade significava? Se as mulheres estão infelizes, não será delas mesmas a culpa por não terem feito acontecer o bastante, trabalhado o bastante, sido melhores, feito mais?

É isso que o feminismo neoliberal "de escolha" deveria significar, de acordo com a lógica daquelas que confundem o fato de não ter, há anos, uma boa noite de sono com estarem "despertas". O patriarcado relaciona o potencial econômico e a atividade de uma mulher à sua fertilidade e feminilidade percebidas. Ela só pode ganhar bem em seu trabalho se também estiver realizando o trabalho de ser uma "boa mulher" – padrão social em constante mudança, basicamente inatingível, e de propósito.

Se entendemos o corpo das mulheres como local de trabalho, é igualmente importante entendermos que as mulheres são alienadas de seus corpos do mesmo modo que todos os trabalhadores são alienados da propriedade de seu trabalho – e pelas mesmas razões. Cada vez que uma mulher tenta reivindicar seu corpo, isso deve ser entendido como o equivalente a uma greve fabril ou uma ocupação.

Nessa mesma linha, é vital que as mulheres, individualmente, abandonem a ideia de que a injustiça econômica estrutural vai passar ao largo caso sejam bonitas, agradáveis e bem-comportadas. É essa mesma fantasia que mantém trabalhadores do mundo todo empenhados e escravizados em empregos que erodem sua dignidade e destroem seus corpos: eles creem que é possível escapar de um sistema explorador se se esforçarem mais no trabalho. Leram várias histórias nas quais o trabalho duro e a iniciativa são recompensados e, mesmo que consigam ver como é injusto e desigual o mercado de trabalho, ainda creem que podem ser aqueles a ter sorte. De fato, a mobilidade social – a chance bruta de que uma pessoa fuja da classe social em que nasceu – apenas se reduziu ao longo da década passada, enquanto, ao mesmo tempo, a crença em sua narrativa ganhou impulso. Quanto mais difícil se torna o mundo laboral, mais cremos poder escapar dele em suas próprias condições. O trabalho tornou-se uma religião para minha geração exausta, ainda que pareça estarmos destinados a sermos a primeira geração na história recente a ganhar menos dinheiro, ter menos propriedades e morrer mais cedo que nossos pais.

O único caso em que o feminismo *mainstream* reconhece que o trabalho em si pode ser um problema é quando se trata do trabalho sexual. Durante décadas, as feministas estiveram divididas ao discutir se o trabalho sexual é inerentemente abusivo. Muitas ativistas pela abolição do comércio sexual alegam que não é possível considerar a prostituição livre escolha, pois ninguém pode dar consentimento por um trabalho que é obrigado a realizar para poder sobreviver.

Mas é possível a uma pessoa dar seu consentimento, de maneira significativa, em qualquer tipo de trabalho, se é obrigada a realizá-lo para sobreviver? Essa questão só é levantada em se tratando de trabalho sexual – e essa é uma omissão reveladora. Em sociedades que, nos demais aspectos, veneram o livre mercado e afirmam que liberdade significa permitir que as pessoas vendam o que quiserem e como quiserem, as trabalhadoras sexuais ainda são estigmatizadas e criminalizadas. Muitas organizações feministas públicas e privadas apoiam que a polícia intervenha e impeça as mulheres, em particular, de venderem sexo. A maioria das organizações que se opõe ao trabalho sexual quer que as acusações criminais recaiam, sobretudo, sobre homens que compram sexo – mas, na prática, é quase impossível criminalizar o consumidor sem consequências para a trabalhadora sexual, mais ainda se ela não tiver documentos. As entidades filantrópicas antiprostituição têm trabalhado com polícias de fronteira para rastrear e deportar trabalhadoras sexuais migrantes.

Essa cooperação com o estado carcerário baseia-se em um argumento moral singular: que, por definição, para pessoas em situações desesperadas, é impossível consentir ao fazerem sexo quando precisam do dinheiro.

"A presunção da escolha [pelas trabalhadoras sexuais] leva à conclusão de que há consentimento", escreve Rachel Moran, ativista contra o comércio sexual e ex-trabalhadora sexual, no livro de memórias *Paid For: My Journey Through Prostitution*. No entanto, continua ela,

> escolha e consentimento são conceitos equivocados aqui. Sua falta de validade reside no fato de que a conformidade de uma mulher na prostituição é uma resposta a circunstâncias que estão além de seu controle, e isso produz um ambiente que impede até a possibilidade de consentimento verdadeiro. Há uma diferença entre consentimento e submissão relutante. Como diz a advogada e estudiosa Catharine MacKinnon, "Quando o medo e o desespero produzem a aquiescência, e aquiescência é entendida como consentimento, o consentimento não é um conceito significativo".[14]

É um argumento convincente. Mas por que a questão do consentimento no trabalho é levantada apenas no caso do trabalho sexual, não de *todos* os trabalhos? Um motivo pelo qual é tão importante usar a expressão "trabalho sexual" é que ela ressalta tanto o fato de que isso é trabalho quanto que o problema é o trabalho, não o sexo. Em vez de ser "sexo-positiva" ou "sexo-negativa" – as posições tradicionais das feministas nessa questão –, prefiro uma posição "sexo-crítica" e "trabalho-negativa".

Se o trabalho sexual não pode ser consensual, tampouco o podem muitas outras coisas que as pessoas são forçadas a fazer para sobreviver. Mas a resposta não é abolir o trabalho sexual: é abolir, ao menos de forma corrente, todo trabalho que as pessoas são coagidas a realizar, que desperdiçam suas energias e destroem seus corpos, apenas para poderem sobreviver.

É importante lembrar que o feminismo abolicionista – aquele que busca, como objetivo central, eliminar o trabalho sexual – sempre teve aspecto constrangedor de "salvacionismo branco". Suas porta-vozes são, com frequência, mulheres brancas cisgênero ricas que se veem como quem está resgatando as trabalhadoras sexuais, que muito provavelmente serão trans, de classe trabalhadora, estrangeiras, negras ou indígenas. De fato, a narrativa abolicionista quase sempre exclui, de maneira específica, as trabalhadoras sexuais brancas, cis e de classe média. No fundo, isso equivale à premissa racista de que, por exemplo, uma mulher trans negra e sem dinheiro certamente não é capaz de fazer as próprias escolhas – assim, é melhor que uma mulher cis branca e rica intervenha e as faça por ela.

A campanha para abolir a indústria do sexo frequentemente é ligeira em se aliar às forças da lei e ao controle estatal da imigração, pois uma proporção significativa das mulheres que ganham a vida vendendo sexo o fazem por não terem documentos e serem incapazes de acessar a economia "legítima". Em vez de trabalharem para criar um sistema de imigração mais humano, que não aterrorize mulheres refugiadas e migrantes com a ameaça de deportação e de exclusão da economia, as ativistas contra o trabalho sexual aliaram-se aos controles de imigração para deter e deportar trabalhadoras sexuais com o pretexto de "salvá-las" da vergonha da prostituição.

Por que vender sexo ainda é visto como algo vergonhoso, sinal definitivo de que uma mulher é uma "perdida"? Por que esse estigma arcaico ainda perdura, interpondo-se entre as trabalhadoras sexuais e proteções fundamentais em sua ocupação?

Eis uma razão: as trabalhadoras sexuais desestabilizam o mercado sexual.

Acontece da seguinte maneira: se todas as mulheres estão competindo por melhores condições, trocando a sexualidade pela proteção masculina, então as trabalhadoras sexuais estão prejudicando esse processo de negociação – em essência, elas agem como "pelegos", tão ruins quanto os fura-greves. A estigmatização de mulheres trabalhadoras sexuais por aquelas que não o são faz muito mais sentido se entendermos que, por muito tempo, a abstenção erótica – entre aquelas que tinham essa opção – era uma forma de acordo coletivo, uma das únicas maneiras que as mulheres tinham para negociar melhores condições de moradia e trabalho. Você se guardava para um homem melhor e menos brutal – e isso funcionava apenas enquanto você soubesse que quase todas as outras também estavam se guardando. Se todas as outras estavam indo para a cama por dinheiro ou diversão, ou sempre que sentiam vontade incontrolável, privar-se fazia menos sentido.

Emma Goldman – líder anarquista do início do século XX que relatou as próprias tentativas, breves e fracassadas, como trabalhadora sexual na juventude – escreveu que "A esposa que se casava por dinheiro, comparada com a prostituta [...] é quem age como pelego. Recebe pagamento menor, dá muito mais em troca em termos de trabalho e cuidado e está totalmente presa a seu mestre".[15]

A "putafobia" é a face agressiva do *slut shaming*, mas ambas têm a mesma função em nosso roteiro sociossexual. A raiva relacionada às trabalhadoras sexuais, e dirigida contra elas, com frequência se deve ao fato de que elas são pagas por aquilo que se espera que as mulheres façam de graça. A grande ironia é que, enquanto ainda se espera que as mulheres, de novo e mais uma vez, coloquem sua sexualidade em ação no escritório e em outros lugares, aquelas que explicitamente vendem serviços sexuais continuam sujeitas à estigmatização social, à criminalização e à perseguição estatal. É esperado das mulheres que administrem a sexualidade heterossexual masculina predatória em troca de pagamento – essa é a "vida real", não há alternativa; cresça ou arrume outro trabalho, querida –, mas pedir para ser paga de verdade pelo sexo continua sendo tabu. "Prostituta" ainda é um insulto. Sexo e amor são coisas que não deveríamos reconhecer como trabalho ou pedir que fossem pagos – espera-se que as mulheres os forneçam de graça aos homens, sem exigirem nada concreto em retorno. E isso é, estou convencida, parte da razão pela qual as trabalhadoras sexuais são tão estigmatizadas. Elas ousam pedir dinheiro por aquilo que deveria ser pago em espécie, se chegasse a sê-lo.

Sim, o trabalho sexual é uma ocupação como qualquer outra – mas isso não é necessariamente uma coisa boa. Como vários trabalhos, pode ser chato, exaustivo e inseguro; pode ser ruim para a saúde e o bem-estar; e não confere dignidade automática à trabalhadora, que quase sempre não trabalha nisso porque quer, mas porque foi a melhor maneira que encontrou de pagar as contas. Descrever a prostituição como "trabalho", do mesmo modo como qualquer outra função feita por dinheiro é "trabalho", é incômodo a qualquer um imbuído do pensamento ortodoxo de que emprego remunerado é sempre um bem moral indiscutível.

No entanto, mais uma vez, o problema não é o sexo – é o trabalho. E o trabalho sexual é o único ramo de atividade em que a questão do consentimento dos trabalhadores é levada em consideração. Se uma pessoa tem que vender sexo para sobreviver, poderia ela consentir, de forma plena e livre, com esse trabalho? Essa é uma questão fundamental. Se essa pergunta for feita sobre cada emprego, em cada ramo de atividade, poderá levar a algumas verdades incômodas.

A verdade é que o trabalho doméstico "feminizado", não pago, compulsório, é trabalho de verdade. O trabalho de cuidado é trabalho de verdade. O trabalho reprodutivo é trabalho de verdade. O serviço sexual é trabalho de verdade. Podem ser formas de trabalho cujas recompensas são em espécie e incertas, precárias, traiçoeiras e mal remuneradas, mas todas são trabalho – e, se as aceitarmos como tal, vários pontos importantes ficarão claros.

Primeiro, o sistema de trabalho no capitalismo é fundamentalmente não consensual. A relação que temos com o mundo do trabalho é de exploração – de forma literal e por definição, porque a estrutura e nossa economia existem para extrair lucro do nosso trabalho. Esse sistema é abusivo por natureza, e, por não vermos alternativa, tornamo-nos defensores da nossa própria exploração. Isso significa que qualquer chamamento para melhor compreensão do consentimento – consentimento real – é, inevitavelmente, um chamamento para redefinir o trabalho.

Segundo, a estrutura do mercado laboral moderno age para manter mulheres, meninas e outros corpos "feminizados" em posição de dependência econômica, limitando tanto seu poder pessoal quanto seu poder político. Não é possível haver nada que se assemelhe à justiça econômica em uma nação que se recusa a incluir o trabalho reprodutivo na economia remunerada; em qualquer Estado que insista que mulheres e garotas, em particular "mulheres e garotas não brancas", continuem a realizar a parte da leoa no trabalho doméstico, sexual, emocional e reprodutivo, por salários baixos ou sem salário, e sem um pio de reclamação. É em relação a isso que homens e garotos estão menos preparados, em todos os sentidos, para abrirem mão – o privilégio de não terem que se preocupar com a louça, as tarefas diárias, as ameaças constantes da estrutura social; de suporem que mulheres e garotas vão continuar a cuidar de tudo, consentindo ou não.

Terceiro e último, essa revolução sexual é fundamentalmente uma revolução econômica. É uma demanda por mudança que vai além dos quartos de dormir privados para remodelar a natureza do trabalho e da família. O autoritarismo, pela própria natureza, não consegue lidar com uma cultura do consentimento – e a revolução sexual que se aproxima se recusa a aceitar a autoridade de patrões, maridos ou chefes de família nas tomadas de decisão.

8

A Frente Doméstica

Mais cedo ou mais tarde, toda revolução se resume a quem vai lavar a louça. Apesar de todas as conquistas das mulheres no "mercado de trabalho", há uma frente crucial em que a desigualdade permanece entrincheirada: o direito à igualdade do próprio trabalho. No mundo todo, as mulheres ainda estão realizando a maior parte do trabalho essencial que mantém de pé a sociedade humana, e o fazem, na maioria, de forma invisível e de graça.

Ainda são as mulheres, sobretudo as "não brancas", as principais responsáveis pelas tarefas de cozinhar, limpar, ter filhos e criá-los, sem as quais toda e qualquer economia na face da Terra entraria em colapso da noite para o dia. Em geral, são as mulheres que cuidam dos familiares doentes e idosos; são elas que devotam as energias extras à organização da vida familiar, providenciando que consultas médicas sejam marcadas, detectores de fumaça sejam trocados, aniversários sejam comemorados, traseiros sejam limpos e ânimos sejam acalmados. As mulheres fazem tudo isso não porque o fazem melhor, mas porque alguém precisa fazê-lo, e porque, de forma geral, os homens se recusam a isso.

Se queremos que o mecanismo de empregos, poder e lucro continue funcionando, alguém tem de realizar o árduo trabalho de cuidar de todo mundo. Alguém tem de ter os bebês e criar as crianças que vão crescer para trabalhar com as máquinas. Alguém tem de providenciar que, ao fim do dia, tenhamos um lar ao qual retornar e comida quente na mesa. Alguém tem de garantir que comunidades e famílias não desmoronem. Alguém tem de cuidar de qualquer pessoa jovem demais, ou velha demais, ou doente demais para cuidar de si mesma. E, em geral, são as mulheres que o fazem. A desigualdade de gênero está sedimentada na forma como a economia mundial opera. Tem sido exigido de mulheres e garotas que façam determinados tipos de trabalho com base exclusiva no fato de serem mulheres – então, por serem mulheres, o trabalho que realizam foi falsamente considerado como não tendo significado econômico. "O trabalho de casa não é trabalho. O trabalho sexual não é trabalho. O trabalho emocional não é trabalho", escreve Jess Zimmerman no ensaio "Onde está minha parte". "Por quê? Por que não exigem esforço? Não, porque se espera que as mulheres os forneçam sem serem recompensadas, pela bondade de nosso coração."[1]

Já vimos de que maneira a vida pública está envenenada pelo modo como os homens se veem no direito de ter serviços, atenção sexual e trabalho emocional por parte das mulheres. Essa atitude arrogante não termina na porta do escritório ou nos portões da universidade. Um estudo recente sobre o valor do trabalho feminino não remunerado estimou-o em 10,8 trilhões de dólares no mundo todo – mais que o rendimento conjunto das 50 companhias mais ricas do planeta, incluindo Walmart, Apple e Amazon.[2] Há décadas, mães que também têm trabalho remunerado vêm sendo silenciosamente sufocadas sob a jornada dupla das horas comerciais e das tarefas domésticas. É difícil estimar com precisão a divisão do trabalho doméstico, pois isso depende de dados autoinformados, e as mulheres – atormentadas pela culpa de não serem boas o bastante para fazerem tudo – tendem a subestimar as horas que passam trabalhando em casa; os homens, ao contrário, tendem a superestimar a própria contribuição. Durante os *lockdowns* de 2020 da Covid-19, vários estudos relataram que "a maior parte do trabalho doméstico e do cuidado das crianças associado" à crise recaiu sobre as mulheres.[3]

Os homens, infelizmente, ainda parecem querer donas de casa. Quem não iria querer? Nas últimas décadas, à medida que o emprego de mulheres cresceu a ponto de equivaler ao de homens, os homens mal aumentaram sua cota de trabalho na frente doméstica. Na realidade, as atitudes estão, inclusive, regredindo, pois quase metade dos homens *millennials* agora acredita que as mulheres devem ser as principais responsáveis por cozinhar, limpar e cuidar das crianças. Muitos desses homens se consideram progressistas e manifestam-se favoráveis à ideia da igualdade salarial das mulheres no trabalho remunerado – mas não estão dispostos, quando pressionados, a desistirem do privilégio de ter uma mulher para realizar as tarefas chatas e repetitivas. A divisão desigual do trabalho doméstico é a última batalha não travada da liberação feminina. E é uma batalha que, no passado, foi quase impossível travar – pois ela se desenrola em cozinhas particulares, por trás das portas do quarto de dormir, em relacionamentos individuais em que as mulheres não podem se organizar coletivamente.

Sem maneiras efetivas de coagir as mulheres a continuarem fazendo de graça tal trabalho, o capitalismo, como o conhecemos, ruiria. Não é de surpreender, portanto, que seja no contexto do lar – no contexto da família – que a liberdade sexual e econômica sofre o maior ataque.

Centenas de anos atrás, quase todo mundo trabalhava em casa. Antes da Revolução Industrial, havia pouca distinção entre o trabalho envolvido na produção de bens que uma família pudesse vender – carne, grãos, tecidos, artefatos – e o trabalho necessário para manter funcional essa família. Cozinhar, limpar e criar as crianças não eram atividades diferenciadas. Foi apenas no último século e meio que a ideia de "esferas separadas" de trabalho para homens e mulheres – sendo que apenas uma delas é válida na economia – ganhou corpo. Foi só nos últimos cinquenta anos que a administração de uma casa passou a ser feita por somente uma mulher, sem uma rede estendida de adultos: há não muito tempo, se não empregasse serviçais, havia boa chance de que você fosse um deles.[4] E foi apenas nas duas últimas gerações que a definição de "liberação" para as mulheres se tornou o dúbio privilégio de acumular o trabalho em período integral na economia remunerada com o trabalho não remunerado em período integral em casa.

Isso é conhecido como "ter tudo", mas, outra vez, para alguém sem um batalhão de empregados pagos, a coisa está muito mais para um colapso nervoso. Na prática, você só pode "ter tudo" se for branca, hétero, de classe média e fisicamente capaz; você só pode tê-lo se o que deseja é um cargo num escritório, um casamento monogâmico, filhos e uma casa em uma área promissora; você só pode ter tudo desde que nunca pergunte se haveria, ou poderia haver, algo mais.

Ao longo de minha vida, a ideia aparentemente radical de que as mulheres poderiam fazer qualquer coisa com muita rapidez tornou-se uma ordem de que as mulheres devem fazer tudo, mas rápido, com o cabelo perfeito, parecendo fazê-lo sem esforço, e, se não conseguimos, a culpa é toda nossa.

Ao longo desses mesmos trinta anos, os programas de bem-estar social foram destruídos, os salários, cortados, e os gastos com amparo social, saúde, amparo à invalidez e aos idosos, educação e cuidado infantil, interrompidos, por todo Norte global, enquanto a ortodoxia econômica exigia que o socorro a bancos e isenções de impostos para os ricos fossem financiados por cortes nos gastos públicos. Essas são áreas de atividade que empregavam grande número de mulheres trabalhadoras – assim, depois da crise financeira de 2008, à medida que os programas de austeridade se espalharam pela Europa e pelos Estados Unidos, milhões de mulheres que trabalhavam nos serviços de cuidados se viram diante de cortes salariais e desemprego. Conforme mais governos se recusavam a pagar pelos trabalhos que mantêm a vida, o peso desse trabalho recaiu, na maioria, sobre as mulheres – em grande parte porque os homens se recusaram a assumi-lo. Além do trabalho não remunerado, doméstico e o cuidado das crianças, as mulheres se viram pagando pelo fracasso do sistema financeiro, lutando para sobreviver com salários insuficientes, jornadas de trabalho mais extensas e endividando-se mais. Isso significa enorme transferência de riqueza das mulheres da classe trabalhadora para homens ricos e suas famílias.

A liberação feminina sempre foi uma questão de justiça econômica. Mas o único feminismo pelo qual o capitalismo neoliberal se interessou foi aquele que poderia ser igual a dançar em uma gaiola por dinheiro e acreditar quando lhe dissessem que já havia liberdade: o feminismo de aspiração, *lean-in* ("fazer acontecer"), tão bem sintetizado no livro *Faça Acontecer*, da executiva-chefe de operações do Facebook, Sheryl Sandberg, que fala principalmente para e sobre mulheres brancas heterossexuais ricas do Norte global. Todas as demais deveriam, trabalhando mais e fazendo escolhas melhores, aspirar a ser o mais parecidas possível com uma mulher rica, branca e heterossexual.

Como observou a pesquisadora política Arlie Russell Hochschild:

> A maioria das mulheres sem filhos gasta muito mais tempo que os homens com o trabalho doméstico; com filhos, devotam muito mais tempo tanto ao trabalho doméstico quanto ao cuidado dos filhos. Assim como há diferença salarial entre homens e mulheres no mercado de trabalho, há "diferença de lazer" entre ambos no lar. A maioria das mulheres trabalha um turno no escritório e um "segundo turno" em casa.[5]

O feminismo do "ter tudo", o da escolha – o de mercado – era e continua sendo a única forma de liberação feminina aceitável para a sociedade comercial, o tipo de feminismo que pode ser transformado em aspiração, algo a ser atingido individualmente; algo que pode perder gordura e ser enfiado em um par de sapatos elegantes para pessoas que vendem pincéis de maquiagem e assinaturas de revista; algo que nos faz sorrir até o rosto ter câimbras, a postos para um rodízio de namorados, maridos, patrões. Esse modelo de "mulheridade aspiracional" como trabalho constante, sem reconhecimento e massacrante foi requalificado como sendo empoderador. Onde estão as convocações para que as mulheres sejam liberadas e trabalhem *menos*?

Para as mulheres modernas como classe política, exaustão e liberação são, agora, consideradas sinônimos. Isso é, em parte, função de uma cultura dominante, em que o trabalho duro é imperativo moral – nenhuma mulher moderna que se respeite admitiria abertamente querer *menos* trabalho. Em vez disso, a "mulher liberada" do século XXI trabalha tanto tempo e tão duro quanto qualquer homem, e julga ter sorte. Fica no escritório até o máximo que pode, para provar que vale o salário, então volta correndo para cuidar da casa, executa as tarefas domésticas, cria os filhos e ainda vê se algum amigo ou parente precisa de ajuda. Qualquer folguinha que possa encontrar entre preparar o lanche da escola e lidar com planilhas é devotada a cuidar da aparência, manter o cabelo exuberante e o corpo durinho e o guarda-roupas chique e adequado, esteja ela galgando penosamente os degraus corporativos ou indo a lugar nenhum no simulador de escadas da academia. Se ela acorda à noite perguntando-se quando foi a última vez em que se sentiu uma pessoa, logo terá outro compromisso, outra responsabilidade, e, além disso, sempre haverá betabloqueadores e Botox.

"A luta pela desigualdade é, com frequência, interpretada de forma equivocada como o simples oferecimento, no papel, das mesmas condições oferecidas aos homens", escreveu a falecida jornalista

Dawn Foster no livro *Lean Out*. "Em muitos aspectos, já temos isso. O que não temos é a emancipação: a oportunidade de estarmos livres das amarras sociais e externas que perpetuam a desigualdade."[6]

O trabalho que supostamente definiria a vida das mulheres e daria uma resposta às dúvidas insones da madrugada quanto a ter merecido ou não o ar respirado ao longo do dia é um trabalho, em grande parte, não remunerado e, de forma geral, não reconhecido. Ele é tornado invisível. Nem sequer é visto como trabalho – nem mesmo quando é trabalho pago pelas mulheres mais ricas às mais pobres para ser feito por elas, muitas vezes com sentimento de culpa por terem falhado moralmente como mulheres. "Você é, por natureza, melhor nessas coisas" é o refrão universal do marido ou namorado que não consegue entender por que a mulher que ama é uma "chata", que vive insistindo que ele faça as tarefas domésticas. E um motivo pelo qual é incômodo falar sobre reprodução social é que é impossível fazê-lo sem falar sobre raça e gênero.

Durante séculos, o trabalho de manter incontáveis lares brancos foi realizado por "mulheres não brancas" e, dependendo do país, por mulheres brancas de classe trabalhadora. De fato, ao longo de várias centenas de anos, as sociedades ocidentais e colonizadas pelo Ocidente resolveram o problema da reprodução social com um exército de trabalhadores não pagos ou mal remunerados, a maioria dos quais sem opção melhor que facilitar a vida da classe média e dar sustentação à fantasia da família branca autossuficiente. Isso, e apenas isso, foi o que libertou os homens brancos para que fizessem o trabalho de "ação", nos termos de Arendt – incluindo a "ação" de definir narrativas sociais, a de justificar essas hierarquias como, de certo modo, "naturais".[7]

Tal apelo abjeto à natureza é insidioso. Ele implica que "pessoas não brancas" e mulheres brancas não deveriam reclamar por terem de fazer os trabalhos chatos, repetitivos e sujos porque são "naturalmente" boas em fazê-los, enquanto os homens são "naturalmente" melhores em lutar e colocar fogo nas coisas. As mulheres não deveriam reclamar por terem muitos afazeres – apenas são naturalmente melhores na "multitarefa". Na verdade, estudos têm demonstrado frequentemente que o cérebro humano de qualquer gênero é muito melhor em executar uma tarefa por vez – e ninguém nasce sabendo a lavar um vaso sanitário ou a esterilizar uma mamadeira. Mas a recusa coletiva dos homens a realizar essas tarefas femininas mais desinteressantes, ingratas – ingratas, de modo mais preciso, por serem "feminizadas" e "racializadas" –, é uma incapacidade aprendida que termina por vencer a resistência. É o equivalente doméstico de um cerco. Se ele se recusar por tempo suficiente, ou fizer malfeito, ou tiver que ser lembrado de novo, ou criar muito caso, no fim ela vai concluir que não vale a pena, desistirá e fará ela mesma.

Em vez de ser reconhecida como trabalho, a reprodução social, em geral, é reimaginada como aspecto natural da condição feminina, parte do aluguel que mulheres e garotas devem pagar pelo privilégio de terem nascido em corpos considerados femininos. É um trabalho efêmero, que precisa ser refeito de novo e outra vez. Não é um trabalho que produz lucro direto. Mas é essencial ao capitalismo – e a qualquer sistema econômico humano –, da mesma forma que o trabalho de construir uma infraestrutura, e de abater o gado, e de vender ações a descoberto. É mais importante que boa parte do trabalho que recebe remuneração na assim chamada economia "real" – mesmo que seja, na maioria, feito de graça. A reprodução social é invisível, porém constitui os alicerces de todo restante. É a bagunça de pontos que há no avesso do belo bordado da vida pública, a razão pela qual alguém tem uma camisa limpa para vestir ou uma rede familiar com a qual pode contar. É o trabalho ativo de cuidar de nós mesmos e uns dos outros.

A globalização criou o que a teorista Nancy Fraser chama de "crise do cuidado".[8] Nos anos que se passaram desde a crise de 2008, quando os salários diminuíram e os aluguéis dispararam, o modelo da família nuclear sofreu pressão cada vez maior para arcar com as dificuldades. Em países como a Grã-Bretanha, o peso da austeridade recaiu desproporcionalmente sobre as mulheres, à medida que o serviço social e os programas de atenção a adultos e de cuidado das crianças foram cortados com o intuito de economizar os fundos que o Estado esbanjou socorrendo os bancos. Na Grã-Bretanha, em 2021, foram gastos 37 bilhões de libras a menos na seguridade social para a população em idade ativa em comparação a 2010, apesar da alta de preços e do custo de vida, de acordo com estimativas produzidas pela biblioteca da Câmara dos Deputados[9] – e 86% do peso da austeridade, desde 2010, recaiu sobre as mulheres.[10]

Nos Estados Unidos, que exibem uma das políticas trabalhistas menos "amigáveis com a família" do planeta, muitos lares têm dificuldade de cobrir os custos do cuidado das crianças, que pode chegar a um terço ou à metade do salário anual de um dos pais. Na ausência de licença parental, e com as redes de suporte social em frangalhos, as famílias têm sido forçadas a escolher quem sacrificará a carreira – e, quando essa escolha é feita com base em dinheiro, a vítima, em geral, acaba sendo o trabalho da mulher. Em todos os ramos de atividade, as mulheres estão saindo do mercado de trabalho às pencas, não por escolha, mas por não terem condições de ficarem no emprego e criarem os filhos.[11]

Os jornais relatam que as mulheres ainda arcam com a maior parte da responsabilidade pelo cuidado das crianças, como se tal declaração fosse moralmente neutra – como se as peças que faltam não fossem os milhões de homens preguiçosos, sexistas e egoístas demais para cuidar de si mesmos e de suas famílias. Durante a crise da Covid-19, quando escolas e creches fecharam, foram especialmente as mães que assumiram, em período integral, a carga da educação e do cuidado dos filhos, com frequência em paralelo com o trabalho remunerado. Como resultado, foram sobretudo as mulheres que deixaram os empregos – às vezes de forma permanente – para realizar o trabalho essencial de sustentar a espécie durante uma pandemia global. Ao ser discutido na esfera pública, tratou-se do assunto em termos de quão prejudicial a Covid-19 foi para as mulheres – mas a coisa não foi bem assim. Não foi a Covid-19 que expulsou as mulheres do trabalho remunerado. Quem fez isso foram os homens, que sabotaram a carreira das mulheres ao recusarem-se a realizar uma cota igual do trabalho doméstico e reprodutivo, mesmo durante um momento de crise, em que esse trabalho era mais necessário que nunca.

E, ainda assim, todas as vezes que a divisão desigual de trabalho doméstico ou a recusa em dar suporte a ele na economia são mencionadas, é sempre em termos das dificuldades que as mulheres estão enfrentando – e não de quem tem a culpa por isso. Há um tremendo tabu quanto a pedir abertamente aos homens ou à sociedade que sejam mais colaborativos. Vergonha e insegurança abafam a frustração coletiva das mulheres. Há muitos motivos pelos quais uma mulher esmagada pela carga dupla da reprodução social e do trabalho pago pode decidir que é mais fácil apenas aguentar. Há a simples exaustão – quem tem tempo de se organizar ou protestar quando mal consegue dormir? Há o medo de ser vista como um fracasso, de não ser boa o suficiente como mãe e parceira. Há enorme estigma cultural contra ser "chata". E, por fim, há os relacionamentos em si, esses com homens, tão centrais à identidade e à segurança em um mundo incerto.

De novo e outra vez, a cultura nos recorda que chamar um homem à responsabilidade é tornar-se indigna de seu amor. Há inúmeras palavras ofensivas às mulheres que ousam forçar os limites: mandona, chata, irritante, megera. Não há quase nenhuma para os homens que manipulam as esposas e namoradas para que atuem como cozinheiras, arrumadeiras e assistentes pessoais não remuneradas.

As mulheres pagam, de muitas maneiras distintas, pela covardia moral masculina, sobretudo com dinheiro. Até aquelas que são as principais provedoras da família realizam mais trabalho doméstico que os maridos,[12] de acordo com dados que, em geral, são apresentados como se a intransigência masculina fosse uma inevitabilidade que devesse ser levada em consideração, não uma falha de caráter coletiva. Não há dados disponíveis sobre trabalho não remunerado que as mulheres realizam a mais se estiverem casadas com encostados inúteis tão contrários ao trabalho doméstico que se recusam a aprender a usar uma máquina de lavar.

Quando uma pessoa é coagida a fazer um trabalho que não escolheu, quando não tem liberdade para estabelecer os próprios limites ou negociar seus horários, isso é exploração, tanto quanto são exploração o arrocho salarial dos caminhoneiros ou o roubo das gorjetas dos trabalhadores de restaurantes para subsidiar os bônus dados pelos patrões. No entanto, o contexto tradicional para o entendimento da exploração leva em conta apenas o abuso e o roubo de tempo, direitos e labor dos homens. Quando é esperado que as mulheres coloquem sua dedicação e seu tempo a serviço do benefício alheio, e elas são destratadas e ameaçadas de ostracismo caso recusem, e punidas com violência se reclamarem, devemos entender isso como uma arquitetura de exploração do trabalho.

A ideia de que o objetivo do feminismo sempre foi a "liberdade de trabalhar" foi a maior sacada da política de gênero moderna. Com certeza, a luta pela igualdade salarial e pelo acesso a trabalhos tradicionalmente masculinos é e permanece vital, pois o direito legal de sustentar a si própria é a base para que qualquer mulher se torne independente de homens. Mas a maioria das mulheres sempre trabalhou, durante a maior parte da história humana.

A automação e a tecnologia não libertaram as mulheres do trabalho não remunerado, assim como não libertaram os trabalhadores pagos da obrigação de labutar para sobreviver – apenas aumentaram o volume de trabalho a ser feito. A invenção de tecnologias destinadas a reduzir o trabalho da mulher no lar – como o aspirador de pó e a máquina de lavar roupa – não levou à diminuição da carga de trabalho realizada pelas mulheres. Só resultou em elevação nos padrões – e redução do número de mulheres empregadas como domésticas em casas maiores e mais abastadas.

O trabalho doméstico não é distribuído de forma homogênea, tampouco escolhido livremente. As mulheres, em particular, são pressionadas, ou intimidadas, ou impelidas, por culpa induzida, a realizarem o trabalho vital de reprodução social, pois sabem que, se não o fizerem, ninguém mais o fará. Sem reprodução social, o capitalismo entraria em colapso. Todavia, se a reprodução social fosse devidamente reconhecida, respeitada e sustentada pelo sistema monetário, os modelos atuais de crescimento do capitalismo iriam – você já adivinhou – colapsar. É por isso que a renda básica universal – a ideia de uma renda paga pela sociedade para sustentar uma existência minimamente digna – sempre foi uma demanda feminista. O movimento "salários pelo trabalho doméstico", da década de 1980, que está passando por renascimento, tinha como principal demanda que o trabalho das mulheres fosse reconhecido e valorizado. Como escreveu Selma James, uma das líderes do movimento:

> as donas de casa estão envolvidas na produção e [...] na reprodução de trabalhadores, o que Marx chama de força de trabalho. Elas atendem àqueles que diariamente são destruídos ao trabalharem por remuneração e que precisam, todos os dias, ser repostos; e elas cuidam e disciplinam aqueles que estão sendo preparados para trabalhar quando crescerem.[13]

O privilégio de ter alguém para fazer o trabalho chato, ingrato, de manter o lar funcionando não é algo de que a maioria dos homens, incluindo os *millennials*, esteja disposta a desistir.

Ao recusarem-se a abrir mão desse privilégio, os homens são diretamente responsáveis por tirar as esposas e namoradas do trabalho remunerado. Desde meados da década de 1980, de acordo com um estudo recente,[14] não mais que 2% das alunas do último ano do ensino médio (com idade entre 17 e 18 anos) relataram terem planos de ser donas de casa em período integral aos 30 anos. Entretanto, com essa idade, de 15% a 18% das mulheres abandonaram a força de trabalho para cuidar dos filhos – em parte em razão dos crescentes custos do cuidado das crianças. Muitas mulheres que desistiram do trabalho remunerado, reduziram a carga horária ou encurtaram o tempo livre foram, de fato, coagidas a fazê-lo – coagidas pela intransigência individual masculina e por uma ordem econômica que se recusa a valorizar o trabalho essencial dos cuidados.[15]

Existem, como já vimos, inúmeras situações nas quais a dominância masculina opera em nível estrutural – nas quais os homens, como indivíduos, não são, de fato, os culpados pela falta de poder das mulheres sobre a própria vida. Essa, porém, não é uma dessas situações. No que se refere à frente doméstica, o problema é o comodismo masculino aprendido. São os homens e garotos que, ao se recusarem a abrir mão do privilégio de ter outra pessoa que cuide de suas necessidades domésticas, estão sendo um obstáculo ao progresso. Estudos mostraram que homens que afirmam ter "padrões diferentes" de limpeza ficam rancorosos e até agressivos quando as mulheres não correspondem aos padrões com os quais eles dizem não se importar. Mães jovens da minha geração estão se esforçando muito para solucionar essa equação impossível, tentando ter, ao menos, dois empregos de período integral ao mesmo tempo e manter alguma liberdade de ação. O fato de que a maioria das mães de filhos pequenos dá um duro inacreditável, e sacrifica mais do que você ousaria conceber, não significa que trabalho duro e sacrifício sejam parte necessária, útil ou inevitável da sina feminina.

As consequências cruéis e concretas de tudo isso é que muitas mulheres heterossexuais que pensam em constituir família enfrentam uma escolha entre ter uma vida familiar na qual se arriscam a ser exploradas por aqueles que deveriam amá-las, forçadas a viver anos de labuta não reconhecida enquanto tentam manter a raiva sob controle, ou não ter nenhuma vida familiar, no sentido tradicional. Isso significa que as mulheres estão reféns dos próprios relacionamentos. Significa que a maioria das mulheres não pode, na prática, "simplesmente largar" um parceiro egoísta, que não lhe dê amor.

As mulheres jovens ainda são ensinadas, por implicação e por exemplo, que bom casamento é aquele em que a mulher não corre o risco de ser mutilada ou morta, em vez de aquele em que é tratada como pessoa cuja vida, assim como sua energia e seu tempo, de fato importa. A única razão pela qual essa situação ainda é tolerada em relacionamentos heterossexuais é porque o nível de expectativas é realmente baixo. Muitas mulheres que me disseram, chorando, que não esperavam que o casamento significasse anos de insistência para que um homem adulto e aparentemente educado arrumasse a própria bagunça falam, em seguida: "Mas ele é uma boa pessoa – jamais bateria em mim". Ainda se espera que as mulheres em relacionamentos heterossexuais aceitem décadas de desrespeito, enquanto aos homens é pedido, educadamente, que não cometam assassinato. As mulheres são obrigadas a tolerar certo grau de infelicidade no casamento, enquanto os homens têm permissão de ir embora, e o fazem com frequência, tão logo as coisas ficam complicadas.

A única coisa que poderia fazer esse problema desaparecer seria um sistema de creches confiável e acessível, com trabalhadores bem remunerados, gratuito para pessoas de baixa renda e dedutível do imposto de renda a todas as demais. A maioria dos estados recusa-se a pagar por isso – e o problema não é apenas a etiqueta de preço. O problema é que a disponibilidade de creches públicas daria às mulheres muito mais poder de barganha que o mundo deseja que tenham. As mulheres e *femmes* que planejam ter filhos não mais precisariam se acorrentar a homens medíocres e pouco confiáveis por não terem condições de manter uma criança sem um parceiro.

Hoje, a maior desigualdade existente entre homens e mulheres no mundo do trabalho está no tempo passado sem estar trabalhando por remuneração ou em tarefas domésticas ou reprodutivas – em outras palavras, está no tempo livre.[16] Homens em relacionamentos com mulheres, mesmo quando ambos os parceiros têm emprego em período integral, ainda têm muito mais horas para passar "como quiserem" – tempo de aprender e fazer coisas, e tocar, e protestar; tempo para *se divertirem*. Na cultura *pop*, a maioria das representações do trabalho doméstico não remunerado ainda conta a história familiar da esposa chata, ou da namorada estressada, que fica perturbando o parceiro que só quer se divertir. A mulher é sempre a vilã nessas histórias, a desmancha-prazeres que estraga o clima porque tem incapacidade inata de relaxar – e não porque está exausta, frustrada e com muito mais trabalho e responsabilidade do que gostaria.

A luta pelo trabalho doméstico é a grande batalha inacabada do feminismo moderno. Muitas de nós viram mães e avós lutar e perder essa Guerra Fria doméstica; muitas de nós vivem com os árduos resíduos de gerações de ira contida. Carrego no corpo a lembrança da angústia desorientada de minha mãe, a gigantesca frustração de minha avó ao se ver condenada, pelo amor, pelas circunstâncias, pela falta de opções, pela falta de dinheiro, a esfregar a pia e servir o jantar a homens ingratos cuja expectativa era ter serviços vitalícios como pagamento por sua presença tão essencial. Esse não é um histórico familiar incomum. É parte daquilo a que as pessoas se referem quando dizem que suas mães eram mulheres fortes, muitas vezes em tom de julgamento. Elas fizeram o que tinham que fazer; sofreram, trabalharam e não reclamaram. Então, por que você não pode fazer o mesmo?

Não creio que se deva exigir das mulheres serem tão fortes assim para serem dignas, amadas. Como tantas mulheres e pessoas não binárias de minha geração, sou a primeira da família que não precisou desenvolver esse tipo de força para conseguir sobreviver.

Desde muito pequena, vi como as mulheres de minha família estavam sofrendo por precisarem reunir essa força, todos os dias, para realizar um trabalho que não gostavam de fazer, que nunca era reconhecido, que não tinham a menor liberdade de rejeitar.

Há enorme diferença entre decidir realizar tal trabalho e ser forçada a fazê-lo porque ninguém mais o fará, porque o parceiro não "vê" a bagunça, porque o marido espera que você lhe diga o que fazer e ser elogiado cada vez que se lembra de esvaziar a lavadora de pratos, porque foi ensinado que isso não é obrigação dele, e que, no fim, alguém – de preferência uma mulher – vai aparecer e fazer isso por ele.

O lar, para muitas mulheres, e sobretudo para as mães, é um ambiente de trabalho hostil. O capitalismo neoliberal lidou com a ameaça da revolução sexual, da segunda onda do feminismo, tornando invisível o trabalho das mulheres, incluindo-o como parte das demandas da família nuclear.

A família nuclear – casal heterossexual casado que mora com os filhos e ninguém mais – não descreve minha vida nem a de muitos de meus pares. Tampouco descreve nossa infância. Mais da metade dos *millennials* cresceu com pais que se divorciaram ou em famílias monoparentais. Isso significa que a maioria de nós já viu, em primeira mão, como pode ser doloroso o fracasso da família nuclear – e como pode ser difícil para uma mãe ou um pai se virar sozinho. Temos tido dificuldade de equilibrar, por um lado, as expectativas de que uma vida adulta bem-sucedida envolve viver com um par romântico, num compromisso de longa duração, e, por outro, a percepção de que nem sempre a coisa funciona assim a longo prazo. Aprendemos que a família nuclear não era sinônimo de segurança – mas ainda queríamos estar a salvo, amar e ser amados, e formar famílias.

Hoje, nos Estados Unidos, na Grã-Bretanha e em outros lugares, a maioria dos adultos não está coabitando com um parceiro romântico. Os *millennials*, em particular, têm mais probabilidade de morar com amigos, familiares ou sozinhos que com um par romântico. O motivo não é que tenhamos decidido coletivamente romper as normas sociais de nossos pais. É a necessidade econômica. Mas a família nuclear também sempre existiu por necessidade econômica. A família nuclear "tradicional", que na verdade apenas desfrutou de breve apogeu por três décadas, em meados do século XX, não era apenas um ideal social, mas uma estratégia econômica – uma forma de organizar a sociedade para maximizar a produção. Era um modo de garantir que o trabalho de cozinhar, limpar, cuidar das crianças e de organização social fosse feito em um nível individual, doméstico. Por muitas décadas, parte importante do motivo pelo qual as mulheres, em particular, buscavam o casamento tradicional era ser essa a principal maneira de garantir o futuro financeiro, que ela e os filhos seriam capazes de sobreviver em uma sociedade que não proporcionava um sistema de creches, que não permitia que as mulheres trabalhassem em troca de dinheiro, e que, quando permitia, lhes pagava muito pouco. Uma importante razão pela qual os homens buscavam o casamento era ter, com efeito, trabalho gratuito – ter alguém que organizasse sua vida, limpasse e arrumasse a casa e criasse os filhos, enquanto ele, em teoria, sairia para ganhar o pão.

A ideologia do romance e a insistência para que pessoas heterossexuais se casem e formem lares com dois adultos por terem "encontrado a pessoa certa" são uma inovação surpreendentemente recente. Ela também torna precária a família nuclear – afinal, se cada lar está centrado em uma única parceria romântica entre adultos, a família em si está acabada na forma atual. Ela, claro, desempenha outra função – manter as pessoas presas a esses relacionamentos. Em particular, dá às mulheres, que ainda ganham menos dinheiro e têm muito mais probabilidade de ter um trabalho de meio período ou não remunerado, interesse pessoal em permanecer em relacionamentos que de outro modo largariam, uma vez que seu futuro financeiro depende de manter sólido esse relacionamento.

O modelo tradicional do homem provedor tem sido obsoleto há décadas, tanto no plano econômico quanto no cultural – a repressão salarial significa que ninguém mais consegue manter uma casa com um único salário. A família nuclear faz muito menos sentido como unidade econômica quando os dois adultos trabalham fora, em período integral, e não há outros adultos por perto para realizar o trabalho reprodutivo social. E, no entanto, há um vazio sufocante na cultura na qual alternativas à família nuclear possam ser imaginadas.

À medida que se torna mais difícil encontrar homens responsáveis com os quais formar família, há tendência cada vez maior entre as jovens mulheres heterossexuais a criar os filhos juntas – e de mães solo se juntarem em duplas para formar lares onde podem dar ajuda e apoio mútuos.

O casamento sempre deveria dar segurança, estabilidade e espaço. Para muitas pessoas, por muitos séculos, ele não fez nada disso, mas não havia escolha senão engolir as queixas e se tornar insensível. Havia cômodos proibidos na Casa do Pai, onde violência e terror sussurravam pelas paredes, e a vergonha se escondia nos cantos poeirentos, e morar lá era assustador, e às vezes doloroso, mas o exílio seria pior. Hoje, a família nuclear está falindo a olhos vistos, mesmo pelos próprios padrões: para a maioria das pessoas casadas, a parceria legal já não proporciona sequer a segurança econômica básica que desde o início era parte do acordo.

Os *millennials* tiveram que aprender a viver sem segurança, mas isso não significa que temos que viver sem compromissos, ou coletividade, ou cuidados. Isso é o que a teorista Sophie Lewis chama de *full surrogacy* (barriga de aluguel total) – alternativa radical à unidade familiar patriarcal.[17]

Pensar em alternativas à "família" como forma de organizar uma vida de intimidade, cuidados e compromisso faz sentido do ponto de vista econômico e em termos sociais. Não faz sentido, porém, em termos culturais. Ainda é tabu sugerir que a família nuclear heterossexual com pai e mãe – que é como a maioria das sociedades modernas insiste em definir família – pode não ser a ideal para todo mundo. É tabu mencionar o fato de que, para as mulheres, as crianças e os jovens *queer*, "a família", com frequência, é um lugar de violência e abuso, em vez do bálsamo que deveria constituir contra um mundo insensível. A atrofia das estruturas sociais de acolhimento fora da família individual torna duplamente desconfortável imaginar que a própria família pode estar nos falhando.

A ideologia da "família" é fundamentalmente autoritária. De fato, o apego ao ideal do lar nuclear comandado pelo homem hétero está no cerne do pensamento conservador. O "modelo do pai severo" da sociedade, de acordo com o linguista e pesquisador George Lakoff, é a metáfora unificadora que guia nossa imaginação política coletiva. Essa é uma metáfora organizacional ou "moldura" – no sentido de que molda a forma como as pessoas veem o mundo, entendem seu lugar nele e definem o certo e o errado. Esse "modelo do pai severo" é, em essência, autoritário. Para aqueles que o seguem, o mundo é um lugar perigoso, competitivo, e "O que é necessário nesse tipo de mundo é um pai forte, severo, que pode proteger a família [...] [e] o que se exige da criança é a obediência".[18]

Em outras palavras, o ideal do lar nuclear, heterossexual, governado por uma figura masculina austera, com mulher e filhos subservientes à sua autoridade, é um ideal não só em nível prático, individual – a família ideal é a metáfora constituinte em sociedades humanas. Os conservadores de hoje veem a si mesmos como parte de um mundo que deve ser guiado e disciplinado por "pais severos", e é esse, de forma muito literal, o significado de "patriarcado" – a palavra significa não "governo pelos homens", mas "governo pelos pais".

Lakoff observa que é explícita a "conexão entre a visão de mundo do pai severo e o capitalismo de livre mercado. O vínculo é a moralidade de interesse próprio, a versão conservadora da visão de Adam Smith sobre o capitalismo".[19] Em um mundo de vencedores e perdedores, baseado em uma competição selvagem, pais severos são necessários para impor disciplina e proteger os filhos do mal. É assim também como o governo ideal deveria se comportar, e é o motivo pelo qual os conservadores não são contra o governo em si – tendem a apoiar gastos pródigos com policiamento, sistema penal e militares. O que os conservadores são contra, de acordo com Lakoff, é "acolhimento e cuidado. Eles são contra programas sociais que cuidam das pessoas – educação da primeira infância, Medicaid para os pobres,* aumento do salário mínimo, [auxílio] desemprego [...] é isso que estão tentando eliminar utilizando argumentos morais".[20]

A moralidade patriarcal ainda é a ideologia que rege o mundo moderno – e que o levou a um perigo terrível. Em décadas recentes, tornou-se mais claro que o "modelo do pai severo" não serve aos interesses da prosperidade humana em nível metafórico ou literal. Na ausência de sistemas que encorajem o cuidado e o acolhimento mútuos, as sociedades humanas não podem prosperar; uma sociedade baseada em dominância, violência e competição de curto prazo vai desmoronar.

A visão de mundo do pai severo está fracassando por si própria, enquanto o mundo treme nas garras dos líderes autoritários que elegemos para fazer o planeta descarrilhar. O Ocidente, aterrorizado com o futuro, escolheu "pais severos" para conduzi-lo na adolescência febril e assustadora do século XXI, mas esses pais se revelaram sujeitos brutos, sem fé e grosseiros, completamente inadequados para a responsabilidade que vem com o poder. Homens como Trump, Pence, Johnson, Bolsonaro e Modi, e, antes deles, como George W. Bush, David Cameron e Scott Morrison – homens que são e eram mestres na lógica moral do interesse próprio, que não sabem nada além de empregar mentiras, trapaças e intimidação para alcançar o poder para o qual acreditam ter nascido. Eles eram

---

* Medicaid é um programa estatal dos Estados Unidos voltado ao pagamento de cuidados de saúde de pessoas de baixa renda. (N. da T.)

tão brutais e indignos de confiança na vida privada quanto o eram como líderes das nações, e os milhões de cidadãos que viveram sob sua selvageria imprevisível viram a linguagem de vergonha e terror de sua vida pessoal ser repetida em escala global. O modo como os líderes "pais severos" tratam seus cidadãos é a maneira como os homens abusivos tratam suas esposas e seus filhos – com desprezo brutal e arrogante. E a forma como mulheres, imigrantes, pessoas da classe trabalhadora, jovens, pessoas com deficiências, pessoas *queer* e "pessoas não brancas" são forçadas a viver sob um sistema "pai severo" de governança é a maneira como mulheres e crianças vítimas de abuso aprendem a viver, sob a égide de uma figura paterna imprevisível – negociando, recolhendo-se à vergonha e à autoculpa, desgastando-se para apaziguar uma estrutura de poder cruel e volátil. Aprendendo a desconfiar de nossos próprios desejos, a temer nosso pequenino e barulhento cerne humano que diz que somos dignos, que temos permissão para desejar coisas.

Há outra alternativa, claro. Você pode deixar a casa paterna. Pode sair de lá e não olhar para trás. Pode se recusar a obedecer aos ditames da domesticidade compulsória, recusar-se a ser uma filha obediente ou uma esposa perenemente sofredora. Pode procurar formas familiares que não exijam que você sofra em silêncio e sufoque sua individualidade. "Se a família da qual você vem é uma droga, crie uma nova", escreve Lidia Yuknavitch no arrasador livro de memórias *The Chronology of Water*, com sua história de sobrevivência. "Veja quanta gente existe entre as quais escolher. Se a família em que você está te faz mal, caia fora. Tipo agora."[21]

A "condição feminina" é enquadrada como trabalho, e, como em qualquer trabalho, quem tem menos controle é ensinado a crer que a liberdade de escolher a própria opressão é a única liberdade em que vale a pena acreditar. Se a condição feminina é trabalho, então sob o capitalismo tardio esse trabalho tornou-se mais inseguro, mais precário e mais perigoso. Se a condição humana é trabalho, então as mulheres precisam se organizar e fazer greve por melhores condições.

E é justamente o que está acontecendo. Enquanto escrevo, algo está mudando. A crise da Covid-19 revelou quanto o "trabalho de mulher" é essencial ao funcionamento da sociedade no dia a dia, quando as quarentenas decretadas no mundo todo forçaram cada família a assumir, em período integral, o peso da educação e do cuidado das crianças, dos doentes, dos idosos e das pessoas isoladas. Aos milhões, as mulheres foram obrigadas a deixar o trabalho remunerado, quando, mesmo durante uma pandemia global, os parceiros simplesmente se recusaram a arregaçar as mangas e a fazer a parte deles. No Reino Unido, de acordo com certos cálculos, as mulheres com filhos estavam fazendo duas vezes e meia mais trabalhos domésticos que os homens. Nos Estados Unidos, centenas de milhares de mulheres foram forçadas a abandonar a carreira por maridos e pais que nem pensariam em assumir o cuidado das crianças e por governos que se recusaram a subsidiá-lo. Têm-se exigido, há tempo demais, que as mulheres tomem o lugar da rede de segurança social.

E elas se cansaram. Em fóruns *on-line*, no Twitter, no Facebook, mulheres e garotas estão falando, de forma aberta, sobre quão exaustas se sentem e percebendo que não estão sozinhas nessa exaustão – e que algo pode, e deve, ser feito.

As mídias sociais destruíram a ilusão de que o que acontece em lares privados não pode ser político. De repente, fingir estar dando conta parece algo totalmente fora de moda. A multidão de mães que exibe as cabeleiras brilhantes no Instagram tem permissão para relaxar o sorriso fixo e dizer, com honestidade, que mal se aguentam. Pela primeira vez, as mulheres têm a tecnologia para comparar notas e compartilhar experiências, e isso pode mudar tudo, tal como ocorreu com o movimento #MeToo, em que as mulheres começaram a falar numa unidade sem precedentes sobre a injustiça privada e íntima da violência sexual. A rua, como observou certa vez o romancista William Gibson, encontra o próprio uso para a tecnologia – assim como o lar. É hora de que o trabalho doméstico tenha seu momento #MeToo. É hora de que a injustiça privada se torne preocupação pública.

Primeiro, os homens devem ser chamados a responder, individual e coletivamente, pela recusa em fazer o trabalho básico de cuidado que a vida em comunidade exige de todos. A sociedade deve aceitar que nada na natureza torna as mulheres mais aptas a limpar traseiros, e que o amor não exige de qualquer pessoa ser serviçal não remunerada. Que um homem adulto que não consegue administrar uma lava-louças sem que lhe peçam não deve administrar nada mais complexo, como uma empresa ou um país. Que exigir que a parceira assuma, de graça e sem reclamar, a maior parte do trabalho doméstico não é só desrespeitoso – é moralmente inadmissível. Que o problema não é apenas que as mulheres têm muito trabalho a fazer, mas que os homens estão se recusando a fazer sua parte, e precisam começar a fazê-la, e que, se não sabem como, precisam aprender.

Segundo, os governos precisam começar a tratar o trabalho doméstico e o de cuidado como trabalho, reconhecê-lo na economia e respaldar com fundos esse reconhecimento. A infraestrutura de educação, saúde, amparo ao idoso e cuidados das crianças que foi privatizada e teve cortes de verba ao longo dos últimos quarenta anos deve ser revitalizada e devidamente custeada, de modo que o peso da reprodução da vida não mais seja jogado nas costas das mulheres negras, pardas, imigrantes e da classe trabalhadora. O trabalho do cuidado, o trabalho da sobrevivência comum, nunca foi mais crítico do que é agora. E, como todas as tarefas monumentais, o trabalho de manter a espécie viva ao longo do século vindouro será mais exequível se pudermos finalmente encontrar um modo de dividi-lo.

9
Os Meios de Reprodução

As mulheres são pessoas ou coisas?

A gravidez é brutal. Todos os anos, na Grã-Bretanha, 10 mil pessoas necessitam de tratamento em decorrência do transtorno de estresse pós-traumático (TEPT) resultante do parto,[1] e dezenas de milhares mais sofrem danos físicos no processo de dar à luz. Um estudo realizado com mulheres vários meses após o parto descobriu que 29% delas apresentavam fraturas no osso púbico, e 41% exibiam rompimento e dano severo na musculatura do assoalho pélvico.[2] Para os seres humanos, a gestação e o parto são perigosos, arriscados, exaustivos, aterrorizantes e dolorosos. Mesmo com os modernos avanços médicos, cerca de uma mulher em 10 mil ainda morre no parto, e muitas mais ficarão com lesões sérias e permanentes.[3] As mulheres, com frequência, sofrem sequelas após a gestação e o parto, com danos neurológicos permanentes, dores persistentes pelo resto da vida ou TEPT. De maneira geral, é mais ou menos o mesmo risco que um soldado norte-americano corre quando assina contrato para servir em uma guerra no exterior.[4]

A questão da reprodução, e do direito à escolha do aborto, constitui o cerne da revolução sexual. Sem o direito absoluto de interromper a gestação de modo seguro e legal, não pode haver igualdade entre os gêneros. Sem o aborto e o controle de natalidade, as mulheres nunca terão liberdade sexual, social ou econômica. É por isso que o movimento para confiscar o direito ao aborto é o centro moral da reação contra a liberdade feminina.

Enquanto o debate sobre o "direito de escolha" da mulher quanto à interrupção da gravidez assola o Norte global, enquanto restrições sádicas ao acesso ao aborto continuam a ser transformadas em leis por comissões só de homens no mundo todo, as realidades físicas da gestação e do parto quase nunca são discutidas. O debate público sobre o aborto ainda está centrado em questionar se um feto tem direitos humanos, se pode sentir dor, se é uma pessoa. A questão de se o feto é uma pessoa não pode ser respondida pela ciência. A questão de se uma mulher é uma pessoa, porém, não está aberta a debate – e são a pessoa feminina e a dor feminina que devem decidir o assunto.

Às vezes, no entanto, os homens se reúnem em alguma sala para decidirem de maneira diferente. Em junho de 2019, 25 homens brancos e nenhuma mulher formaram o corpo legislativo que proibiu, de maneira efetiva, o aborto no estado do Alabama. No mesmo mês, novas medidas draconianas contra o aborto também ganharam, por amplas margens de aprovação, na Georgia, em Ohio e no Missouri. Enquanto escrevo, mais leis iguais a essas estão sendo debatidas, chegando até as mais altas cortes da maior superpotência do mundo, em uma farra nacional panamericana sádica contra os direitos reprodutivos básicos das mulheres, que tem a finalidade última de derrubar a decisão histórica de *Roe versus Wade*, de 1973, confirmando o acesso ao aborto como direito constitucional nos Estados Unidos.

Essas leis não dizem respeito ao "direito à vida". Dizem respeito à consagração do controle maximalista sobre as mulheres como princípio fundamental do regime conservador. Dizem respeito a ter a posse das mulheres. Dizem respeito às mulheres como coisas.

Eis em que ponto a coisa vai parar. Naquele mesmo mês de 2019, em Ohio, uma criança de 11 anos foi sequestrada, estuprada e engravidada. Sob as novas leis de aborto do Estado, essa criança teria sido forçada a dar à luz. É fácil ver, por qualquer parâmetro moral sadio, como um regime que coage uma criança a levar uma gestação até o fim e dar à luz é monstruoso, cruel e imoral. E fica claro que um Estado que ameaça matar ou aprisionar aquela criança, a menos que ela leve a gestação a termo e dê à luz, é moralmente equivalente ao estuprador – privando a garotinha de livre-arbítrio, declarando que a dor dela não é importante, que ela não tem direito de decidir quem tem acesso ao corpo dela.

Mas o ponto de conexão fundamental, o ponto esquecido num canto na retórica da guerra cultural dessa indignação contra o aborto, é: é igualmente monstruoso infligir a mesma punição a uma mulher de 30 anos que não quer ser mãe só porque a camisinha se rompeu em uma ficada de Tinder. Ela também merece autonomia corporal. Não deveria implorar por isso só porque extremistas religiosos e legisladores republicanos dependentes de Viagra têm medo de mulheres que trepam livremente e sem remorso. Visto sob essa luz, o extremismo do parto forçado é a extensão lógica da cultura do estupro.

Não há nada "pró-vida" na reação antiaborto. Recuso-me a dar validação a um movimento que faz uma pilha de corpos femininos e de lá de cima arroga moral elevada. Acima de tudo, rejeito o rótulo "pró-vida". O movimento do parto forçado tem muito mais interesse em administrar e controlar vidas humanas do que em salvá-las. "O aborto mata bebês" é, óbvio, uma crença fundamental do movimento global pró-vida, e os milhões de eleitores que cresceram ouvindo isso o tempo todo não estão mentindo ao dizerem acreditar que a vida começa com a concepção. Eles têm direito a essa crença, desde que não a transformem em arma para punir desconhecidos.

Argumentar com fatos contra artigos de fé é perda de tempo para todos. Nenhum estudo científico, por mais bem explicado que seja, jamais convencerá um devoto verdadeiro de que o feto não é um ser humano com alma. É muito mais útil considerar o que mais sabemos. Em vez de perguntar se o aborto está "realmente" matando, é mais produtivo – e mais honesto – questionar se a violência do aborto é justificada.

Porque a resposta deve ser "sim". Sim, é justificada. O mero fato de que o aborto está tirando uma vida – se isso é em que você acredita, de verdade – não é, e não pode ser, motivo bom o suficiente para justificar prender uma garotinha por abortar. Há várias situações em que a legislação norte-americana permite a um indivíduo tirar uma vida: invasão de domicílio, autodefesa, afiliação às forças armadas. Bem, a questão é que acredito, assim como 58% dos norte-americanos[5] e a maioria dos profissionais de saúde, que interromper uma gestação nos estágios iniciais não é mais assassino que uma biópsia. O fato é que acredito que um feto de seis semanas com batimentos cardíacos, mas sem atividade cerebral límbica, é menos senciente que aquilo que a maioria dos republicanos consome no café da manhã em qualquer um dos estados eminentemente carnívoros do sul dos Estados Unidos.

Mas isso não importa. Aqui não importam os sentimentos pessoais de ninguém sobre a natureza da vida. Como coloca a filósofa e jurista Judith Jarvis Thomson, o que mais importa – muito mais – é a liberdade das mulheres de controlar a *própria* vida. Ela argumenta que a gestação é a única circunstância em que alguém está obrigado, em termos legais, a sacrificar a saúde, contra sua vontade, por outra pessoa. "Pessoa nenhuma", argumenta Thomson, "está moralmente obrigada a fazer grandes sacrifícios para sustentar a vida de outra pessoa que não tem o direito de exigi-los."[6]

Em outras palavras: mesmo que o aborto ponha fim a uma vida humana, forçar alguém a dar à luz é pior. Nenhum estado deve ter o poder de fazê-lo sob a mira de uma arma, assim como deve ter o poder de sequestrar uma pessoa e drenar seu sangue para que outra possa receber uma transfusão.

Nos Estados Unidos, o regime Trump recebeu dos evangélicos brancos as chaves da capital da nação, sobretudo com base na promessa de criminalizar o aborto e confiscar os direitos humanos básicos de pessoas grávidas. Digo aqui "pessoas grávidas" porque, claro, homens trans e pessoas não binárias também podem engravidar – mas, para os conservadores tradicionais, todos que têm útero são mulheres e, portanto, alguém cuja sexualidade está, por definição, sujeita ao controle estatal.

Mesmo depois da saída de Trump do cargo, o frenesi conservador antiescolha prosseguiu nos Estados Unidos e em outros lugares. Em 2019, Tony Tinderholt, deputado estadual republicano do Texas, advogou em favor de uma lei para tornar o aborto crime punível com a morte. Bem "pró-vida". Tinderholt admitiu que o objetivo da proposta era "forçar" as mulheres a serem "mais responsáveis" na vida sexual.[7] O objetivo é – e continua sendo – o explícito controle do Estado sobre a reprodução feminina.

A mesma coisa está acontecendo ao redor do mundo – na Polônia, na Áustria, na Espanha, no Brasil; em cada governo em que homens autoritários são eleitos por uma população facilmente influenciada pelas promessas implícitas de colocar as mulheres e as "pessoas não brancas" no devido lugar. Eles envolvem sua sede de sangue com religiosidade afetada e embalam os sentimentos de suas bases com a pretensa preocupação com a sacralidade de toda vida – sagrada demais para ser confiada a mulheres estúpidas, ou pobres, ou "não brancas". Os extremistas do parto forçado não têm coragem suficiente de deixar clara sua posição. Assim, cabe ao restante de nós dizer qual é a nossa intenção.

Acredito que não deveria haver qualquer restrição legal ao aborto. Nenhuma restrição. O aborto deveria estar disponível, de forma fácil e livre, para quem quer que desejasse. Não acredito que ninguém, jamais, deveria ter que dar um bom motivo – ou qualquer motivo – para querer interromper uma gestação. Essa não deveria ser uma posição controversa. Não há despropósito nenhum em regular o aborto da mesma forma que qualquer outro procedimento médico – de novo, se trabalhamos com base no conceito de que as mulheres não são coisas.

A criminalização do aborto transforma em crime a capacidade feminina de decisão sexual. É para isso que ela foi planejada. É exatamente essa a questão. Vamos dar crédito aos Tony Tinderholts deste mundo por sua franqueza: eles disseram abertamente que sua preocupação não é proteger bebês, mas punir vadias que acham que podem apenas fazer sexo sem consequências sociais. E as consequências serão quatro quilos de pura carência e choro, paridos sob a mira de uma arma e à sombra da cadeira elétrica. Se essas medidas não fossem uma punição às mulheres por fazerem sexo, a hipocrisia grosseira das poucas "exceções para estupro e incesto" restantes ressoaria até para republicanos mergulhados no caldo de seu interesse próprio.

Vivemos em uma cultura que se sente à vontade permitindo que os homens cometam violência sexual, mas determinada a não deixar que as mulheres pratiquem o sexo consensual sem sofrer consequências. É por isso que há inúmeros segmentos da sociedade que se sentem à vontade para conceder amplos poderes executivos e judiciais a homens alvo de acusações sérias de agressão sexual – com a condição de que esses mesmos homens prometam confiscar o poder das mulheres à autodeterminação sexual.

A liberdade sexual feminina é o ultraje moral que une a direita religiosa aos neoconservadores que anseiam encolher o estado de bem-estar até que caiba em uma calcinha feminina, de tão diminuto. Em sua retórica, os conservadores modernos enaltecem a ideia de liberdade pessoal e da liberdade de interferências estatais – mas essa liberdade pessoal jamais seria aplicada às mulheres. Reiterar a importância da "escolha" não funciona com pessoas para quem a liberdade feminina de escolha é algo que assusta. Um ponto importante do ativismo antiaborto é a perversidade das mulheres que escolhem fazer o aborto por "razões sociais" – isto é, só porque não querem estar grávidas. Essas mulheres são rotuladas como egoístas sem perdão. E, sim, algumas delas são egoístas, se "egoísta" significa escolher priorizar as próprias necessidades e os próprios desejos acima daqueles de uma criança potencial. A abnegação não deveria ser uma obrigação legal imposta às mulheres, sob pena de morte ou prisão. Escolher ter um bebê que não quer criar pode fazer de você uma pessoa legal, mas ninguém deveria ser ameaçado de prisão por não ser legal.

As maiores mentiras sobre os direitos das mulheres são contadas por pessoas que estão tentando tirá-los. Em tempos nervosos, violentos, quando a opressão é exercida sob ensurdecedor fogo cerrado de propaganda, é importante tentar ouvir os silêncios. É vital, em outras palavras, ouvir o que não está sendo dito por aqueles que mais fazem barulho. A cacofonia de indignação toma forma ao redor de um silêncio doloroso, que nos impede de verbalizar o que de fato está em jogo.

A questão é que não há nenhuma circunstância sob a qual seja aceitável impor a gravidez a uma mulher contra sua vontade. Mas, de algum modo, os regimes de supremacistas masculinos e extremistas religiosos ao redor do mundo agora concordam que um coágulo de células de seis semanas constitui mais uma pessoa que qualquer mulher adulta. Afinal, aquele coágulo de células pode ser o próximo Mozart, o próximo Mandela. A ideia de que uma mulher grávida possa ser o próximo Mozart ou o próximo Mandela parece não entrar nos cálculos deles, claro.

Essa determinação alucinante de submeter o corpo das mulheres a controle total ajuda a explicar por que a retaliação norte-americana ao aborto foi tão coordenada, rápida e brutal. Em 2018, depois que a maioria do Senado todo masculino do Alabama votou por forçar as mulheres a darem à luz contra sua vontade, os colegas da Georgia foram ainda mais longe, tratando de instituir a pena de prisão perpétua para quem realizar aborto.[8] Em 2020, o Texas usou a crise da Covid-19 para fechar todas as clínicas de aborto do Estado – enquanto os eleitores conservadores organizavam protestos contra o "distanciamento social", alegando que os norte-americanos têm o direito constitucional de livre reunião. De novo, apenas as liberdades constitucionais dos homens são reconhecidas como dignas de defesa.

O movimento antiescolha também diz respeito à raça, e sempre foi assim.

O controle do aborto e da contracepção habitualmente foi parte do esforço supremacista branco para remodelar à força a espécie – de decidir quais corpos são protegidos e quais podem morrer. Foram os evangélicos antiescolha que, em 2018 – em conjunto com certa supressão de eleitores cuidadosamente cronometrada –, deram ao governador da Georgia, Brian Kemp, vitória apertada e contestada sobre Stacey Abrams, sua oponente negra democrata. Kemp apenas cumpriu a promessa feita aos evangélicos brancos – e o ex-presidente Donald Trump, que em sua campanha dizia atrocidades sobre bebês que eram executados ao nascerem, fez o mesmo. Por todos os Estados Unidos e a Europa, os conservadores têm negociado com alegria a liberdade feminina por uma chance de subir ao poder.

Não foi sempre assim. Como muitas vezes é o caso no entendimento nebuloso e turvo da história das mulheres, muitas de nós supõem que, antes da década de 1960, o aborto e a contracepção sempre tiveram controle estrito, e que a era *Roe versus Wade* e o afrouxamento das restrições quanto à pílula, que trouxe uma liberalização sem precedentes, foram uma aberração histórica, pois às mulheres foi concedido um breve período de permissão para tomarem algumas decisões próprias.

A maioria de nós imagina que o aborto é hoje mais legal do que jamais foi. De fato, o oposto é verdade. Hoje, as leis sobre o aborto são mais *restritivas* do que jamais foram. O que não tem precedentes é o atual nível de controle estatal sobre as escolhas reprodutivas femininas. Isso ocorre porque, até um período relativamente recente, não era possível identificar a gestação, por meio da tecnologia, antes do segundo trimestre. Tampouco as pessoas grávidas podiam ser forçadas a realizar um exame de ultrassom transvaginal, como ainda é obrigatório, em vários estados norte-americanos, a todas as pessoas que querem abortar. A vigilância estatal sádica da sexualidade feminina jamais existiu antes em escala semelhante na história humana.

Antes da década de 1920, de forma geral, não estavam disponíveis testes médicos precisos para a gravidez. Até mesmo os médicos contavam apenas com a própria experiência. Assim, onde as restrições legais ao aborto existiam, geralmente o ponto de corte era quando a mulher podia sentir o feto se mexer, estágio que muitas religiões concordavam como sendo o instante em que o nascituro recebia a alma. Isso poderia acontecer a qualquer momento entre dezesseis semanas e seis meses ou mais – mas dependia de a pessoa grávida definir, ela própria, o que acontecia em seu corpo, e as mulheres que queriam uma interrupção da gravidez com frequência tinham bastante liberdade em relação a isso.

Nos Estados Unidos, antes da Guerra Civil, o aborto e os métodos populares de contracepção, *grosso modo*, não eram regulados, sendo tacitamente aceitos – para as mulheres brancas livres. De fato, o primeiro caso legal de aborto não foi direcionado à proteção do feto, mas à proteção das mulheres contra médicos suspeitos que operavam sem licença nem conhecimento prático da teoria dos germes. Como seria de esperar, sempre foram usados padrões diferentes para o controle das escolhas reprodutivas de mulheres brancas e de mulheres negras, pardas e migrantes. Mulheres escravizadas eram proibidas de interromper a gestação[9] e, com frequência, punidas ante qualquer suspeita de que estivessem tentando evitá-la, uma vez que seus donos brancos desejavam a continuidade de produção de novos escravizados – sobretudo depois do fim do tráfico negreiro no Atlântico Norte, quando a produção de corpos negros para a servidão tornou-se mais premente.

Os proprietários brancos de escravizados tinham absoluto direito ao corpo de mulheres negras, rotineiramente estupradas por seus donos e proibidas de evitar a gravidez.[10] Qualquer criança que nascesse de uma escrava era, afinal, um ativo valioso, a propriedade inconteste do "mestre" da mãe. Tudo isso mudou após a abolição, quando os norte-americanos brancos de repente começaram a entrar em pânico por estarem se reproduzindo menos que as pessoas não brancas. De uma hora para outra, a grande preocupação era que as mulheres negras livres estavam tendo bebês demais – e que as mulheres brancas, por não terem bebês suficientes, pudessem estar cometendo "suicídio racial", expressão que voltou à tona entre a extrema direita e as facções racistas do *mainstream* ao longo da era industrial. Foi no período entre meados e fim do século XIX que as restrições ao aborto começaram a ser formalizadas por todo o mundo desenvolvido, colocando as escolhas de saúde das mulheres nas mãos do Estado – bem como os programas experimentais eugênicos destinados a limitar a população não branca no início do século XX. Leis que regulavam o aborto e a contracepção – principalmente para mulheres brancas – foram instituídas, com programas de esterilização forçada em massa de mulheres negras e imigrantes. Eugenia é, agora, um termo que provoca repúdio instantâneo – e com razão. Mas é fácil esquecer que antes da Segunda Guerra Mundial a eugenia era considerada prática científica e política respeitável em muitas democracias ditas liberais. Os primeiros ativistas pelo controle da natalidade, como Margaret Sanger, recorreram com sabedoria à linguagem eugênica para persuadir os homens brancos no poder de que tornar o controle de natalidade amplamente disponível era a única maneira de garantir um "estoque" saudável, forte – e branco – de cidadãos. E uma das primeiras figuras públicas a usar a expressão "suicídio racial" nesse contexto foi Theodore Roosevelt.[11]

Desde os primeiros dias da expansão colonial, a história do aborto e do controle de natalidade tem sido associada a ideias racistas sobre nacionalidade e controle demográfico. Movimentos de extrema direita sempre foram obcecados com a ideia de controlar sexualmente "suas" mulheres. Um dos poucos refrãos ideológicos comuns a quase todos os regimes repressivos é a afirmação de que o corpo das mulheres é propriedade do Estado, e que a escolha reprodutiva não é um direito, mas um luxo que as mulheres deveriam estar dispostas a sacrificar pelo bem da nação – ou haveria consequências.

O mesmo pânico demográfico espalhou-se pela Europa e pelos Estados Unidos atualmente. Na era moderna, a expressão "genocídio branco" tornou-se corrente, incubada nas latrinas do discurso de ódio *on-line*, em que é usada para significar, tão somente, que "não estão nascendo bebês brancos suficientes".

"Os Estados Unidos subtraem de sua população um milhão de nossos bebês, na forma de aborto", disse o representante republicano Steve King a uma revista austríaca de extrema direita. "Somamos à nossa população cerca de 1,8 milhão de 'bebês dos outros', criados em outra cultura antes de chegarem aqui. Estamos repondo nossa cultura norte-americana dois por um a cada ano."[12]

Cabe repetir: há pouca diferença moral entre um homem que força uma mulher a fazer sexo contra vontade e o Estado – ou um parceiro controlador – que a força a continuar grávida contra vontade. Pelo menos os defensores do estupro são um tantinho mais honestos em relação a isso. E esse nível de controle estatal é um ataque inédito e sem precedentes históricos à autonomia corporal das mulheres.

As ideias sobre raça, nação e território sempre estiveram entranhadas no movimento antiescolha – assim como um pernicioso duplo padrão quanto a quem pertencem as vidas que importam. O estado do Alabama, por exemplo, importa-se tanto com a vida que executa mais prisioneiros *per capita* que quase qualquer outro estado; uma execução foi marcada para o dia seguinte à assinatura, pela governadora Kay Ivey, da lei que proibiu o aborto no estado.[13]

Não é esse o único aspecto do movimento do parto forçado que parece feder a hipocrisia. Pessoas que acreditam que a maternidade é preciosa não arrancam criancinhas dos pais e as colocam em gaiolas sufocantes nas fronteiras.[14] Pessoas que estão preocupadas com a santidade da vida não defendem que armas de fogo letais sejam vendidas em cada centro comercial. Pessoas que se preocupam com os nascituros não torpedeiam a legislação destinada a garantir que o planeta que essas crianças herdarão não esteja totalmente em chamas.

Apesar de todas essas contradições morais arrasadoras, os extremistas do parto forçado não são hipócritas. Muito pelo contrário. Por trás de toda falsidade desonesta e dissimulada de sua cruzada, há uma consistência lógica aterrorizante. Um traço comum une a paranoia quanto às fronteiras, ao fetichismo militar e ao obsessivo controle estatal do corpo das mulheres. É o chauvinismo em modo pesadelo: uma história sombria contada por homenzinhos infantiloides assustados sobre o direito que pais fortes e líderes austeros têm de proteger recursos. E nessa história o corpo das mulheres é um recurso ao qual os homens deveriam ter livre acesso. As mulheres não deveriam ter o direito de recusar o sexo aos homens ou de abortar o bebê que um homem colocou dentro delas.

As mulheres não devem ficar furiosas quando falamos em aborto. Uma mulher furiosa, mais ou menos por definição, é uma mulher louca, e uma mulher louca não deve ser confiada a autonomia sobre o próprio corpo, embora aparentemente ela seja confiável para cuidar de um bebê. Em vez disso, o que se espera que façamos é explicar, de forma calma e educada, até mesmo aos fanáticos que sequestraram a agenda dos governos mundiais, que a proibição do aborto retira autonomia – como se eles não soubessem.

É *claro* que a proibição do aborto retira autonomia das mulheres. É essa a questão de proibir o aborto. É exatamente essa a questão.

Tornar ilegal o aborto, afinal, não impede que ele aconteça. Em nações onde o acesso ao aborto é restrito, não há menos bebês mortos – mas há muito mais mulheres mortas. No mundo, 5% a 13% da mortalidade materna decorre de abortos inseguros.[15] A questão é enviar uma mensagem clara de que as vadias arrogantes fizeram o que quiseram por tempo demais, e de que deveria haver consequências. A questão nunca foi que os bebês importam. A questão é que as mulheres não importam.

Devemos sorrir e ser educadas enquanto nossa humanidade básica nos é arrancada por homens que acham que garotinhas devem ser forçadas a ter filhos, em meio à dor e ao terror. Se você quer sobreviver ao patriarcado, não deve falar sobre quanto dói sobreviver a ele. Se tiver que falar sobre isso, fale baixinho. Não fale sobre raiva. E, definitivamente, você não deve falar sobre a dor. A dor das mulheres, em particular a de mulheres pretas e pardas, é invisível, por princípio.

A estratégia dos revisionistas patriarcais, sobretudo na direita cristã evangélica politicamente influente, há muito tem sido privar mulheres e garotas de dignidade e forçá-las a ter filhos indesejados, em nome da obediência religiosa. A obediência à autoridade religiosa – ao pai como o chefe da família, a Deus e ao Estado – está na própria essência do pensamento evangélico, e, em todos esses modelos de obediência, as mulheres são obrigadas a aceitar o sofrimento como parte de seu destino natural. Mesmo em contextos não religiosos, espera-se que as mulheres aguentem a dor – em particular as "mulheres não brancas", cuja dor é rotineiramente minimizada por autoridades médicas em todo o Norte global, e isso tem consequências sérias – inclusive para a saúde materna. Nos Estados Unidos, mulheres negras têm três vezes mais probabilidade de morrer no parto que mulheres brancas, e crianças negras têm duas vezes mais probabilidade de morrer no primeiro ano de vida que crianças brancas.[16] Parte do motivo para isso, como escreve a professora Tressie McMillan Cottom, é que as mulheres negras não são consideradas narradoras confiáveis da própria experiência. Quando McMillan Cottom estava em trabalho de parto, foi ignorada pelas equipes médicas, uma após a outra, até:

> Depois de vários dias de dores do parto que ninguém chegou a diagnosticar, pois o que doía era meu traseiro, e não minhas costas, não consegui mais segurar o parto [...] implorei por uma epidural. Após três eternidades, chegou um anestesiologista. Ele me olhou feio e disse que se eu não ficasse quieta ele iria embora e eu não teria nenhum alívio para a dor. [...]
>
> Quando acordei, estava empurrando, e então minha filha estava lá. Ela morreu pouco depois de respirar pela primeira vez. A enfermeira me levou na maca da sala de cirurgia de volta para a recuperação. Segurei minha bebê o tempo todo, porque aparentemente é assim que é feito. Depois de planejar como disporíamos de seus restos, a enfermeira virou-se para mim e disse: "Só para que saiba, não havia nada que pudéssemos ter feito, porque você não nos disse que estava em trabalho de parto".
>
> Nós, mulheres negras [...] somos super-heroínas quando correspondemos às expectativas que os outros têm de nós ou servimos a alguém ou a alguma outra coisa [...] quando realiza-

mos algum serviço existencial aos homens, ao capital, ao poder político, às mulheres brancas [...] estamos cumprindo nosso propósito na ordem natural das coisas.[17]

Mulheres negras e pardas são obrigadas a tolerar a injustiça reprodutiva que coloca em perigo sua vida e a vida de seus filhos, do mesmo modo que as mulheres de todas as origens são obrigadas a guardar silêncio sobre os detalhes feios e perturbadores da reprodução: a dor, o sangue, as lacerações, a exaustão, a insegurança, a pobreza. Não devemos falar sobre todas as coisas amargas, degradantes, que acompanham a gravidez, o parto e a maternidade, em uma economia planejada e conduzida por homens.

Quando eu era mais nova, acreditava no que professores e adultos diziam – que, embora o parto fosse muito doloroso por um breve instante, as mulheres logo "esqueciam tudo". Essa continua sendo uma ilusão comum – que existe algum tipo de amnésia natural que faz que a agonia e o trauma criados até mesmo por gestações e partos tranquilos sejam, de algum modo, apagados do registro psicológico. Eu entendia que havia certas coisas sobre as quais não se fala, coisas que devem permanecer como mistérios, coisas que têm a ver com parto, gestação, aborto e, sobretudo, aborto espontâneo.

Entre 10% e 20% das gestações terminam com abortos espontâneos, e a experiência pode ser profundamente traumática para a pessoa que perde o bebê – no entanto, ainda há tabu social quanto a discutir o aborto espontâneo ou mencionar uma gestação antes do segundo trimestre, quando o risco de aborto espontâneo cai de maneira dramática. Esse tabu deveria proteger os sentimentos de mulheres e garotas que perdem uma gravidez desejada – mas o efeito real é o de isolar as pessoas que sofrem um aborto espontâneo, protegendo todos à volta do desconforto de terem de realmente reconhecer as tragédias cotidianas da reprodução humana.

Os tabus que existem em relação a falar sobre a gravidez não surgiram para proteger as mulheres – surgiram para proteger a sociedade da necessidade de pensar no sofrimento das mulheres. As pessoas que passam pela gravidez devem se calar quanto à dor, ao trauma e ao medo associados à gestação e ao parto. Devem limpar docilmente o sangue e a merda e passar meses suando na academia para voltar ao "corpo pré-gravidez". Se sofrem um aborto espontâneo, não devem mencioná-lo – é melhor não criar caso. Se cometem o pecado capital de ter uma gravidez interrompida, devem ficar constrangidas, falar aos sussurros, demonstrar vergonha – assim como devem ficar envergonhadas com o sexo consensual; assim como devem ficar envergonhadas de sobreviver ao estupro.

Mas a condição das mulheres como pessoas não é condicional, e a sexualidade feminina não é vergonhosa. A única coisa vergonhosa, a única coisa que nenhum cidadão que acredite em liberdade, ainda que minimamente, deveria tolerar é um mundo em que as mulheres são tratadas como coisas.

10

Mentiras Brancas

Há uma única circunstância na qual o patriarcado supremacista branco afirma se preocupar com a violência sexual. Sempre houve apenas uma. Hoje, por todo o Norte global, movimentos de extrema direita estão usando o longevo mito do "estuprador estrangeiro" para atrair seguidores. Sim, dizem eles, as mulheres estão sob ameaça – mas ela não vem de nós. "Nossas" mulheres – mulheres brancas – estão sob o ataque de homens negros, migrantes, muçulmanos –, e "nós" devemos protegê-las.

A mulher estava gritando. De todos os lados, mãos negras e pardas – mãos de homens – agarravam-lhe o corpo e torciam seus cabelos loiros. A mulher era modelo, e a foto era posada – essa foi a imagem de capa da revista polonesa *wSieci* no outono de 2015. O tema era a crise dos refugiados sírios. O título era "O estupro islâmico da Europa".[1] De novo e mais uma vez, sempre que o racismo é usado como arma para sustentar o poder de líderes autoritários, a presença de imigrantes ou de "comunidades não brancas" é imaginada, simbolicamente, como estupro.

Por que os supremacistas brancos são tão obcecados com o estupro? Como pode um movimento tão profundamente misógino – que, como já vimos, recruta apoiadores nos mesmos fóruns sórdidos em que interneteiros furiosos e descontrolados se reúnem para desabafar sua frustração sexual; que radicaliza seus jovens recrutas com a promessa de um futuro em que as mulheres brancas pertencerão a eles de novo; que nega por completo a humanidade das "mulheres não brancas" – estar tão preocupado em evitar estupros? Dos "estupradores mexicanos" agachados atrás do ainda imaginário muro do presidente Trump à lenda urbana de "áreas proibidas" para mulheres brancas no norte da Europa, os neonacionalistas de hoje têm obsessão por proteger "suas" mulheres e garotas da violência sexual com a qual passam o restante das horas livres ameaçando as feministas na internet.

Hoje, na Europa, "mulheres jovens não brancas" têm a mesma probabilidade que as mulheres brancas de serem vítimas de agressão sexual, estupro e exploração – e mulheres muçulmanas que usam trajes religiosos tem mais probabilidade de enfrentar assédio em público com base em gênero.[2] Mas ainda persiste a fantasia de que os homens migrantes e muçulmanos estão se congregando em cada fronteira, prontos para atacar a virtude de garotas brancas inocentes. Eventos como o ataque a mulheres que comemoravam o Ano-Novo de 2015, em Colônia,[3] assumiram caráter icônico no imaginário público. Enquanto isso, as duas mulheres, de todas as origens, que a cada semana são assassinadas pelos próprios parceiros domésticos aparentemente estão aquém do interesse dos atuais defensores da virtude feminina. Há uma lógica de posse, que é: homens estrangeiros ou de minorias são um perigo para as mulheres brancas que são propriedade comum dos homens brancos, mas os homens brancos podem brutalizar, assassinar e mutilar as próprias mulheres da forma que lhes aprouver.

Esse novo chauvinismo não tem nada a ver com os interesses das mulheres e tudo a ver com a fragilidade masculina branca.

Nos Estados Unidos, o espectro do estupro por negros há muito vem sendo usado para justificar séculos de ataques racistas. Em 28 de agosto de 1955, em Money, no Mississípi, o adolescente de 14 anos Emmett Till foi torturado e assassinado por causa de falsos boatos de que teria assoviado para uma mulher branca. Cinquenta anos depois, em 2015, quando o terrorista supremacista branco Dylann Roof assassinou nove fiéis negros em uma igreja em Charleston, foi ouvido gritando para eles: "Vocês estupram nossas mulheres, e vocês estão dominando nosso país, e vocês têm que ir embora".[4] Esse "vocês" não era uma acusação específica. Mesmo uma mente tão doentia quanto a de Roof não poderia ter acreditado que as avós devotas que ele assassinou seriam agressoras sexuais. Essa mesma acusação incoerente foi lançada contra vítimas de linchamentos racistas bárbaros, e, assim, é duplamente abominável que os abusadores denunciados pelo movimento #MeToo tenham descrito repetidas vezes o que lhes acontecia, quando finalmente tiveram de prestar contas por seu comportamento, como "linchamentos". Nos Estados Unidos, em um passado ainda recente, o linchamento era qualquer coisa, menos metafórico.

O empenho em proteger as mulheres brancas contra "predadores sexuais não brancos" tem raízes profundas, as quais, no entanto, não se fundamentam em fatos. Em termos estatísticos, quem historicamente corre mais risco de violência sexual interracial são as "mulheres não brancas", pois, ao longo dos séculos, os homens brancos quase nunca enfrentaram as consequências de atacar "mulheres não brancas", mesmo aquelas não consideradas sua propriedade legal. A fantasia de proteger a "mulheridade branca" contra os *outsiders* perigosos, porém, é uma tática testada e aprovada para fazer passar o racismo estrutural como progressista – incluindo para quem o pratica.

A narrativa da branquitude está repleta de buracos. A branquitude, claro, assim como a masculinidade, é uma categoria política, não biológica. O binário de gênero é um sistema de poder que se baseia em categorização política, não na verdade cromossômica ou epigenética; de forma muito parecida, não há um gene identificável para a branquitude, e, ao longo dos séculos, diferentes grupos étnicos viram-se incluídos e excluídos do amplo balaio social dos "brancos". A branquitude é uma ideia que não deixa de ser menos real nem menos perigosa por não ser tecnicamente verdadeira. É uma grande narrativa de dominância que as pessoas assustadas contam umas às outras para tornar a própria violência menos assustadora. E a fragilidade das mulheres brancas é a subtrama romântica dessa narrativa.

À primeira vista, parece haver uma desconexão entre a defesa neonacionalista vigorosa da mulheridade branca contra a ameaça externa do estupro pelo *outsider* e o tanto de tempo que esses mesmos reacionários gastam desmascarando "mitos de estupro" e afirmando que a "cultura do estupro" não existe. Eles estão tão ansiosos para impedir que estrangeiros violem "suas" mulheres quanto para garantir que eles próprios possam continuar explorando-as com impunidade.

Essa desconexão não é, de fato, desconexão nenhuma. Trata-se do sentimento de direito inato. Trata-se da posse masculina sobre o corpo das mulheres. É a erotização do poder masculino branco – o recrutamento da sensualidade e da intimidade humanas para servir a uma agenda de dominância. Nesse entendimento da sexualidade, claro, não há espaço para prazer, desejo ou consentimento. Esse entendimento da sexualidade não conhece o significado dessas palavras, porque não fala qualquer linguagem senão a da propriedade. O sexo, aqui, é explicitamente um ato de posse, assim como era quando o estupro passou a ser proibido no Ocidente – não como crime contra outro ser humano, mas como dano à propriedade, como ato de invasão ao território de outro homem.

Quando os supremacistas brancos falam de "estupro", não estão se referindo ao sexo não consensual. Estão se referindo a *qualquer* ato sexual desaprovado no fantasioso etnoestado branco. A ideia unificadora, como Ta-Nehisi Coates habilmente observa no livro *We Were Eight Years in Power*, é que os homens brancos de todas as classes e origens podem se unir para defender um tipo de propriedade que todos eles acreditam que deveriam ter em comum: as mulheres brancas. É por isso que os fascistas modernos falam do corpo das mulheres do mesmo modo que falam do Estado-nação: corrompidos, decadentes e carentes de serem controlados por meio da violência.

Um ponto importante é que homens assim entendem o "feminismo" como ideia exclusivamente branca. Para eles, as feministas são mulheres brancas que traíram tanto sua raça quanto seu gênero. O conceito de feminista negra não tem registro para eles. As feministas negras ameaçam a simplicidade da barganha colocada diante das irmãs brancas: a barganha patriarcal, na qual você precisa aceitar a própria subordinação como preço da própria fatia de branquitude.

Muitas mulheres brancas estão preparadas para aceitar essa oferta. As mulheres brancas absorvem grande quantidade de ideias racistas com o sexismo que internalizam desde o nascimento e, quando adotam os mitos criados pelo patriarcado branco para elas e sobre elas, quando acatam o tipo particular de autoaversão narcisística que a sociedade lê como feminilidade, também estão corroborando com uma ideia específica sobre o que as mulheres brancas são e que tipo de proteção podem esperar dos homens brancos. Vamos dar uma nova olhada em uma das citações mais conhecidas do pensamento das feministas negras pioneiras, apresentada como sendo o discurso da ex-escravizada e ativista abolicionista Sojourner Truth:

> Aquele homem ali diz que as mulheres precisam de ajuda para subir em carruagens, e ser carregadas para atravessar poças, e ter sempre o melhor lugar. Ninguém jamais me ajuda a subir em carruagens, ou a atravessar poças de lama, ou me oferece

qualquer lugar melhor! E não sou eu uma mulher? Olhem para mim! Dei à luz treze filhos, e vi a maioria deles ser vendida para a escravidão, e quando clamei com minha dor de mãe ninguém, a não ser Jesus, me ouviu! E não sou eu uma mulher?[5]

Por muitos séculos, as mulheres brancas têm sido ensinadas a almejar essa visão estúpida da feminilidade mimada, protegida – uma visão que exclui a maioria das mulheres da Terra. Há a fantasia de ser essa mulher branca, sentada no melhor lugar, carregada para transpor poças, ajudada em carruagens; na qual você não precisa morrer jovem de tanto trabalhar; na qual você sabe que seus filhos estarão seguros – e, com algumas atualizações, esse conto de fadas ainda é impingido a mulheres brancas por todo lugar. Faça isso e você será salva. Faça isso e você ficará em segurança. Tudo que tem que fazer é ficar do lado dos homens brancos acima do todo restante – então eles a protegerão. Mas quem vai protegê-la deles?

Quando li sobre Sojourner Truth, ainda na escola, a história dela foi tirada de contexto. Aquele famoso discurso foi feito para uma plateia de mulheres brancas ativistas pelos direitos de voto que não haviam convidado mulheres negras para sua convenção. Nos Estados Unidos, o movimento de massa pelos direitos das mulheres nasceu, originalmente, do movimento abolicionista. As primeiras feministas de todas as origens eram taxativas ao afirmar que a luta pela liberação das mulheres não poderia ser vencida sem a abolição da escravatura. Depois da Guerra Civil, porém, uma nova forma de preocupação supremacista branca varreu a jovem República. Os colonizadores brancos entraram em pânico com a possibilidade de serem superados pelos escravizados libertos e seus descendentes, de perderem o *status* e a soberania em uma nação que ainda luta para encarar a própria culpa histórica.

Os Estados Unidos brancos e supremacistas masculinos estão tão ansiosos para pensar em si mesmos como sendo bons que não conseguem encarar o próprio pecado original. E a feminilidade branca sempre foi uma história contada por e para homens brancos – um enredo que fala de proteção, fragilidade e posse. E ainda é. Um século e meio após o fim oficial da escravatura nos Estados Unidos, as mesmas pessoas ainda estão contando a mesma história.

Percebi, com certa confusão, que, sempre que falo em público sobre a liberação das mulheres, sou alertada, de imediato, por inúmeros desconhecidos de extrema direita de que não só estou mentindo como há punição específica para minhas mentiras: mereço ser brutalmente estuprada por homens migrantes ou muçulmanos. A tentativa de silenciar as vozes femininas com ameaças de estupro e fantasias de violência sexual não é novidade, mas merece atenção a forma que a fantasia assume hoje. Sou, afinal, uma mulher branca, pelo menos de acordo com aqueles rincões da seita *alt-right* (direita alternativa) que ainda não abraçaram de todo o antissemitismo. Tecnicamente, estou no grupo demográfico que eles defenderiam, em teoria – mas parte da violenta heterossexualidade da supremacia branca envolve a decisão de quem merece ou não essa proteção. Se uma mulher branca em particular vai estar nos limites teóricos depende de como ela representa seu papel – ela é bem-comportada, respeitosa e, condição indispensável, gostosa? Se não for, bem, joguem-na aos *outsiders*, e vamos ver se ela gosta.

As fantasias de feministas e outras mulheres rebeldes sendo violadas por homens *outsiders* são tão comuns e tão detalhadas que só se pode concluir que alguém está se divertindo com elas. Nada disso quer dizer que o estupro e a violência sexual não existam fora das comunidades de maioria branca – mas dificilmente veremos os supremacistas brancos fazendo fila para criar projetos de apoio a mulheres e "jovens não brancos" LGBTQIAPN+ ou na luta para que mais refugiados de violência sexual e homofóbica recebam asilo.

A ideia do estupro pelo *outsider* é simbolicamente útil ao patriarcado supremacista branco. Se o corpo das mulheres brancas ainda constitui aquele território que todos os homens brancos teriam em comum, defendê-las do ataque externo transforma esses homens em uma classe unida em defesa de interesses comuns. As mulheres brancas não podem opinar se querem ou não essa proteção – afinal, são propriedade, não pessoas. E não se espera que propriedades se manifestem.

Nunca vi tantos homens tão exaltados em relação aos direitos das mulheres como no Comício em Defesa das Mulheres da Europa. Era um dia frio de abril, no Speaker's Corner de Londres, em 2018, e o grupo neonacionalista Generation Identity havia organizado uma manifestação pública contra a violência sexual – em específico, a violência sexual cometida por homens muçulmanos contra mulheres brancas. E os manifestantes eram quase todos homens, dúzias deles, em uma manhã gelada de domingo, de terno, gravata e jaquetas de aviador, ouriçados com suas malformadas opiniões febris e sua alarmante pilosidade facial.

 Em minha época, caminhei, marchei, bati os pés e, ansiosa, procurei por banheiros, em incontáveis atos públicos pela liberação feminina. Estive presente na marcha arrasadora que reuniu um milhão de manifestantes, em Washington, contra a maléfica nova ordem mundial; tomei parte em trocas de cartazes e lanches e comentários ácidos com integrantes habituais de marchas comemorativas; gastei a sola de minhas melhores botas nas Marchas das Vadias; e participei de pequenas e cansativas manifestações de desafio público, debaixo de chuva e no escuro, diante de prédios do governo. A única característica que esses protestos de mulheres tinham em comum foi que a maioria das manifestantes eram mulheres. Mas nesse protesto específico, havia dez vezes mais homens que mulheres. Uma jovem mulher branca leu um discurso escrito no meio de círculos concêntricos de homens cheios de raiva que fariam qualquer coisa para protegê-la – qualquer coisa, menos olhar-se no espelho.

 As mulheres brancas que os neorreacionários modernos dizem querer proteger são, em grande medida, ficcionais. Na realidade, em sua maioria, as mulheres brancas que de fato existem, e que de fato esses homens conheceram, são desprezadas por não serem as serviçais loiras e submissas dos trágicos devaneios deles. Esse é um tipo especial de ódio, diferente da desumanização ritual reservada às "mulheres não brancas". O ódio que os supremacistas brancos nutrem por mulheres brancas iguais a mim é mais brando e mais pessoal: eles não querem nos eliminar, apenas nos ver forçadas a andar na linha, descalças e grávidas na cozinha de seus devaneios criptonacionalistas. Em um mundo onde as mulheres só existem como personagens coadjuvantes em histórias de aventuras masculinas, é aparentemente impossível encontrar qualquer motivo pelo qual qualquer mulher possa querer direitos humanos básicos além do desejo de irritar os homens. Nossa insistência teimosa e mandona em termos de sufrágio, direito à iniciática sexual e gordura subcutânea é interpretada como insulto pessoal a todo homem heterossexual. Mulheres brancas que não atingem a nota mínima merecem ser punidas por não desempenharem a feminilidade branca bem o suficiente para merecer a proteção sexual deles – a qual, claro, tem a ver com a dominância erótica.

É essencial recordar que esse tipo de mulher branca nunca existiu de verdade. É uma história que os homens brancos contam uns aos outros, uma fantasia sexual carregada de paranoia racista. O fato de ser fictícia, porém, não a torna menos perigosa. Há homens por aí cometendo assassinatos em nome dela – e há mulheres, muitos milhões, tentando ser essa ficção.

O fato de que também as mulheres brancas são atingidas pela desumanidade do neofascismo não deveria ser o fator decisivo para tirar alguém do sofá e fazer que fosse às ruas detê-lo. Se as mulheres brancas nunca fossem diretamente vitimizadas pelo neofascismo, detê-lo não seria menos urgente. Acontece, porém, que o corpo das mulheres brancas tem tremenda importância simbólica para a supremacia branca – assim, há significado simbólico quando mulheres reais que por acaso são brancas colocam o corpo real na linha de resistência ao racismo. Por que, então, tantas mulheres fazem o oposto?

O antifeminismo tem sido parte da imaginação supremacista branca desde a existência da extrema direita. Desde que a extrema direita existe, as mulheres também têm feito parte dela. E, desde que as mulheres têm feito parte da extrema direita, têm agido como chamarizes, como solistas sopranos para o coro de barítonos fanáticos que fazem exigências especiais para a "mulheridade branca" como categoria protegida. A extrema direita nunca foi um movimento feminista, e as mulheres estão em minoria entre as lideranças e os membros de movimentos aos quais proporcionam alguma plausibilidade de negação.

Por que qualquer mulher iria se unir a homens que negam a humanidade dela apenas para atacar a humanidade alheia? A razão disso é o racismo, claro, mas o racismo existe em ampla variedade de sabores nada saudáveis. Quando mulheres brancas se juntam à supremacia branca; quando mulheres brancas escolhem ficar do lado do patriarcado racista ao custo de nossa própria condição como pessoas; quando chamarizes como Lauren Southern, garota-propaganda da *alt-right*, afirmam que "não existe cultura do estupro no Ocidente",[6] estamos fazendo uma escolha específica sobre de qual lado da linha colocaremos nossos preciosos corpos brancos. Nos Estados Unidos, mais da metade das mulheres brancas votantes escolheu Donald Trump na eleição presidencial de 2016[7] e nas eleições intermediárias de 2018, e o padrão repetiu-se em 2020. Por que fizeram isso?

Elas o fizeram para sobreviver, e por covardia. No livro *Right-wing Women*, Andrea Dworkin escreve que as mulheres brancas conservadoras se alinham aos homens ao redor como estratégia de autoproteção – na esperança de serem poupadas de violência. "A maioria das mulheres", escreve Dworkin, "não tem condições materiais ou psicológicas de reconhecer que, seja qual for a oferenda de obediência que apresentem para implorar proteção, esta não vai apaziguar os deusezinhos furiosos que as rodeiam."[8] As mulheres conservadoras são criadas com a crença de que a condição feminina e a branquitude as tornam dignas da "proteção" masculina – mesmo que o preço dessa proteção seja viver os estereótipos sexistas. Há longa tradição de aceitação, pelas mulheres, da própria subordinação sexual como preço da branquitude. Assim como os homens supremacistas brancos veneram uma fantasia irreal de mulheridade branca, muitas mulheres brancas reais almejam materializá-la – tornar-se aquela princesa que finalmente será merecedora do cuidado e do conforto que lhe foram prometidos. Se ela ainda sofre violência nas mãos dos homens, é óbvio que só tem a si mesma para culpar – fracassou em materializar a fantasia de forma adequada.

Qualquer conversa honesta sobre estupro, violência sexual e consentimento deve ser feita em termos explicitamente antirracistas. O estupro sempre foi uma arma da supremacia branca, assim como a fantasia do "estupro pelo *outsider*" tem sido uma ferramenta para justificar sua existência. O racismo não é apenas incidental na cultura do estupro. É central à lógica pseudopatriótica que vê o corpo das mulheres não só como propriedade, mas como território. De novo e de novo, quando autodenominados patriotas se entregam a fantasias masturbatórias pós-edipianas sobre a pátria-mãe, esta é imaginada como feminina, para deixar claro que eles a possuem, não o contrário.

As mulheres brancas não podem escapar da condição de mulheridade branca ou da história de cumplicidade da qual nasceram, mas podemos e devemos tentar, de maneira ativa, resgatá-la do antifeminismo racista da era moderna. A supremacia branca é um convite aberto às mulheres brancas para que moderem suas demandas por liberação, aceitem um lugar no pedestal construído pelo e sobre o corpo de mulheres que nunca chegaram a ser consideradas vítimas dignas de proteção.

Apesar de toda arenga de proteção às mulheres, a extrema direita moderna tem a mesma clareza que os donos de escravizados no Sul norte-americano antes da Guerra Civil quanto ao tipo de mulher que de fato merece dignidade, proteção e respeito. Há alguns anos, as mulheres muçulmanas têm sido os alvos mais comuns da violência racista de rua no Reino Unido – em especial aquelas que exibem indicadores visíveis da fé islâmica, como o *hijab* ou o *niqab*. Na Alemanha, onde os ataques de 2015 em Colônia causaram pânico nacional sobre os homens imigrantes que atacavam as mulheres alemãs brancas, as agressões a muçulmanos explodiram – a maioria contra mulheres sozinhas ou com os filhos. As autoridades alemãs registraram ao menos 950 ataques a muçulmanos e a instituições muçulmanas, como mesquitas, em 2017,[9] sendo as mulheres de *hijab*, em particular, alvos de hostilização, ameaças, gritos, cusparadas, humilhações, estrangulamento, tapas, passadas de mão, socos, facadas, surras e atropelamentos, sobretudo por membros de grupos de extrema direita. Muitos responsáveis pelas agressões, de acordo com as autoridades, estão associados a organizações de extrema direita e racistas – mas não houve pânico nacional proporcional quanto à segurança de mulheres migrantes que fugiram de guerras e distúrbios civis procurando segurança. Os mesmos grupos políticos que estão tão ansiosos para que todos nós reconheçamos a ameaça aparentemente singular que os homens muçulmanos representam para as mulheres brancas não estão apenas alheios a qualquer mulher que não seja branca – eles mesmos estão cometendo agressões contra qualquer mulher que considerem inferiores.

Eis, portanto, os bravos defensores da mulheridade. Uma das características históricas relevantes do racismo sempre foi a premissa de que os homens brancos – principalmente aqueles que detêm o poder econômico – têm direito incontestável de acesso ao corpo das mulheres negras. É uma velha história, e a maioria dos homens que a transmitiu ao longo dos séculos sentiu-se como herói – e todos eles tiveram que conviver com o medo de ser confrontados com a própria hipocrisia.

Angela Davis escreveu sobre essa dinâmica no ensaio seminal "o mito do estuprador negro", explicando que, "Nos Estados Unidos e em outras nações capitalistas, as leis sobre estupro, em regra, foram concebidas originalmente para a proteção dos homens das classes superiores". Enquanto os homens brancos raras vezes eram levados perante a justiça, "a acusação de estupro foi dirigida de forma indiscriminada a homens negros, tanto culpados quanto inocentes. Assim, dos 455 homens executados entre 1930 e 1967 com base em condenações por estupro, 405 eram negros".[10] Isso não aconteceu por serem os homens negros mais propensos a atacar mulheres. As leis relativas ao estupro – como já vimos – são concebidas não com base na experiência real da mulher, mas no nível de coerção que os homens – quase sempre brancos – julgam apropriado.

A resistência à brutal nova política do patriarcado branco deve ser antirracista além de antissexista, porque a lógica da misoginia que sustenta a opressão sexual está calcada na supremacia branca. Mulheres de todas as raças e origens estão sujeitas à violência sexual e ao assédio, à ameaça de estupro, aos mecanismos do patriarcado supremacista branco como praticados sobre nosso corpo real. Nessa história, as mulheres são seres humanos com livre-arbítrio, e homem nenhum tem o direito de propriedade sobre nosso corpo, não importa quão rico seja, quão branco seja ou quanto poder tenha. O papel de herói dessa história cabe às mulheres, cujo heroísmo aumenta de acordo com quão longe são capazes de se conectar e de trabalhar em conjunto.

A extrema direita não está sozinha, de forma nenhuma, ao priorizar a segurança e a dignidade do corpo branco feminino. É claro que há diferença entre o tipo de racismo que busca conscientemente ferir e destruir e o racismo bem-intencionado da omissão, que emana da ignorância douta – mas essa distinção é menos relevante àqueles a quem é dirigida. Infelizmente, ainda persiste uma corrente de racismo no movimento feminista – aquela que busca conquistar concessões do patriarcado branco à custa das "mulheres não brancas". Uma corrente que, de forma persistente, se concentra nas experiências das mulheres brancas, ocidentais. Uma corrente que teve início séculos atrás, quando as primeiras ativistas sufragistas e reprodutivas se afastaram do movimento abolicionista e tentaram defender sua causa valendo-se da eugenia, e prossegue hoje, quando incontáveis movimentos como o Generation Identity (Geração identitária) cooptam a liberação feminina para dar brilho à própria intolerância.

Como escreve Reni Eddo-Lodge em *Why I'm no Longer Talking to White People About Race*: "Na análise de quem acabou excluído no embate entre as lutas por direitos para as mulheres e para as pessoas negras, parece que sempre foram as mulheres negras as mais prejudicadas. [...] A aversão feminista branca pela interseccionalidade evoluiu depressa para o ódio pela ideia de privilégio branco – talvez porque reconhecer o racismo estrutural teria significado reconhecer a própria branquitude".[11]

É desconfortável reconhecer nossa própria cumplicidade com a branquitude, e o conforto das pessoas brancas foi adquirido, historicamente, à custa de vidas negras. Cada pessoa branca que escreve sobre política está intelectualmente ofuscada pela própria branquitude, e posso garantir que este livro, apesar de todo meu esforço, está repleto de omissões, cheio de momentos em que falei sobre as experiências das mulheres e enxerguei, em minha própria mente, apenas mulheres brancas. Neste livro, pedi aos homens que se abram para o desconforto. As feministas brancas devem fazer o mesmo quando confrontadas com sua nova ignorância brutal: aprender o mais rápido possível, identificar e redimir-se de seus erros, recordar que seus sentimentos não estão no centro de todas as discussões e lembrar que, embora seja profundamente embaraçoso ter os próprios preconceitos apontados, ser vítima de preconceito é muito pior.

      Não valerá a pena reconstruir o mundo se os indivíduos não puderem se abrir para o desconforto de estarem errados, e essa nova revolução sexual será impotente se não for também interseccional. Raça e gênero como vetores da opressão não são a mesma coisa – mas tampouco podem ser levados em consideração de forma separada. Além de ser eticamente suspeito, qualquer movimento para acabar com a exploração que não esteja centrado na raça é intelectualmente inútil.

11

Homens Jovens Raivosos

Quando os fascistas de verdade aparecerem, você estará preparado?

Nos últimos anos, movimentos de extrema direita foram alçados à proeminência e ao poder ao redor do mundo. E um monte de gente bem-intencionada, não fascista, ainda está convencida de que, quando os malvados vestidos de preto começarem a arrombar as portas e a levar embora os vizinhos, vai fazer o que é certo, assim como fizeram antes seus avós e seus bisavós. Essas pessoas vão esperar ser chamadas e aí tomarão posição. O problema é que o tempo de espera terminou. Acabou muito antes de 6 de janeiro de 2021, quando centenas de supremacistas brancos fortemente armados invadiram o Capitólio dos Estados Unidos.

Nenhum de nós precisa mais se perguntar como vamos reagir quando os novos nazistas marcharem pelas ruas, pois isso já está acontecendo. Desta vez, porém, não estão todos usando uniformes e botas militares. Não são todos membros de um partido exclusivo, e muitos não seguem um líder definido. Não precisam de líder. A nova extrema direita está disseminada, conectada e empreendendo. A nova extrema direita é o fascismo da *gig economy*, a economia precarizada – e o sexismo é uma das principais bases de recrutamento.

O extremismo misógino é a música desta época. Primeiro, começou como lamento sutil, quase no limite da audição; meio-tom de desespero vingativo masculino audível para quem por acaso se encontrasse mais próximo: ativistas *on-line*, antirracistas, mulheres, "pessoas não brancas" em evidência pública e feministas.

Em 2017, em Charlottesville, na Virgínia, o mundo assistiu, horrorizado, à marcha de homens jovens pela cidade, com camisas polo brancas e calças cáqui, com tochas ardentes, entoando "os judeus não vão tomar nosso lugar".[1] Esse *slogan* aterrorizante ecoa uma teoria importante da extrema direita *on-line* embriagada de ódio: que uma conspiração internacional de judeus e banqueiros está determinada a destruir a raça ariana, ao encorajar, entre outras táticas, "o feminismo e a ideologia de gênero". Essa teoria, conhecida como a "grande substituição", destaca as taxas de natalidade em declínio entre nações ocidentais ricas como Estados Unidos e Grã-Bretanha, as altas taxas de imigração de países não brancos e as elevadas taxas de natalidade entre os imigrantes desses países. Os extremistas modernos chamam atenção para o fato de que mulheres por todo Ocidente estão tendo menos filhos, o que seria evidência do sucesso desse projeto de "grande substituição".

Na semana em que comecei a escrever este livro, 31 pessoas foram massacradas nos Estados Unidos em dois incidentes diferentes. Ambos os atiradores eram homens brancos de 20 e pouco anos, com histórico de comportamento extremamente sexista e violento; um deles era também militante racista que postou um "manifesto" em um *site* de *games* maldizendo a "invasão hispânica" do Texas (estado que, apenas dois séculos atrás, era parte do México). A maioria dos homens que executa esses assassinatos é arregimentada *on-line* e tem histórico de misoginia violenta. O homem que massacrou 49 pessoas em uma boate de Orlando, em 2016, espancou a mulher quando ela estava grávida. O homem que matou 26 pessoas em uma igreja em Sutherland Springs, no Texas, em 2017, foi condenado por violência doméstica.

Há um padrão nesses massacres. Eles não são aleatórios. "Em ao menos 54% dos massacres ocorridos entre 2009 e 2018", de acordo com o grupo ativista Everytown, que advoga pelo controle de armas nos Estados Unidos, "durante o assassinato em massa, o autor do crime atingiu um familiar ou alguém que era ou foi sua parceira íntima."[2] Além disso, "em ao menos 61 massacres, o atirador tinha histórico prévio conhecido de violência doméstica".[3] Tais massacres relacionados à violência doméstica levaram a 532 mortes nesses nove anos.

A Liga Antidifamação publicou, em 2018, um relatório intitulado "Quando as mulheres são o inimigo: a intersecção entre misoginia e supremacia branca", no qual uma das descobertas principais foi que o ódio às mulheres é, com frequência, "uma porta de entrada para o mundo supremacista branco".[4] O antifeminismo não é periférico à *alt-right*: embasa toda sua crítica ao mundo moderno. Seus princípios básicos são que o mundo está em perigo e só poderá ser salvo por homens fortes preparados para praticar a violência; que o feminismo está destruindo a civilização ao comprometer o papel natural das mulheres, que é ter filhos, servir e ser submissas aos homens.

Nessa narrativa, os homens brancos heterossexuais são as únicas vítimas do surgimento de políticas identitárias: assim, enquanto mulheres, pessoas LGBTQIAPN+ e minorias étnicas têm identidades claras, que lhes conferem direitos formais e informais, os homens brancos heterossexuais não o têm. Em resposta, eles construíram a própria identidade oprimida: o "macho beta", o homem jovem que não consegue achar uma parceira sexual porque as mulheres estão ocupadas demais fazendo sexo com os chamados "machos alfa". Nem é preciso dizer que a coisa toda é uma versão adolescente risível da heterossexualidade. Mas a situação apenas segue um dos princípios fundamentais do neoliberalismo levado ao extremo lógico: que os seres humanos são biologicamente desiguais, e o mercado refletirá essas desigualdades recompensando os mais fortes com o sucesso.

Em 2018, um estudo mostrou que, em conjunto com ser branco e homem, um dos indicadores mais fortes àqueles que partilhavam dos sentimentos básicos da *alt-right* era o divórcio.[5] Raça e nação são, claro, as ideias unificadoras entre a extrema direita moderna, mas o ponto de entrada, com frequência, é o sentimento de ultraje, de ter-lhe sido negado um direito masculino inato e a autoridade que ele pressupõe sobre mulheres e crianças. Esses eram homens que tinham sido deixados pelas esposas e parceiras, ou homens mais jovens que nunca se casaram, que sentiam ter sido privados daquilo que Ta-Nehisi Coates chamou de a única mercadoria que os homens brancos teriam em comum – o corpo das mulheres brancas.

Não há nada de periférico nesse movimento de desumana vingança patriarcal, esse exército de pais imprestáveis cuja justificativa para a autoridade é uma tautologia total: não somos perdedores e, portanto, merecemos vencer, não importa quem tivermos que ludibriar e esmagar para consegui-lo.

Há um tom apocalíptico nessa lógica. Esses homens, e as mulheres que fazem parte desse culto, estão se preparando para a dissolução da civilização moderna – é uma preparação ansiosa, à espera de uma era em que a decadência e a depravação serão varridas do mundo moderno. De fato, uma das fantasias coletivas mais comuns em fóruns de *incels** e de "artistas da sedução" é a do colapso iminente da civilização – quando os homens voltarão a ser homens de verdade, e as mulheres lhes serão gratas. Não vão existir mais abortos, nem divórcios, nem mulheres arrogantes reclamando por igualdade salarial

---

* Expressão derivada da junção das palavras "involuntary celibates" e que descreve homens jovens que se definem como "celibatários involuntários". (N. da T.)

– quando as hordas de zumbis se aproximarem, quando os invasores estiverem junto aos portões, quando o dilúvio e o fogo e a praga devastarem todas as nossas certezas, as mulheres vão se lembrar de que são fracas e precisam de homens para protegê-las. Já vimos isso na televisão uma centena de vezes. As sociedades modernas decadentes vão se desintegrar, deixando espaço para que os homens sejam o tipo de herói que sempre sonharam ser. Nesse meio-tempo, porém, alguns deles decidiram ser vilões.

A violenta misoginia da *alt-right* utiliza uma série de preconceitos antigos, que recebe novo conteúdo econômico e é moldada, pela extrema direita, em condições de estresse econômico, em uma nova mentalidade vitimista. A comunidade está curtida em propaganda violenta, racista e misógina, repleta de fantasias de estupro e de vingança assassina. Hannah Arendt, em pesquisa à ascensão dos nazistas, alertou que seria um equívoco confundir o antissemitismo moderno com sua forma medieval. Isso também é verdade em relação às tendências paranoicas da misoginia moderna. De acordo com um estudo do Instituto de Estudos da Família, duas características em particular têm mais probabilidade de tornar o nacionalismo branco atraente aos homens brancos: eles têm baixa renda e são divorciados.[6] Esses homens sentem-se perdedores – e, pelos padrões arrasadores da masculinidade com os quais cresceram, podem estar certos.

A sensação de fracasso deixa os homens modernos vulneráveis ao recrutamento pela *alt-right*. Esse recrutamento começa, frequentemente, com um sentimento de direito inato ultrajado – em específico, de direito ao tempo, à atenção e ao afeto das mulheres. Homens jovens solitários e inseguros, que só desejam uma namorada ou, na falta dela, uma trepada, são iludidos e atraídos porque lhes é dito que o sexo é um jogo, que as mulheres são o prêmio, e que um homem de verdade atua no mercado sexual como qualquer *short trader* de olhar alucinado, tapeando as mulheres para que lhe deem o que ele sabe merecer. Então, quando essa estratégia não funciona, ou quando funciona e os deixa se sentindo vazios e enganados, ou quando estão dominados pelo ressentimento por não terem recebido a cara-metade que acham merecer, esses homens são presas fáceis.

Com frequência, a entrada nessas comunidades é bem inofensiva. Tem que ser: pouquíssima gente se alista para ser um supremacista branco violento e odiador de mulheres. É algo que soa muito parecido com o papel de vilão, e a última coisa que esses homens querem ser são os vilões – eles são caras legais, caras de bem ou, pelo menos, não são os caras do mal. Em vez disso, são atraídos para conversas vagas sobre orgulho, direitos, restabelecer a ordem e a justiça no mundo – as bandeiras com raios e cadarços vermelhos só aparecem depois.* Hussein Kesvani, da revista *Mel*, explica dessa forma:

> A "manosfera" consiste em grande número de grupos – sejam eles os *incels* os "Men Going Their Own Way" (homens seguindo o próprio caminho) ou os "artistas da sedução" – que passam todos a mesma mensagem de que os homens que frequentam suas páginas estão sendo tratados mal pelas mulheres e pela sociedade, diz Annie Kelly, aluna de doutorado na Universidade de East Anglia, que pesquisa o impacto da cultura digital na extrema direita.
>
> Ela acrescenta que, embora não exista uma razão única pela qual os homens seriam atraídos para as comunidades "Red Pill" (pílula vermelha), como subcultura *on-line* hiperconectada [a "manosfera"] ela é capaz de transmitir suas mensagens e filosofias a um público muito mais amplo. Tudo isso significa que queixas sobre falta de parceiras sexuais e românticas estão

---

* Referência às bandeiras com dois S estilizados, no formato de raios, símbolo derivado da Schutzstaffel, ou SS, polícia do Estado nazista de Hitler. Os cadarços vermelhos são usados, em alguns grupos de *skinheads* racistas, por membros que cometeram atos com derramamento de sangue. (N. da T.)

situadas nos mesmos espaços que a propaganda de extrema direita sobre, por exemplo, a crise dos refugiados e questões trans. Quando são reforçadas nesses grupos, bem como nos canais da mídia *mainstream* no Facebook e no YouTube, as pessoas ficam mais expostas a elas e acabam assimilando algumas das máximas sem perceber. O mundo *on-line* torna-se parte de seu mundo vivido.[7]

Logo a linguagem se torna mais sombria. Memes racistas e propaganda homofóbica mesclam-se em um sonho febril em que homens jovens se veem uns aos outros como soldados em uma batalha sangrenta e incessante contra tudo que seja incômodo na modernidade. Embora a frustração sexual seja o coração pulsante dessa ideologia, os homens *incel* não odeiam outros homens sexualmente mais bem-sucedidos – ao menos não se estes forem brancos. Em vez disso, eles os respeitam pelas proezas, aceitando de maneira niilista o próprio lugar como machos "beta", condenados a morrerem insatisfeitos, sem nenhuma perspectiva senão a vingança. Donald Trump, óbvio, é ou foi o "alfa" máximo – o macho alfa sexual e político que dominou os inimigos com violência e ameaças; que mentiu e trapaceou e tomou o que queria, sem se importar com quem saísse ferido. Isso, para os extremistas do culto mortal da masculinidade moderna, é o significado de ser homem de verdade.

O conceito de que o consentimento das mulheres poderia importar é uma blasfêmia para esses extremistas. Muitos deles rejeitam a noção de que o estupro seja "grande coisa", afirmando que ser forçado a não fazer sexo é uma injustiça equivalente ou maior que ser forçado a fazê-lo – ou, antes, de suportá-lo. Essa frígida filosofia sexual é central à mentalidade da "manosfera": as mulheres não têm sexualidade real própria e buscam apenas extrair o máximo de recursos dos homens em troca do "acesso vaginal".

Quando suas náuseas passarem, preste atenção à linguagem aqui. Há semelhança familiar e perturbadora com a retórica de marqueteiros, políticos e pesquisadores de tendências eleitorais – e não é de admirar. Os "artistas da sedução", como os marqueteiros na maioria das máquinas eleitorais, tratam o livre-arbítrio de outros seres humanos como um obstáculo a ser transposto. Homens jovens em fóruns como esses são incentivados a lançar mão de todos os recursos e a desgastar seu alvo até conseguir o que querem. E o que esses homens jovens querem, e parecem achar que merecem, é o acesso sexual e emocional desimpedido às mulheres que consideram "gostosas" – em geral mulheres jovens, magras e brancas. A questão de qual possa ser o desejo das mulheres nunca entra na equação. De acordo com a lógica da "arte da sedução", os desejos e limites das mulheres são apenas obstáculos a serem transpostos quando o aspirante a macho alfa aprende, com frequência pagando para obter aulas particulares, a vencer a "resistência de último minuto" e a romper as barreiras de seu alvo.

Parte da misoginia mais peçonhenta tem origem nos fóruns *incel*, onde homens jovens, unidos por um ressentimento comum contra as mulheres, por estas não dormirem com eles, bradam contra o gênero como um todo por seu "celibato involuntário". Como em qualquer terreno de recrutamento de extremistas, o movimento *incel* aproveita-se da solidão e do desespero. Seus porta-vozes fetichizam o suicídio e têm como alvo aqueles que buscam dar vazão aos impulsos mais sombrios de autoaversão.

Tudo acontece por estágios. Homens jovens solitários em busca de conselhos e orientação encontram novos amigos que prometem ajudá-los a ganhar confiança ou oferecem dicas sobre como conversar com as garotas nas festas. Mas bem depressa a coisa torna-se mais sombria. Em um fórum *incel* agora banido, um usuário queixou-se de que o irmão de 14 anos havia trazido uma garota para casa quando ele próprio estava ocupado assistindo à pornografia. Imediatamente, os comentaristas sugeriram estupro e assassinato.

Em 22 de abril de 2018, Alek Minassian lançou sua van sobre uma multidão em Toronto, matando dez pessoas. Minassian, condenado por assassinato em massa em março de 2021, postara horas antes em seu perfil no Facebook: "Soldado (recruta) Minassian Infantaria 00010 deseja falar com o sargento 4chan, por favor. C23249161. A rebelião *incel* já começou! Vamos derrubar todos os Chads e Stacys!* Saudações ao Cavalheiro Supremo Elliot Rodger".[8]

Elliot Rodger foi um terrorista que matou seis pessoas na região de Isla Vista, em Santa Barbara, Califórnia, em 2014, como "vingança" pelo fato de que as mulheres não queriam fazer sexo com ele. Para a comunidade *incel*, Rodger é herói e mártir.

De novo e outra vez, um homem jovem ligado à vala tóxica de misoginia que é a comunidade *incel* cometeu assassinato em massa, e novamente ao público foi pedido, de forma inexplicável, que demonstrasse um pouco de compreensão e indagado se aqueles homens jovens raivosos talvez não tivessem preocupações legítimas, mesmo que este aqui tivesse ido um pouco longe demais ao decidir assassinar dez pessoas a sangue frio.

Quando, por fim, o subReddit** "r/Incels" foi tirado do ar, em 2017, tinha 40 mil membros ativos. Todas as evidências sugerem que foi essa a comunidade que radicalizou Minassian, e, logo após o atentado cometido por ele, os fóruns *incel* mais populares aclamaram-no como soldado na sangrenta batalha com a realidade. Que essa subcultura tóxica tenha apenas recentemente começado a ser levada a sério como local de incubação de violência terrorista constitui uma acusação contra todos nós. É uma acusação à nossa sociedade e a seu interminável desfile de desculpas por qualquer violência que reconheça.

---

* Entre os *incels*, mulheres atraentes, muito femininas e em geral loiras são chamadas de Stacys; elas são inatingíveis, pois só se interessam por Chads, os machos alfa, atléticos, populares e muito masculinos. (N. da T.)
** Comunidade na rede social Reddit que funciona como fórum, agregando notícias e postagens. (N. da T.)

Passei anos pesquisando e tentando compreender a mentalidade por trás das comunidades *incel*, de "direitos dos homens" e de "sedução". Esses fóruns, para ser franca, são uma trincheira perigosa de autopiedade iludida, onde homens jovens e não tão jovens, na maioria brancos, masturbam uns aos outros em um orgasmo de ódio coletivo e incitam a atos de violência contra si mesmos e contra os outros. O problema está piorando. E, como parece que somos culturalmente incapazes de considerar os homens jovens responsáveis por suas ações, mais uma vez a culpa é jogada sobre as mulheres.

De acordo com Robin Hanson, blogueiro conservador e professor na Universidade George Mason, na realidade, os *incels* são os oprimidos – porque as mulheres não querem fazer sexo com eles. Hanson sugere que o sexo poderia ser "redistribuído de forma direta ou haver redistribuição de dinheiro como compensação.[9] O que ele quer dizer é que as mulheres deveriam deixar de ser tão metidas a besta e concordar em trepar com homens violentos.

Em outras palavras, tudo isso poderia ser evitado se alguém tivesse mostrado a esses homens jovens amor, empatia, bondade e, possivelmente, os genitais. Se as mulheres tivessem parado de exigir, de modo egoísta, que seu direito à dignidade humana básica fosse tão importante quanto o acesso sexual dos homens a seus corpos. Se tivessem sido um pouquinho mais educadas ao pedirem que as pessoas parassem de espancá-las e estuprá-las, de boliná-las e assediá-las. Se tivessem cumprido seu dever como mulheres, ninguém teria se machucado. Se os homens estão estropiados, é trabalho da mulher consertá-los.

Ser desestruturado e infeliz não é desculpa para a violência, e reconhecer o tipo especial de desespero que pode levar uma pessoa ao extremismo político não é o mesmo que dar uma desculpa. Esses indivíduos já tiveram mais empatia e compreensão do que merecem. Estejam eles participando de manifestações racistas, votando em neonacionalistas, abusando de mulheres em série ou incitando uns aos outros a atos de violência contra qualquer *thot** ou "Stacy" que selvagemente lhes negou "acesso vaginal", ouvi todos os argumentos sobre como a solidão, a frustração e a depressão os forçaram a fazer o que fazem ou fizeram e descobri que não me importo. Não me importo, porque as pessoas estão morrendo.

Quando será a vez de outro alguém ser objeto de preocupação e compreensão? Quando os frustrados homenzinhos imaturos e os racistas histéricos que clamam por alguém que leve a sério suas preocupações "legítimas" vão oferecer a outra pessoa uma solitária fração da empatia e do respeito que exigem, sob pena de violência?

Neste momento, enquanto o número de vítimas continua a crescer, todos já passamos muito dos limites do que a empatia e a compreensão podem fazer por homens jovens que caíram em um mundo delirante de fantasias racistas e sexistas de vingança. Tolerância zero é a única resposta possível. Queria muito que empatia e compreensão tivessem sido suficientes. Mas conheci mulheres demais que se acabaram tentando ter empatia por homens que continuam a feri-las e a assediá-las e a abusar delas. *Na realidade, ele é um bom garoto. Faz um trabalho maravilhoso. Teve uma infância horrível. É solitário e deprimido. Tudo de que necessita é amor. É culpa nossa não termos demonstrado amor suficiente por ele. Talvez se tivéssemos nos empenhado mais.*

Se isso funcionasse, teríamos agora um mundo muito diferente. Passei por isso. Eu o tentei. Implorei por tolerância e compreensão por homens violentos que amei e vi como estes passavam para a vítima seguinte, e a seguinte. Assim como aconteceu com o movimento #MeToo, a única coisa que alterava um comportamento era criar um clima em que este fosse inaceitável.

Perdoar a violência com base no fato de que as pessoas que a acalentam são *nerds* estranhos solitários, tímidos, frustrados é um

---

* Abreviatura para a frase *that ho over there*, ou "aquela ali", palavra depreciativa para mulheres, da mesma forma que "puta". (N. da T.)

insulto indiscutível a todos os outros *nerds* estranhos solitários, tímidos, frustrados que estão por aí. Somos muitos. A maioria de nós não considera nossa solidão ou frustração um prelúdio lógico a atos de violência sangrenta. Alguns dos homens mais bondosos e gentis que conheci vivem no porão dos pais jogando uma quantidade absurda de *videogame* e raramente saem, ou nem sequer fazem sexo. Seria tão provável que pensassem em cometer um assassinato em massa quanto em voluntariamente deceparem um braço ou uma perna. Parem de dar desculpas. Parem de inventar maneiras de redefinir essa epidemia de extremismo misógino como algo além do que é de fato.

Quem aí não está solitário e deprimido? Quem não se sente furioso e enganado? O que vi, ao longo de anos de pesquisa nessas comunidades, é uma absoluta inabilidade de considerar a mais remota possibilidade da mais vaga noção de que alguém mais possa ter tais sentimentos. Que alguém mais possa ter qualquer tipo de vida interior. Que mulheres e garotas também possam se sentir solitárias ou deprimidas, ou furiosas ou enganadas, que possamos ter coisas sobre as quais reclamar, entre elas não sentir prazer e respeito suficientes neste mundo, é a que menos importa.

Isso não quer dizer que esses *nerds* amargurados que espumam de raiva e cospem ódio não têm direito aos próprios sentimentos. Os sentimentos deles são válidos, assim como os seus e os meus. O medo, a dor e a frustração deles são válidos. Todos esses sentimentos são válidos – e nenhum deles justifica um único gesto de violência contra outro ser humano, por um segundo que seja.

A verdade nua e crua é que, mesmo que possa intimidar e brutalizar e ameaçar as pessoas para que lhe obedeçam e até façam sexo com você, você não consegue forçar ninguém a amá-lo. Ou a respeitá-lo. A coisa não funciona assim. Ninguém tem direito inato ao sexo. Ninguém tem direito inato ao tempo e à atenção dos outros. Sei que o total analfabetismo emocional que nossa cultura encoraja nos homens pode tornar a coisa confusa, pode tornar difícil distinguir entre algo que você deseja muito e algo que o mundo lhe deve, mas acredite, existe diferença, e está na hora de que o restante de nós comece a deixar isso claro. Não só porque é a base de uma cultura mais corajosa e mais humana, mas porque o senso tóxico, assassino, de sentir-se no direito não é exclusivo dos terroristas, e nunca foi.

O motivo pelo qual é tão difícil reconhecer que a misoginia arrogante conduz a atos de violência terrorista é que essa misoginia não é raridade em nossa cultura. A maioria das pessoas concordaria que a visão dos *incels* é extrema e que as soluções propostas por eles são violentas e repugnantes, e, no entanto, a premissa básica – que as mulheres devem sexo aos homens, e que estes têm o direito de obtê-lo – está inculcada na sociedade.

Por muitos anos, na Europa e na América do Norte, a crescente ameaça à segurança pública por parte dos indivíduos da extrema direita foi amplamente ignorada pela polícia, que preferia se concentrar, de modo previsível, na violência *outsider* – na qual o único terrorismo que importava era o de homens negros, pardos e nascidos no exterior. A ameaça da extrema direita não foi ignorada somente por ser uma questão doméstica, mas porque a lógica que sustenta sua filosofia é também aquela que sustenta o estado supremacista branco, patriarcal – só que levada à conclusão lógica. O Estado não foi concebido para proteger mulheres e "pessoas não brancas" da violência que perpetua a opressão sobre elas – o Estado é, em muitos casos, apenas uma forma mais polida de exercer essa violência, seja por meio dos tribunais, do mercado imobiliário ou do sistema prisional.

A misoginia arrogante está em todo canto. O que vi nos fóruns *incels* é tão somente a versão extrema de uma mentalidade hoje partilhada por muitos homens aparentemente normais, não terroristas. Essa mentalidade opera da seguinte forma: as mulheres devem aos homens seu tempo, seu amor e sua atenção erótica. Quando essas coisas lhes são negadas, e eles precisam lidar com sentimentos de rejeição, solidão ou frustração sexual, tal negação é um ato de violência que deve ser punido. As mulheres não sexualmente atraentes não são merecedoras de dignidade humana, mas aquelas que de fato fazem sexo são vadias. Se uma "femoide" não vai dar para você, foda-se aquela vaca. Ela vai ter o que merece.

O pressuposto que transpira de cada poro aberto da cultura patriarcal heterossexual é que o esperado é que as mulheres tolerem dor, medo e frustração – mas a dor masculina, por outro lado, é intolerável. A solidão, a depressão e a frustração dos homens, em particular de homens heterossexuais brancos, são sentidas como revelação, tratadas com reverência, evocadas para desculpar e justificar os piores excessos de violência e intolerância. O simples fato de um homem ter dor é considerado uma resposta completa à questão do porquê ele escolheu infligir dor nos outros. A dor de um homem *lhe dá o direito* de infligir dor aos outros.

O barulho está vindo de dentro da casa. Só porque a lógica desse extremismo violento vem, por acaso, do coração congestionado da cultura ocidental não significa que não seja terrorismo. Só porque esses assassinos em particular, solitários e frustrados, falam e soam de forma perturbadoramente semelhante a alguns filhos, e irmãos, e parceiros, e colegas brancos, isso não significa que sua propaganda peçonhenta deva ser tolerada. E só porque priorizaram as próprias fantasias de um mundo em que as mulheres uma vez mais serão subservientes aos homens não significa que esse mundo seja inevitável, ou desejável – ou provável.

Em março de 2020, a Covid-19 fez o mundo parar, e os homens jovens raivosos da internet finalmente obtiveram a crise da civilização que virou o mundo do avesso e pela qual sempre esperaram. Mas algo deu errado. Esse não foi o apocalipse pelo qual estavam esperando; não foi o retorno a um mundo melhor, mais simples, em que os homens seriam novamente homens de verdade, e as mulheres ficariam agradecidas. Na pandemia global, os heróis não foram guerreiros ou soldados – foram os médicos, as enfermeiras, os trabalhadores de cuidados e os líderes comunitários. Foram as pessoas que faziam o exaustivo trabalho diário da bondade, de manter os outros saudáveis e seguros. A extrema direita moderna não consegue compreender seu lugar em um mundo que não está desmoronando – e, embora ferir outras pessoas seja a melhor maneira de conseguir atenção, construir um movimento com tal base é construir um monumento à própria irrelevância.

12

Chega de Heróis

O que significa ser um bom homem?

No momento, ninguém parece saber, e isso é um problema. É um problema para toda a sociedade, fundamentada na ideia da infalibilidade masculina. Os homens podem ser bons? São eles inerentemente violentos? Caso sejam, podem ser responsabilizados por seus piores instintos? E, se as mulheres estão liderando a mudança social, serão os homens agora o inimigo – queiram eles sê-lo ou não?

De algum modo, uma conversa sobre a vidas das mulheres foi reinterpretada como um referendo sobre a alma dos homens. A fonte da ansiedade não está apenas na redefinição pela qual a noção de "homem bom" está passando. O que mais assusta é que os homens não estão mais controlando a narrativa. Não por completo. E isso é novo. Muito novo. Era costume que os homens determinassem o significado da moralidade, definissem o que queria dizer ser um cara decente ou uma boa garota – e boas garotas não deviam questionar esse arranjo.

Mas, uma vez que um padrão de violência foi tornado visível, é difícil deixar de vê-lo. Por todo o mundo, as mulheres e pessoas *queer* começaram a abrir os cadeados da própria liberdade de ação e a reconhecer a profundidade do mal que sofreram e testemunharam. A conversa sobre violência sexual e privilégio masculino não é sobre o que os homens *são*. É sobre o que os homens *fazem* e o que poderiam fazer de modo diferente. E é também sobre coragem. A coragem que a modernidade requer de homens e garotos é profundamente não tradicional.

Por dez anos, desde que me tornei escritora feminista, tenho recebido muitos *e-mails* de homens que não conheço, ou que não conheço bem – *e-mails* questionadores, confessionais, raivosos. A maioria das mulheres que conheço que também escreve têm igualmente as caixas de entrada lotadas de cartas de desconhecidos, histórias angustiadas repletas de vergonha, dor e ira quanto ao modo como o mundo está se reescrevendo, sem os homens brancos como únicos protagonistas. Os homens me escrevem o tempo todo contando que se sentem aprisionados na própria masculinidade tóxica, que se sentem como perdedores e fracassados, que o feminismo moderno parece uma vivissecção das próprias inadequações, e que eles não têm certeza se devem odiar o feminismo ou a si mesmos, ou ambos.

Muitos desses homens lutam para diferenciar o modo como sentem o mundo do modo como o mundo é. Eles sentem que são um fracasso, então são um fracasso. Sentem como se o feminismo estivesse destruindo o mundo, de forma que o feminismo é "destrutivo" porque, agora, mais do que nunca, é forte e masculino vivenciar seus sentimentos como fatos provados. Nesse turbilhão de mensagens conflitantes, homens e garotos não sabem o que fazer. Não sabem como ser bons. E homens devem saber essas coisas. Um homem forte nunca é inseguro. Um homem de verdade não precisa fazer perguntas. Um bom homem nunca se pergunta o que significa ser bom. Ele apenas é.

Quanto mais a cultura moderna se curva sob as próprias contradições, mais apegados parecemos estar à noção do homem bom como algo sacrossanto, algo que existe independentemente do comportamento. *Ele não costuma ser assim. Ele não sabia o que estava fazendo. Ele não poderia ter feito isso. Ele é um bom sujeito.* É desconfortável reconhecer que pessoas que conhecemos e amamos podem ter sido violentas, sexistas e cruéis. O trabalho de confrontar a própria cumplicidade sempre é desconfortável – e muitos homens e garotos estão olhando agora o próprio histórico sexual e social e perguntando-se como podem ver a si mesmos como pessoas boas.

Nos últimos cinco anos, sobretudo desde que o movimento #MeToo teve início, passei muito tempo sentada à mesa, frente a frente com homens acusados de agressão sexual e estupro – homens que estão com raiva, e com medo, e não têm a menor ideia do que fazer. Homens que estão se afogando em culpa, compreendendo que se sentir terrível porque você feriu alguém não é, de forma nenhuma, o mesmo que se sentir terrível porque você foi ferido. Homens que foram denunciados e condenados e estão imaginando como será o resto de sua vida. Mas, bem – como diz Ms. Marvel[1] –, não é algo que você é. É algo que você faz.

Em qualquer sistema opressivo, qualquer sistema no qual a liberdade de alguém é obtida à custa da servidão alheia, membros da classe dominante têm de descobrir maneiras de conviver consigo mesmos. Quando algo não pode deixar de ser visto – como a violência sexual ou o racismo estrutural –, explicações alternativas são buscadas, de modo que o tipo de pessoa que se vê como razoável e sensata pode seguir em frente, com a vida normal.

O choque de ver a violência e a injustiça reconhecidas pela primeira vez emudece nossa boca, cala fundo no coração. A transição de uma realidade para outra é abrupta e chocante. Para todo lado que olho, o trabalho de ajudar os homens nessa transição para uma maneira melhor e menos brutal de viver e amar está sendo feito pelas mulheres. É um trabalho exaustivo. Mas ele não é reconhecido como trabalho. Em vez disso, gera ressentimento. Mulheres que assumem a tarefa inglória de tentar ajudar os homens a mudar para melhor enfrentam acusações raivosas de estarem indo longe demais, de serem cruéis demais, de forçarem os homens a atacar ou colapsar. A masculinidade moderna aparentemente é tão frágil que se despedaça ante a menor sugestão de mudança.

A ideia de que os homens são fracos demais para lidar com a mudança é ofensiva a eles – e, no entanto, poucos modelos alternativos de masculinidade estão sendo oferecidos. De fato, há um déficit criativo no território mapeado da masculinidade. As histórias que têm sido contadas sobre o que os homens são e o que fazem são grandiosas e vastas, e profundas, e ensurdecedoras. São muito diferentes das histórias frágeis e periféricas que tradicionalmente têm sido contadas sobre as mulheres, relegadas a personagens coadjuvantes nos relatos de heroísmo masculino – até pouquíssimo tempo. Neste momento, a cultura está, por fim, abrindo espaço a novos modelos para mulheres e pessoas *queer*. Mas os homens hétero ainda estão presos na camisa de força das sufocantes narrativas do patriarcado.

A masculinidade moderna deixa muito pouco espaço para histórias que não sejam sobre conquistas e violência; muito pouco espaço mesmo para histórias suaves que envolvam incertezas, gentileza e todos os territórios desconhecidos do coração humano. A masculinidade moderna é uma jaula, e os homens estão trancados nela – e o restante de nós também está trancado com eles. Essa jaula não será destrancada até que seja considerado menos importante criar os garotinhos para serem homens que para serem humanos.

Com frequência, o ódio à masculinidade e à prisão que ela se tornou é confundido com o ódio aos homens. É verdade que algumas pessoas foram feridas o bastante ao longo da vida para perderem a esperança em todo o gênero, e isso é uma pena, mas, de minha parte, é por respeito aos homens que considero tão importante falar sobre masculinidade tóxica, sobre a cultura do estupro e sobre o patriarcado.

A masculinidade moderna é quebradiça, frágil. Reage a qualquer ameaça percebida, atacando e fechando-se. É por definição resistente não apenas à mudança, mas à própria ideia da mudança. Abomino tais aspectos da masculinidade porque já vi homens demais tentando, com toda sua força, rejeitá-los; tentando bravamente, sem qualquer roteiro, sem grades de proteção nem esperança de uma recompensa de herói, crer que essa visão estreita da masculinidade é inata. Às vezes, perco as esperanças em relação a isso, e perder as esperanças é exaustivo, e não vou me conformar com isso. Ainda quero entender por que os homens fazem o que fazem e como podem começar o trabalho de mudança.

Porque, neste momento, um número grande demais de homens e garotos parece acreditar que uma mudança é impossível. Um medo comum entre homens decentes que estão se esforçando para saber como existir de modo ético, em um corpo masculino, na era moderna é que há algo inerentemente odioso e destrutivo na própria masculinidade; que há algum tipo de pecado original escrito em seus genes, e que as mulheres, como um todo, podem tê-lo identificado de maneira correta. É por isso que a primeira coisa, e a pior, que os homens dizem às mulheres que lutam pela própria liberação é que elas devem "odiar os homens". Essa fala pressupõe que pedir aos homens que mudem seu comportamento é, e deve ser, o mesmo que odiar o que são, em nível mais profundo.

No entanto, ser um sujeito bom não tem a ver com quem você é. Tem a ver com o que você faz. Muitas reações reflexas utilizadas como defesa por homens que fizeram coisas violentas, sejam celebridades ou homens comuns, partem da premissa de que eles "não são esse tipo de pessoa". Na realidade, todo mundo é esse tipo de pessoa – todo mundo que cresceu em um patriarcado e aprendeu que o sexo é tanto algo horrível que algum dia as mulheres podem ter que suportar que você faça a elas quanto algo vital à identidade como homem. Essa tensão é algo terrível com o qual conviver.

Em algum momento, quando chegava aos 30 anos, percebi que estava errada em relação os homens. Estava colocando as necessidades e os sentimentos dos homens acima dos meus não porque eu fosse uma pessoa legal, mas porque ouvira que era assim que você se mantém a salvo. Cometi um erro em relação os homens. Eu achava, como muitas de nós, que o motivo pelo qual o mundo foi dominado por tiranos populistas e demagogos de extrema direita dirigindo o carrinho de palhaço da cultura rumo ao colapso climático era que os homens estavam infelizes. Os homens brancos, em particular. Em especial, os homens brancos de classe média. Eu achava que o conforto deles era mais importante que o consentimento dos outros. Eu estava errada.

Uma das ilusões centrais da masculinidade moderna é a noção de que os homens são emocionalmente reprimidos. De fato, homens e garotos são analfabetos emocionais – porque grande proporção deles foi criada para acreditar que a fluência emocional não é viril. De que outra maneira teríamos chegado a esse lugar tóxico e deturpado em que os homens confundem, de forma tão rotineira, os próprios sentimentos com os fatos? Em que os homens que amam ou sentem tesão vivenciam esses desejos como imperativos arrebatadores em sua exigência?

Os homens não são, de fato, emocionalmente menos capazes que as mulheres, por natureza. Apenas é esperado de mulheres e garotas que aprendam a administrar os próprios sentimentos – e a considerar os sentimentos alheios – muito mais cedo na vida. Décadas de dissecação e de estudo do cérebro humano não encontraram uma glândula para a empatia humana e o controle emocional que faltam nos machos da espécie. A questão não é que tantos homens sejam incapazes de lidar com o desconforto – é que a sociedade seja incapaz de lidar com o desconforto masculino, a ponto de ser considerado pouco viril aprender qualquer uma das habilidades básicas emocionais de enfrentamento que conduzem uma pessoa por tempos de mudança e incertezas. Enquanto o desconforto potencial dos homens é um problema a ser resolvido, a dor das mulheres é normalizada, tornada invisível e aceita – ao menos até certo ponto – como sina na natureza e na criação.

Não é antifeminista falar sobre as emoções dos homens como se elas importassem. O que é antifeminista é exigir que os sentimentos dos homens venham em primeiro lugar; é insistir que as experiências dos homens sejam levadas mais a sério; é intimidar ou ameaçar as mulheres de modo que coloquem o conforto dos homens à frente da própria segurança. Não é errado ajudar os homens a curar suas feridas e a crescer e seguir em frente, mas essa cura e esse crescimento não devem ter prioridade sobre a segurança e o crescimento de uma comunidade inteira.

Entretanto, se vamos, de fato, honestamente, falar sobre os sentimentos dos homens, pode ser que cause dor. Isso pode significar cutucar os pontos sensíveis e dolorosos por baixo da carapaça das posturas masculinas. Pode significar falar sobre o espectro completo da emoção, incluindo vulnerabilidade, decepção, solidão, vergonha e medo – todos aqueles sentimentos pouco viris que homens e garotos são forçados a não admitir.

Com muita frequência, homens heterossexuais são destroçados pelas contradições de ter que odiar aquilo que desejam. Já falamos aqui sobre a maneira particular, previsível, pela qual homens desestruturados tentam enterrar a própria autoaversão no corpo das mulheres, reduzindo a intimidade a um ato de dominância – e é impossível fazer isso a uma pessoa e ao mesmo tempo respeitá-la como indivíduo com vida própria, igualmente preciosa, para viver. Os homens que conheço que mais fizeram mal a mulheres – e a mim, pessoalmente – são alguns dos indivíduos mais ferrados que já conheci. Isso não é desculpa. Nem de perto. Pessoas feridas nem sempre ferem os outros. Sabemos disso porque inúmeros homens sobreviventes de abuso e trauma encontram formas de romper o ciclo do abuso. Foram corajosos o suficiente para recusarem-se a deixar que o próprio trauma ditasse a trajetória de sua vida. Sabem que aqueles que estão dispostos a fazê-lo podem construir vidas melhores e mundos melhores.

A revolução sexual não exige que homens e garotos odeiem a si mesmos. Vergonha e ódio de si mesmo não são emoções úteis. Não fazem de você uma pessoa melhor, ou um parceiro melhor, ou um homem melhor. Há 7 bilhões de almas humanas vagando por este planeta, e é absurdamente improvável que você ou eu sejamos as melhores ou as piores delas. De fato, o mais provável é que odiar a si mesmo atrapalhe o tipo de mudança positiva rápida de que a espécie precisa neste momento. Todo mundo já conheceu indivíduos tão apegados à própria autoaversão que é impossível falar com eles sobre erros pequenos, cotidianos, humanos. Indivíduos tão empenhados em pensar que são más pessoas que acabam sendo incapazes de se tornar melhores.

Mas os homens como classe política não são frágeis demais para encarar as consequências de suas ações. Não é um ato de bondade ter baixas expectativas em relação aos homens ou sempre fazer o trabalho emocional para eles. Não é um ato de bondade ceder à ameaça – tão comum em relacionamentos abusivos – de que, se não fizermos o que querem, eles cometerão uma violência contra si mesmos, ou contra nós, ou ambos. Por muito tempo, achei que estava sendo amorosa com os homens por esperar menos deles. Achei errado. Eu não estava sendo amorosa. Não estava sendo bondosa. Estava apenas sendo legal – e ser legal não é suficiente.

Há uma autoaversão selvagem no âmago de muitos de nossos paradigmas de masculinidade. A maioria dos homens que conheço que feriu mulheres sente vergonha profunda, incluindo em relação às mulheres a quem fizeram mal. A violência sexual torna-se um modo de deslocar essa vergonha para o corpo de outra pessoa. Essa vergonha – a ideia de que os homens não fazem coisas ruins; de que *são* coisas ruins – não vem do feminismo. Vem do patriarcado. E o medo de ser "descoberto" é o centro dessa vergonha. Não é que a maioria dos homens e garotos não saiba que a forma como, às vezes, eles se comportam é problemática. Não é que a maioria dos homens e garotos não se sinta mal por isso. O problema ocorre quando você se convence de que se sentir mal é o bastante.

Enquanto isso, mulheres e garotas estão administrando a reabilitação dos homens para eles – e sofrendo nesse processo. Mulheres e garotas estão realizando o trabalho emocional de conversar com os homens sobre seus sentimentos complexos em relação à violência que cometeram. Com frequência, essas próprias mulheres e garotas sofreram violência – mas quando isso aconteceu conosco não houve sistema de apoio semelhante. Foi-nos dito, de maneira implícita ou explícita, que ficássemos quietas ou arcássemos com as consequências. Ninguém estava preocupado com o efeito sobre nossa saúde mental ao sermos excluídas de comunidades ou termos nossa experiência invalidada.

Aprendi muito fazendo isso. Aprendi que há homens que, honestamente, não sabem o que fizeram de errado nem o que fazer agora, e sua dor, sua culpa e sua vergonha são viscerais. Mas só por estarem sofrendo não significa que o processo pelo qual estamos passando seja injusto. A justiça não é sinônimo de atenuar o desconforto dos homens.

Em décadas recentes, enquanto a ideia do direito dos homens de mandar em casa e na vida pública tornou-se mais frágil, novas justificativas precisaram ser encontradas. Se a história não pode mais ser forçada a se moldar em torno da vergonha das pessoas, estas buscam outras formas para explicar o próprio comportamento. Uma autorização que o patriarcado adora dar a si mesmo é a de recorrer à natureza – sobretudo à ideia particular de biologia evolutiva mais ligada ao pensamento mágico que ao rigor científico. A dominância masculina seria uma manifestação da seleção natural, e a cultura do estupro, uma vantagem evolutiva. Homens e garotos simplesmente nascem violentos e egoístas – e, se não foi Deus quem os fez assim, foi a natureza.

Essa abordagem da interpretação da ciência evolutiva é conhecida como "sociobiologia" ou "determinismo biológico". É uma teoria simples, sedutora, que entrou para a cultura popular. Neste momento, o mercado de ideias está em queda livre, repleto de *short-traders* duvidosos e de empréstimos podres. O determinismo biológico é uma forma conveniente de maquiar ideias ruins e colocá-las de novo no mercado.

Nesse caótico entendimento da masculinidade, os homens são meros animais, feras movidas a testosterona, seguindo leis da natureza que agem em padrões semelhantes às leis do capitalismo tardio: pegue o que quer e dane-se o outro cara. É uma narrativa simples que alucina e cria um mundo de heroísmo hierárquico, onde todo dilema moral ou ético possível se resume a lute-foda-mate.

De novo, é intrigante que não haja mais homens que se sintam ofendidos com o pressuposto de que a posse de um pênis aleija, de modo automático, a capacidade ética de uma pessoa. Talvez seja porque aos animais é permitido serem inocentes. Aos animais é permitido agir por instinto. Permitir que a natureza leve a culpa por algo feito pela cultura oferece aos covardes morais justificativa intelectual para o abandono da responsabilidade pessoal. Os homens jovens, em particular, demonstram estranha ansiedade em alegar não serem melhores que animais quando lhes convém. Os argumentos sociobiológicos são evocados para explicar todo tipo de injustiça de gênero, da desigualdade no trabalho remunerado (os homens têm cérebro maior e são, portanto, mais inteligentes) aos modernos padrões de beleza (as mulheres são concebidas pela natureza para atrair sexualmente os homens, por isso é muito importante que mantenham proporção ideal entre cintura e quadril). Cientistas como Cordelia Fine já explicaram em detalhes por que, "ao contrário da visão de que há diferenças notáveis entre o cérebro de homens e mulheres, nenhuma dessas diferenças foi especialmente relevante. Mesmo entre os maiores, a sobreposição entre os sexos significou que cerca de uma em cada cinco mulheres era mais do 'tipo masculino' que o homem médio".[2]

A teoria da evolução por meio da seleção natural é uma hipótese rica, complexa e bela, mas algo que não é, e nunca foi, é um argumento moral de qualquer espécie. Desde o início, porém, houve gente que tentou transformá-la nisso. O próprio Darwin teve a oportunidade de assistir ao nascimento da teoria da eugenia – o argumento de que "espécimes humanos inaptos" deveriam ser impedidos de procriar – e deu-lhe as costas, enojado. Contudo, insignificantes filósofos *pop* "neomasculinistas" e televangelistas do YouTube invocam, rotineiramente, as teorias de Darwin para legitimar a intolerância – uma interpretação equivocada que insulta tanto o homem quanto o método.

Não que inexistam fatos sob o atoleiro do misticismo evolutivo. Não que faltem pesquisas sólidas, que não haja aí teorias plausíveis; mas essas porções frescas de pesquisa científica genuína são trituradas, transformadas em farelo grosso de ficções convenientes, fritas no óleo das crenças populares e banhadas no molho especial do preconceito popular, para tornarem-se mais fáceis de engolir por aqueles que já têm a boca cheia de mentiras reconfortantes. Isso não faz nada bem. No fim, tudo acaba se depositando em volta do coração.

A noção de que há inclinação natural do animal macho humano para a dominância, a violência e o sadismo não passa de propaganda. O essencialismo é invariavelmente conservador, mas o grito de batalha de todo fraco defensor da misoginia – "Nem todo homem!" – merece ser invertido. Nem todo homem deve se arrastar suplicante diante da própria biologia. Nem todo homem é incapaz de mudar. Quando os homens fazem coisas horríveis às mulheres, não o fazem porque é assim que eles são, mas porque é assim que os homens se sentem, e a eles têm sido permitidas pouquíssimas formas de gerenciar as emoções não violentas.

Num passado não muito distante, eram as mulheres, não os homens, que se tinham como sexualmente irrefreáveis, incontroláveis. No século XIX, o impulso sexual feminino era tido como animalístico, sendo necessário controlá-lo. Por outro lado, a cultura moderna imagina as mulheres como telas sexuais em branco, receptáculos eróticos sem nenhum desejo próprio relevante. De fato, quando as mulheres sentem desejo, são encorajadas a lidar com ele como lidam com qualquer outro apetite de seus corpos rebeldes – como algo perigoso, algo que precisam sufocar de imediato antes que lhes crie problemas.

Se a falácia natural é uma desculpa para os crimes contra as mulheres, também apaga por completo os crimes contra homens e garotos. Se os comportamentos em geral entendidos como masculinos fossem tão naturais, não precisariam ser impostos com violência. Se fosse tão aberrante garotinhos serem gentis e expressarem-se de forma emocional, tais comportamentos não precisariam ser suprimidos à custa do terror. Se os garotinhos automaticamente se tornassem homens, não precisariam que ninguém lhes dissesse que fossem homens. O determinismo biológico é uma desculpa – ele nos permite dar uma olhada no desastre que é a masculinidade moderna, encolher os ombros e dizer, bem, nós a encontramos assim. Já estava estragada quando chegamos aqui.

O pressuposto há muito aceito de que a violência – incluindo a sexual – é uma extensão inevitável da sexualidade masculina e um aspecto central da identidade do homem é uma das mentiras mais insidiosas que hoje impedem a espécie humana de avançar rumo à cura profunda. O darwinismo social repaginou a desumanidade do ser humano contra o ser humano como imperativo moral. Tendemos a compreender a "natureza" de acordo com as normas socioeconômicas de nossa era, e, neste momento, a ideia dominante é a de que a violência, a injustiça sexual e racial e a competição implacável são não apenas justificadas, mas, de certa forma, um dever biológico.

Tentar explicar o comportamento humano por meio da observação de como os animais agem não é muito mais preciso que ler o futuro nas vísceras de aves, como faziam os antigos romanos pouco antes de suas cidades serem saqueadas. Mas suponha, por um instante, que fosse tudo verdade. Suponha que os homens tenham sido concebidos pela seleção natural para serem selvagens, sexualmente descontrolados, agressivos, dominadores e destrutivos, enquanto as mulheres foram concebidas para serem passivas, acolher e aguentar os homens. Suponha que tudo isso fosse realmente "natural" – por que isso pareceria uma boa ideia? A premissa que permeia todos esses apelos à natureza é que a história e a biologia chegaram ao fim – que a adaptação e a seleção natural já fizeram seu trabalho, com o homem moderno sendo o produto acabado.

Para alguns, essa é uma ideia reconfortante. O progresso é invariavelmente condenado, por quem está confuso com o presente e assustado com o futuro, como sendo antinatural, porque o aspecto pessoal não é apenas político. É também histórico, econômico e material.

Em agosto de 1941, a jornalista Dorothy Thompson escreveu uma taxonomia do nazismo para a *Harper's Magazine,* sugerindo um teste simples para imaginar quem, em determinada reunião social, iria se tornar fascista em caso de surgir a tentação. "Pessoas generosas, boas, felizes, bem-educadas, seguras, nunca se tornam nazistas. [...] Mas o intelectual frustrado e humilhado, o especulador rico e assustado, o filho mimado, o explorador da mão de obra, o sujeito que alcançou o sucesso farejando os ventos deste – todos vão virar nazistas em uma crise."[3] Isso parece plausível. E há inúmeras evidências que sugerem que o sofrimento e o desespero empurram um monte de gente para os cultos niilistas do racismo e do sexismo modernos.

O problema é que o estereótipo não conta toda a história. Vários cavalheiros caucasianos heterossexuais que nutrem uma ansiedade ignóbil, mas previsível, quanto ao seu *status* no mundo conseguiram, de algum modo, não beber a traiçoeira e perigosa poção criptofascista, por mais refrescante que, com certeza, ela possa parecer a alguém que está perdido no deserto da masculinidade moderna. Não ouvimos falar dessas almas gentis, frequentemente desesperadas, mas elas estão por aí. Sei porque as conheci. Sei porque, de novo, alguns dos meus melhores amigos são homens brancos deprimidos e ansiosos que raramente vão para a cama com alguém e, mesmo assim, conseguem manter a decência humana. Com frequência, eu os ouvi dizer, enquanto o mais recente massacre horrendo era apresentado nos noticiários, que, em outra vida, poderia ter sido eles ali. Mas não eram. Por que não? Alguns meses atrás, eu estava entediada e melancólica *on-line* e pedi a alguns desses homens – amigos e desconhecidos – que me dissessem exatamente o que os impediu de seguir por esse caminho. E eles o fizeram.

Foi minha mãe, escreveu um homem. Ela me educou para respeitar as mulheres. Foi meu pai, disse outro. Vi como tratava minha mãe e minhas irmãs. Jurei que seria diferente. Escapei de uma criação evangélica opressiva, outro homem me contou, e isso me levou a questionar tudo. Foi o amor de Jesus, disse outro. Na faculdade, minha namorada foi paciente comigo. Minha esposa se cansou. Tenho uma filha. Sou filho. Foram as garotas em meu grupo de *games on-line*. Foi meu professor de caratê. Fiquei sóbrio. Ela me largou. Melhorei.

Cada resposta foi diferente. O que havia em comum entre eles era que todos *tinham* uma resposta. Houve um momento, ou vários momentos, em que eles decidiram reescrever a história da própria vida. A diferença entre homens sexistas e não sexistas não é quão deprimidos estão, mas qual é sua capacidade de lidar com isso. Apesar da falta de um mapa da mina, apesar do próprio terror, homens e garotos ainda estão se despindo da masculinidade tóxica, abandonando seus investimentos perdidos e superando os traumas. E isso é coragem. Isso é resistência. Não é tudo, mas é um começo. Qualquer idiota pode vestir uma camisa branca e brandir uma tocha diante de desconhecidos. É necessário algo mais para frente a frente com os caras duros, de fala macia e repletos de ódio, que prometem livrar você da dor e do pânico e dizer: "Hoje não". Covardia é preferir uma vida de violência mal-humorada e paranoica porque você está apavorado demais para se sentar num canto e sentir os próprios sentimentos. A verdadeira rebelião não é marchar atrás de qualquer espertalhão fascista aliciador que passe por sua rua, por acaso, prometendo glória – mas recusar-se a ser espiritualmente derrotado ou cooptado. E talvez você não se sinta melhor, mas pelo menos seguirá em frente, e isso é heroico.

Os homens que mais respeito não são perfeitos. São seres humanos que cometeram erros. O que os diferencia é terem tutano para mudar, para aceitar a responsabilidade por suas ações, para arriscar-se a entender tudo errado, para crescer sem esperar que seu crescimento pessoal aconteça à custa do sofrimento de outras pessoas. Há muita margem de manobra para entender tudo errado se você está disposto a arriscar, a criar coragem e a seguir em frente aos trancos e barrancos. Mesmo quando você tem medo de errar. Mesmo quando preferiria permanecer calcificado na própria carapaça, pequenina e segura, por medo de ser descoberto. É isso que é coragem.

Coragem é saber que a dor emocional não é uma competição. É compreender que o trauma de cada um é diferente e importa, e que o feminismo não é o culpado pela forma como homens e garotos sofrem nesta sociedade. Que a masculinidade não precisa ser tóxica, mas a masculinidade tóxica está matando o mundo. Que temos que passar por isso juntos ou não passaremos.

Assim, o que significa ser um homem bom? A resposta, a verdadeira, aquela que mais homens precisam estar prontos para ouvir, é que *isso não importa.* Não importa, porque o problema não são os "homens maus".

O verdadeiro problema é uma estrutura social injusta em que homens de qualquer condição moral detêm a maior parte do poder, o que significa que o curso da vida de uma mulher é pautado, com frequência, por quantos homens "maus" ela encontrou ao longo do caminho. A maioria das mulheres que conheço que têm companheiros "bons" consideram ter sorte por terem encontrado um parceiro de vida que não é um covarde misógino controlador – mas elas ainda precisam ter sorte com familiares, colegas, professores, médicos, patrões e representantes políticos ou descobrir uma forma de sobreviver quando os dados da disforia ética masculina não rolam em favor delas.

As escolhas morais dos homens ainda têm impacto desproporcional na vida das mulheres. Se mulheres e garotas tivessem uma porção igual do poder e dos recursos na sociedade, não seria tão importante que um homem fosse "bom". E esse é o ponto nevrálgico. Esta nova revolução sexual não diz respeito a tornar os homens melhores. Ela imagina um mundo em que a vida de uma mulher não dependa, de forma nenhuma, de todos os homens serem "bons".

13

Verdade e Consequências

O abuso sempre traz consequências. Até agora, as consequências do abuso sexual têm recaído, sobretudo, nas costas de sobreviventes. De fato, desde o livro do Gênesis, as mulheres têm sido culpadas pelas escolhas ruins dos homens e punidas por saberem demais – em especial, por saberem demais sobre os homens.

Assim, como deve a cultura responder à injustiça sexual e racial, agora que essas coisas são muito mais difíceis de não ver? Se os homens e as mulheres querem viver de maneira diferente, as consequências de abusos de poder vão ter que mudar. Deve haver consequências para a violência sexual, a violência doméstica, a misoginia e a intolerância. Pode parecer injusto o fato de gerações de homens não terem enfrentado as mesmas consequências que agora lhes estão sendo impostas. Mas dar nome à violência torna-a visível. Gerações atrás, a violência sexual era normalizada de modo que só agora estamos reconhecendo. Gerações atrás, porém, havia muitas coisas "normais" que hoje abominamos. A mudança social é dolorosa. Sempre há um custo humano – mas este nunca é tão alto quanto o custo de se opor à mudança.

Por muitos séculos, os abusos de poder foram definidos e enfrentados pelos poderosos. Os homens foram autorizados a decidir o que é estupro e quem merece ser punido por causa dele. Na mitologia clássica, a vergonha e o estigma do estupro recaem sobre as vítimas de estupro. Uma delas, Cassandra, filha de Príamo, rei de Troia, é punida por se recusar a fazer sexo com o deus Apolo, sendo amaldiçoada com um poder inútil de fazer profecias – ela sabia o futuro, mas ninguém acreditava nela. A maioria das mulheres jovens que vive em sociedades sexistas sabe como é não merecer crédito, sem ter que ser pessoalmente amaldiçoada por uma divindade menor. De qualquer modo, Cassandra tenta alertar seu povo de que Troia está prestes a ser invadida. Ninguém lhe dá ouvidos, e no fim ela é estuprada e assassinada com o restante de sua família.

Há também a lenda de Lucrécia, da Roma antiga. Segundo relato do historiador Lívio, Lucrécia era uma nobre que foi estuprada e se matou para ter certeza de que ninguém pensaria que havia se submetido ao abuso por vontade própria. Os homens de Roma, então, derrubaram a monarquia para vingá-la e estabeleceram uma República. Nos séculos seguintes, Lucrécia foi mitificada como modelo de castidade feminina; seu suicídio foi considerado a resposta mais nobre possível à violência sexual. Ela foi romantizada por poetas, de Chaucer a Shakespeare; foi pintada, nua e sofrendo, e em detalhes apetitosos, por Ticiano, Botticelli, Dürer e muitos outros. Mas sua própria parte na história, como escreve Sandra Joshel em "The body female and the body politic" (O corpo feminino e a política do corpo), estava concluída. "Uma vez que a mulher já desempenhou seu papel – atrair o vilão cujas ações fazem agirem os outros homens ativos que constroem o Estado, o império e, portanto, a história no sentido romano –, deve partir [...] 'Que trágico!' suspiram o autor e o leitor, encontrando prazer na dor da nobre perda."[1]

Os tempos mudaram, e a cultura de massa dominada por homens gentilmente admitiu a possibilidade de que as mulheres que sobrevivem à violência masculina possam fazer algo na história que não morrer. O estupro e o assassinato da amada ou de um membro da família ainda é uma forma-padrão de dar ao herói homem algo pelo qual lutar, mas às vezes também é permitido às mulheres reagirem – desde que o façam na linguagem e nas condições dos homens. De fato, se você repassar os infindáveis filmes que abordam a vingança por causa de violência sexual, a resposta que os homens, como um todo, parecem achar apropriada para o estupro é uma de duas: desmaio seguido de missão de vingança pelo resto da vida ou massacre sanguinolento.

A violência masculina ainda é onipresente nas histórias que os homens escrevem sobre mulheres, mas curiosamente isso não tornou os homens nem um pouco mais propensos a reconhecer a existência do estupro, muito menos a se posicionar contra ele. Há um padrão desagradável na cultura moderna dos homens adultos, em que eles, de repente, descobrem o fenômeno da violência contra as mulheres e respondem a ela encontrando razões para assistir a ainda mais violência. Em geral, esse padrão envolve alguma lenga--lenga sobre "conscientização", ainda que mulheres e garotas já estejam bem conscientes, pois não podem se dar ao luxo de não estar. A questão a ser feita aos criadores homens, sempre que a cultura fetichiza a violência contra as mulheres sem combatê-la, é simples: vocês vieram para ajudar ou apenas olhar?

Quando eu era adolescente, no início dos anos 2000, a cultura *pop* era um desfile de personagens femininos fortes, escritos por homens, que se vingavam dos opressores de forma sangrenta enquanto vestiam *lycra* bem justinha. As mulheres que haviam sido estupradas nos filmes eram mercadoria danificada e buscavam o único tipo de vingança que o patriarcado pode imaginar com segurança: surtavam e começavam a atirar coisas. O tipo de mulher furiosa com a qual um homem consegue lidar usa roupa de menos, é tragicamente derrotista e, o que é bem importante, não está apontando o dedo para ele.

O filme que todas as minhas amigas e eu fomos ver quando começamos a ter idade suficiente para entender as dinâmicas de poder da sexualidade, sem saber o que fazer com elas, foi *Kill Bill*. A ironia de uma fantasia de alto orçamento sobre estupro e vingança ser produzida pelo estuprador em série Harvey Weinstein é fulminante quando vista em retrospectiva. No *set* de filmagens de *Kill Bill*, a atriz principal, Uma Thurman, foi intimidada e forçada a fazer uma cena sem dublê que a deixou gravemente ferida. Indagada uma década depois sobre como se sentia quanto a Harvey Weinstein ter sido exposto como predador, a resposta de Thurman ao *Access Hollywood*, no tapete vermelho, foi curta, lenta e perturbadora. Seu rosto era uma máscara rígida de autocontrole enquanto ela respondia à repórter: "Aprendi que, quando respondo com raiva, em geral me arrependo do modo como me expressei. Assim, estou esperando me sentir menos furiosa e, quando estiver pronta, direi o que tenho a dizer".[2]

Não havia nenhuma espada ou macacão de vinil reluzente. Havia apenas ira, ira real, do tipo que não pode ser estilizado e revendido, cristalina, calma e aterrorizante. Isso é o que assusta os homens poderosos, muito mais que a heroína vingativa da ficção. Ira que não grita nem atira coisas, mas que diz a você como está decepcionada. Como esperava algo melhor. Ira que lhe mostra o dano que você fez, de maneira que você não pode desviar o olhar. Ira que não deseja que você morra, mas que viva de forma diferente.

A questão de o que deve ser feito com os abusadores que estão entre nós, abusadores que alguns de nós podem amar, tem destruído comunidades com as quais tenho proximidade há anos. Vi isso acontecer repetidamente. Verdades há muito escondidas são ditas, e, em pouco tempo, quem leva a culpa são as pessoas que dizem essas verdades – em geral mulheres –, não por mentirem, mas por causarem dano – como se o dano já não estivesse sendo feito, já não tivesse sido feito, durante anos. Vi como a incapacidade coletiva de lidar com o fato de que homens "bons" nem sempre fazem coisas boas pode estragar comunidades e amizades. Estive envolvida com processos de justiça restaurativa em círculos ativistas. Sei que, pela primeira vez, o clima não está muito misericordioso para os homens. Sei que os homens estão apavorados. Também sei que isso não poderia ter acontecido de outro modo.

Não quero viver em um mundo em que os homens não mudam até que você ameace destruir tudo que amam. Gostaria de acreditar que os homens se importariam o bastante com as mulheres para desejarem mudar por vontade própria. Gostaria de acreditar que a inocência masculina e a inocência branca não continuariam sendo compradas ao preço da dor de todos os demais. Mas a crença não é suficiente sem mostras de ação.

"Garotos são garotos" não é uma resposta moral adequada a quinze séculos de crueldade. O sentimento, porém, mantém-se firme na imaginação popular, e vale a pena perguntar por quê. O que significa aos garotos serem garotos? E quando a juventude é desculpa para a crueldade?

Essa é uma pergunta que comecei a me fazer seriamente três anos atrás, quando, durante algum tempo, entrevistei os jovens que seguiam o "provocador *alt-right*" Milo Yiannopoulos pelos Estados Unidos, ao longo da turnê em que ele incitava o ódio racial em *campi* norte-americanos. Impressionou-me não só ver como aqueles homens eram jovens, mas quão jovens pareciam – e como era profunda e perigosa a imaturidade deles, na Rumspringa* *alt-right*, como estavam divorciados do conceito de consequências. No artigo, chamei esses homens jovens de "garotos perdidos", e, por causa disso, esse texto me rendeu mais condenações e ameaças vindas da esquerda política que qualquer matéria jornalística que eu já escre-

---

* Termo originário de comunidades *amish* dos Estados Unidos e popularizado com o sentido de rito de passagem em que o adolescente, por breve período, teria liberdade para se rebelar contra os costumes vigentes. (N. da T.)

vera. De fato, a imaturidade catastrófica desses homens jovens foi o que me pareceu mais assustador. Porque eram jovens de modo muito particular – jovens de modo que apenas os garotos, em geral apenas garotos brancos, poderiam ser.

Foi aí que percebi, de uma nova maneira, como nossa experiência e nosso entendimento da juventude podem ter significados bastante distintos, dependendo de quem somos e de onde viemos. Em muitos idiomas – e em formas arcaicas do inglês –, quando "jovem" é usado como substantivo, significa apenas e sempre "homem jovem". As mulheres raramente são "jovens" no sentido que implica estado de potencial ainda bruto e adorável. Mulheres jovens e muitos "homens jovens não brancos" não são percebidos como tendo potencial – por motivos distintos. O "potencial" de "homens jovens não brancos" não é valorizado porque muitas culturas não valorizam, da forma adequada, a vida de "pessoas não brancas", em particular dos homens negros. Mulheres adultas, por outro lado, não são percebidas como tendo "potencial" – ao atingirmos a puberdade, supõe-se estarmos no auge do valor social e cultural.

"Valorizamos as mulheres jovens pelo que são", escreveu Goethe, "e os homens jovens pelo que podem vir a ser."[3] Às mulheres em evidência pública não são permitidos os erros da juventude que rotineiramente permitimos aos homens jovens de idade semelhante. Um garoto branco de 21 anos ainda é quase uma criança aos olhos do mundo e merece tolerância e o benefício da dúvida; uma garota de 21 anos tem que ter cuidado para não cometer nenhum erro, porque pagará, durante décadas, por cada um deles.

Juventude e ignorância são desculpas esfarrapadas para a crueldade. Há uma mulher jovem que conheço desde que éramos bem pequenas, que sempre, desde a infância, teve problemas com seu temperamento. Essa garota tinha tremenda energia acumulada e, além disso, era mais alta e mais forte que muitas das colegas. Ela ficava cada vez mais frustrada e tornava-se agressiva. Às vezes, chegava a bater nas outras garotinhas e a empurrá-las, mas, em geral, apenas assustava as demais de um modo que não tinha como entender, uma vez que também era uma criança. Contudo, por ser uma criança do sexo feminino, a expectativa era de que controlasse seu temperamento.

Bater e empurrar não eram tolerados. Ser jovem não era desculpa; estar sofrendo não era desculpa. Vi minha amiga, ao longo dos anos, lutar para administrar e controlar a própria propensão à violência. Em meados da adolescência, ela conseguiu. Agora está com 20 e poucos anos, e ainda tem tendência a ser teimosa, frustra-se com facilidade – está na natureza dela –, e, em momentos de estresse, você ainda consegue ver, por trás de seus olhos, a garotinha prestes a sair gritando e batendo. Mas assumir o controle dessa parte de sua personalidade a tornou mais paciente, mais gentil que a maioria de meus amigos mais próximos. Admiro mais o controle e a delicadeza nela que em outras pessoas que não precisaram lutar por eles. Sei como foi difícil e que ela não tinha escolha, e que há momentos em que um pouco de fúria nas mulheres pode ser uma coisa boa. A sociedade não tolera meninas furiosas e fisicamente agressivas. E se também exigíssemos dos garotos que mantivessem sob completo controle suas reações quando estivessem na adolescência?

É nesse ponto que nossa noção do real significado de ser jovem exibe certo desequilíbrio que o conceito de privilégio não consegue explicar de modo adequado. Toda pessoa jovem merece uma segunda chance: de melhorar, aprender, crescer e experimentar, e isso é algo que também deveria ser permitido às mulheres jovens. Mas não deveria ser permitido a nenhuma pessoa jovem usar sua juventude como desculpa para se recusar a assumir responsabilidade por seus atos ou a reconhecer a humanidade dos outros.

O tempo funciona de maneira diferente para as garotas. Para as mulheres, ser jovem – ou pelo menos parecê-lo – é parte essencial da moeda social que nos é dito ser vital para o respeito e a segurança. Depois que começamos a nos tornar plenamente adultas, não devemos achar que seremos valorizadas. Temos valor pela saborosa maturidade da juventude. Após os 20 e poucos anos, começamos a apodrecer – em linguagem dos artistas da sedução e da *alt-right*, "batemos na parede".

O conceito do relógio biológico é poderoso – e o aplicamos não apenas à fertilidade, mas a todos os aspectos da vida da mulher. É como se, assim que começamos a entender as coisas, nos fosse dito: pronto, acabou para você. O motivo puro e simples para isso é que o mundo continua tendo pavor de mulheres adultas, e da condição adulta das mulheres, mesmo dependendo delas para fazer o grosso do trabalho que mantém a sociedade em funcionamento – mesmo que não permita às mulheres serem jovens, de fato.

As mulheres devem parecer jovens, mas raramente lhes é permitido, *de verdade*, serem jovens, com todo desconforto, erros e tolerância que isso acarreta. Não é só injusto – é um enorme desperdício de talento humano. Todo mundo merece ter tempo para se desenvolver, aprender e cometer erros. Se as mulheres têm menos tempo, estamos em desvantagem. A ideia persistente de que as mulheres são totalmente adultas no instante em que chegam à puberdade e deixam de ter importância social ou cultural no momento em que sua fertilidade começa a decair é ruim para todo mundo.

A questão é: o que causa mais dano social: o prolongado prazo de carência permitido a tantos homens jovens ou o período abreviado de que as mulheres dispõem para experimentar e serem, de fato, jovens? A atrofia emocional dos homens e o desperdício dos talentos das mulheres são, ambos, chagas culturais por si sós. Em conjunto, constituem um desastre sociológico potencial, no qual aqueles a quem é concedido tempo para amadurecer raramente são cobrados a fazê-lo, enquanto àquelas de quem se espera que assumam a responsabilidade adulta ainda jovens demais não é dado tempo para que desenvolvam as capacidades de que talvez necessitem para ser adultas de verdade.

Um sistema de valores falido está por trás de tudo isso – uma métrica humana pela qual homens e garotos são valorizados como pessoas e mulheres e garotas, da idade que for, são valorizadas como corpos. As mulheres são consideradas maduras o suficiente para consentirem com a atividade sexual assim que são fisicamente pós-púberes – e essa discussão ainda é usada com êxito para absolver estupradores de crianças nos tribunais, nos quais a simples aparência de maturidade sexual é, com frequência, interpretada como sendo, por si só, consentimento.

Quando a maturidade é discutida na esfera pública, ainda é expressa em termos de marcos tradicionais na vida – coisas que uma pessoa deveria fazer e cada vez mais possuir. Para os homens, em particular, a condição adulta ainda seria constituída de compromissos externos – uma esposa, uma família, um trabalho aceitável em período integral, uma casa, um carro. Parte do que tem sido chamado de a moderna "crise da masculinidade" diz respeito à repentina impossibilidade de adquirir qualquer uma dessas coisas – como aconteceu em cada crise semelhante ao longo de séculos de acumulação capitalista. Se você define a condição de homem adulto como algo que se pode comprar, o que acontece quando a maioria dos homens jovens não consegue fazê-lo?

Para mulheres e garotas, por outro lado, a maturidade costuma ser definida pela capacidade para cuidar de outros. Isso significa que as qualidades consideradas necessárias à condição adulta estão rigidamente divididas entre os gêneros binários. Ainda é comum considerar que "as meninas amadurecem mais rápido que os meninos", mas a verdade é que apenas se espera que as meninas cresçam mais depressa, administrem as próprias emoções e antevejam as necessidades dos outros de modo que não é pedido aos homens e garotos senão muito mais tarde ou nunca. Esse aspecto do privilégio masculino – o de permanecer um adolescente perpétuo que reclama e ataca quando lhe é pedido que leve em consideração os sentimentos alheios – é corrosivo para o caráter. O privilégio de permanecer na ignorância quanto ao mal que ele está causando é ainda mais danoso. Isso se dá, em parte, porque a cultura raramente espera dos homens brancos a maturidade necessária para poder distinguir entre desejar uma coisa e ser dono dela, ou a capacidade adulta de ponderar que os desejos próprios devem estar em equilíbrio com a autonomia dos outros. É um clima familiar a qualquer um que já tentou explicar a uma criança, enquanto arranca de seus dedos, com delicadeza, o brinquedo ou doce que ela roubou, que só porque ela deseja algo não significa que esse algo seja dela. Esse impulso barulhento e ganancioso, vindo direto do *id*, é o tipo de "inocência" que merece ser relegado à infância – mas parece estar se tornando cada vez mais perdoável nos homens adultos em posições de poder.

Nosso compromisso coletivo com a inocência masculina branca cobra de nossa espécie um preço muito alto. Qualquer sociedade na qual o volume de responsabilidade pessoal que alguém deve assumir pelas próprias emoções e pelo próprio comportamento seja inversamente proporcional ao volume de poder e de privilégio que ele tem – qualquer sociedade em que as garotas pobres precisem crescer depressa para poder tomar conta de outras pessoas, enquanto aos homens ricos é permitido serem crianças perpétuas, com malcriações e agressões – terminará por destruir a si mesma.

Criar consequências reais, tanto sociais quanto profissionais, aos abusadores e predadores é a única coisa que propiciará a mudança de que necessitamos. Na maior parte das vezes em que isso aconteceu com homens que conheci pessoalmente – quando foram instados a responder pelo mal que causaram –, eles não tinham carreiras a perder, pois, em geral, eram jovens e sem dinheiro. A maioria de nós não trabalha em reluzentes estúdios de Hollywood ou em antigos edifícios governamentais, a menos que estejamos lá para esvaziar as lixeiras. Se você está em regime de trabalho intermitente, é provável que o patrão não se importe com quantos corpos você enterrou no quintal, desde que chegue no horário para trabalhar, por menos de um salário mínimo. Seu círculo de amigos, por outro lado, se importa. Sua família também. Sua reputação afeta mais que sua capacidade de receber um salário – de fato, com frequência, esta é a última a ser perdida. Nos locais de trabalho e nas instituições, ao menos existem processos a serem seguidos, mesmo que raramente sejam empregados, mesmo que seja mais fácil apenas excluir as vítimas. Mas o processo de justiça da comunidade, pela própria natureza, não é formalizado. Quem decide quando e se está certo permitir que uma pessoa com histórico de abuso retorne à convivência comunitária?

O ostracismo é brutal. É um medo primal que precede e antecipa quaisquer sanções legais modernas – tão primal e tão brutal que mesmo falar sobre ele pode parecer tabu, temperado pelo pânico infantil de que a simples menção possa atraí-lo para nós. Ele é empregado, quase sempre, por grupos que, por qualquer razão, perceberam que as leis de sua cultura e de sua comunidade não são adequadas à tarefa de coibir o mau comportamento. E não é apenas assustador e incômodo à pessoa que está sendo ostracizada – os amigos, a família, os colegas e seguidores são envolvidos no processo e veem-se divididos entre defender a pessoa e evitar as consequências para si mesmos.

O ostracismo não é uma solução nova. Na realidade, tem sido aplicado ao problema do abuso nas comunidades e cenas por muito, muito tempo – mas, em um passado recente, as vítimas é que foram repudiadas. Não fale com aquela garota, ela é maluca. É uma encrenca. É uma destruidora de lares. Todos sabemos como ele fica nas festas, e, de qualquer modo, ela é uma vadia; se todos a ignorarmos, quem sabe ela se mude para outra cidade.

Mesmo sabendo que ele fez algo horrível, pode ser difícil ver alguém de quem você gosta passar por isso. Sei como é difícil porque também aconteceu comigo. Fui repudiada por grupos sociais, inclusive quando não tive o bom senso de me calar em relação ao primeiro homem que me estuprou, uma figura popular, poderosa e mais velha. Vi-me sendo desconvidada das festas. Fui excluída das confidências. Falavam de mim pelas costas num tom apenas alto o bastante para eu ficar sabendo exatamente quem me achava uma mentirosa manipuladora e instável. Eu tinha 19 anos e estava na faculdade, e seguir em frente e fazer novos amigos não foi tão difícil quanto seria mais tarde.

O intuito da punição é criar consequências para o comportamento antissocial, e o objetivo de criar essas consequências é conseguir que as pessoas se comportem melhor. Gostaria que o mundo tivesse dado valor suficiente às mulheres para prestar atenção às suas demandas de mudança antes que elas tivessem que recorrer ao ostracismo e ao repúdio. A angústia de muitos homens e garotos, nesse delicado período de transição, é visceral. Mas deixar passar as coisas, perdoar as transgressões antes que sejam devidamente compreendidas é o oposto da bondade. Permitir que as pessoas escapem às consequências de suas ações não é bondoso nem respeitoso. É apenas legal – e dano demais já foi causado por ser dito às mulheres e garotas que elas devem ser legais com os homens, não importa o quê.

Como quer que aprendamos a conviver no futuro, se é que o faremos, ao longo do processo teremos que construir uma nova infraestrutura social, encontrar maneiras de processar toda dor e todo desconforto, os quais, antes, fomos obrigadas a enterrar vivos. E, sim, será desagradável. Não, não vai ser legal. Mas será bondoso, e ético, e no fim vai valer a pena.

O que tenho dito a homens que conheço e amo que estão passando pelo tipo de ajuste de contas pessoal e assustador em que o tempo se comprime e se torna impossível imaginar qualquer tipo de futuro – a primeira coisa que desejo dizer – é: você vai sobreviver a isso. Juro. Vamos sobreviver, juntos. Não posso prometer que você será perdoado, mas estou disposta a apostar que, no futuro, terá uma segunda chance de ter intimidade e segurança, desde que trabalhe agora para merecê-la. Minha solidariedade fica levemente limitada pelo duplo padrão que age aqui – o tipo de repúdio e humilhação social que mulheres como eu enfrentam, por serem um pouco irritantes, é equivalente ao que um homem enfrenta por ser predador sexual.

Porque sabe o que é pior que ser acusado de estupro? É ser estuprada. Sabe o que é pior que ficar preocupado porque você já não vai poder paquerar do jeito que estava acostumado? É não poder expressar nenhum tipo de desejo sem temer pela segurança. Que lhe digam que sua sexualidade é um convite à violência. Que lhe digam que você não tem nenhuma liberdade de escolha, e ver isso confirmado, o tempo todo, por homens que tratam você como um pedaço de carne ambulante.

Você pode achar que corre o risco de perder tudo, mas não é o caso. O que vai determinar seu caráter não é apenas o que você fez naquela hora, é o que faz agora. A importância disso vai além de qualquer indivíduo ou comunidade. É importante para nossas sociedades, em uma escala muito mais ampla, que você permaneça aqui, nesse lugar de desconforto. Como já vimos antes neste livro, muitos homens jovens estão sendo cortejados por ideologias de extrema direita, antidemocráticas, decorrentes desse humor coletivo. Faz todo sentido em termos emocionais. Quando um grupo expulsa você, você corre para outro grupo que o aceite – já fiz isso antes, e me arrependi, embora nunca tenha arriscado tanto assim. A nova direita absorve homens jovens e não tão jovens que se sentem injustiçados e incompreendidos. Ela vai arrancar e comer seu coração. Não confie nela.

Estou sendo rude aqui não porque não me importe, mas porque sim, me importo, e porque sei como a coisa é. De verdade. Sei como é ter o mundo todo pensando o pior de você e declarando isso de maneira bem clara. Já sofri acusações antes. Fui atacada por toda a internet, e teve gente tentando destruir minha reputação. Às vezes, eu tinha coisas pelas quais responder, às vezes não, mas sempre era como se minha autoestima fosse esfolada viva. Não recuperei tudo que perdi ao ser impiedosamente acusada em público. Mas é possível sobreviver, e, às vezes, mesmo no auge da indignação da internet, é possível conviver com a fúria das pessoas e aprender com ela.

Parte do que a vida adulta envolve é aprender, lenta e dolorosamente, a corrigir os erros do passado, consertar as coisas e tocar adiante. Muitos de nós passam a vida toda aprendendo a fazer isso em nosso círculo íntimo, e alguns de nós nunca aprendem. A verdade horrenda, porém, é que crescer em público como ser político é uma experiência totalmente diferente agora do que foi em gerações anteriores. Precisamos fazê-lo mais rápido, de maneira mais inteligente e com mais flexibilidade do que era exigido de nossos pais e avós.

Parafraseando Margaret Atwood, os homens têm medo de que as mulheres os cancelem, e as mulheres têm medo de que os homens as matem.[4] Isso não significa que o medo de ser cancelado seja insignificante, mas sentimentos não são fatos. Para alguém que tem influência em termos culturais, o "cancelamento" pode muito bem ser a pior coisa imaginável que pode acontecer, mas isso não significa que, objetivamente, seja a tendência mais perigosa na política moderna.

Ninguém consegue crescer, e muito menos fazer política de gente grande, sem aprender a mudar seu comportamento com elegância. Sim, fazer merda é embaraçoso e doloroso a todos os envolvidos. É também inevitável. É parte do aprendizado de como ser humano em uma cultura política volátil e dinâmica. O fato é que, se deseja ser parte de uma causa maior que você, em algum momento você vai fazer merda, a menos que pertença ao raro subgrupo da espécie humana que saiu politicamente perfeito do útero. Assim, compreendo a sensação, e falo com solidariedade, e também com amor, quando digo que há momentos em que a única opção é aceitar esse desconforto, esse medo, e deixá-los ir.

Deixe tudo ir. Deixe ir o ressentimento com a falta de paciência das mulheres, o orgulho ferido, a vergonha inútil, a ideia de ser um "cara bom". O mundo não está dividido, de forma precisa, entre homens bons e homens maus. Nunca esteve, e precisamos nos desfazer dessa concepção para finalmente podermos ser melhores uns com os outros; para finalmente podermos aprender a lidar como adultos com nossas merdas nesse novo e estranho cenário pelo qual nos arrastamos juntos, tentando encontrar nosso caminho até a luz. É a única maneira pela qual iremos de uma situação na qual os abusadores devem prestar contas rumo a um futuro em que o abuso tenha menos probabilidade de acontecer.

Aos homens que fizeram mal às mulheres e não estão dispostos a realizar o trabalho da mudança, tudo que posso dizer é: lamento. Lamento que vocês tenham feito mal a alguém. Lamento que não tenham sido capazes de ser melhores. Lamento que tenham colocado em risco todo bom trabalho que fizeram no mundo com sua incapacidade de tratar como seres humanos as mulheres com as quais se envolveram.

Lamento pelas pessoas às quais vocês fizeram mal e por outras que virão a sofrer pelas revelações sobre seu comportamento. Lamento que nada que eu diga ou faça possa salvá-los das consequências. Por muito tempo, eu disse a mim mesma que vocês faziam isso porque estavam doentes, e ainda estão. Todos que gostam de vocês se preocupavam com vocês bem antes que isso acontecesse. Mas o fato de que vocês odeiem a si mesmos não é desculpa pelo mal que causaram. Tampouco podem evitar ser responsabilizados por não estarem bem e sofrendo. Muitas pessoas às quais vocês fizeram mal também não estavam bem e sofriam, e estão ainda piores agora, por causa do modo como foram tratadas.

O ódio particular por si mesmo não substitui a justiça pública. Para homens e garotos que lutam para redefinir o senso de identidade com as expectativas sociais que estão mudando, é importante lembrar: autoflagelar-se não ajuda. O ódio particular por si mesmo não substitui a justiça pública.

A maioria dos homens violentos que conheci tinha profunda autoaversão. A maioria deles também acreditava que a própria autoaversão era punição suficiente – que seu sofrimento era tanto uma explicação quanto uma desculpa para o modo como continuavam a agir em relação a mulheres e a pessoas mais fracas que eles. A revelação mais incômoda é o fato de que nada disso, na verdade, foi tão revelador assim. Muita gente sabia. Talvez não soubesse tudo, mas sabia o suficiente para se sentir maculada por uma cumplicidade que comprometia sua compaixão.

O fato é que isso não diz respeito a monstros individuais. Nunca foi isso. Isso diz respeito à violência estrutural, a uma cultura que decidiu, há muito, que valeria a pena sacrificar o livre-arbítrio e a dignidade das mulheres para proteger a reputação de homens poderosos e as instituições que possibilitaram que se sentissem no direito de fazer o que fizeram. Todos, incluindo os "mocinhos", sabiam o que estava acontecendo. Só não achávamos que tudo estivesse tão errado, ou pelo menos não tão errado que fosse necessária uma atitude.

Exceto que isso agora parece mesmo estar mudando. Agora, os "velhos dinossauros" estão pensando em como vão negociar com o asteroide que se aproxima, enquanto os atuais ou antigos "estúpidos homens jovens" estão em estado de pânico quanto à iminente apresentação ao conceito de "consequências", o que levanta uma questão: qual, precisamente, é a idade em que se espera que os homens assumam as responsabilidades por seu comportamento?

A noção de que o livre-arbítrio e a dignidade das mulheres possam ser mais importantes que o direito dos homens de agir à vontade como crianças gananciosas pode parecer um território desconhecido, mas alguns de nós já vivemos nele faz tempo. Homens e garotos que ainda não sabem que caminho tomar estão lutando para descobrir o que devem fazer neste exato momento. O marido de uma amiga quer saber se fez a coisa certa ao confrontar o superior no trabalho que disse que deixaria de contratar "mulheres gostosas" porque iria querer atacá-las o tempo todo. Meu amigo fotógrafo quer saber por que não deu a devida atenção aos boatos sobre os predadores em seu ramo de atuação e se agora pode compensar isso. Um amigo ativista ambiental está preocupado por não saber se as coisas idiotas que fez quando adolescente vão invalidar o trabalho que está fazendo hoje.

Ninguém quer ter essa conversa, mas ela é necessária. Evitá-la moldou nossa cultura, pois as culturas são definidas não só pelas histórias que contam como também pelas que não contam. Construímos vidas, famílias e comunidades inteiras em torno da ausência dessa conversa. E, ainda assim, cá estamos nós, tendo-a, apesar de tudo. Então, como lidamos com o que agora sabemos sobre o modo como as mulheres têm sido tratadas há tanto tempo?

Essa pergunta tem duas partes. É uma pergunta sobre como os homens devem se relacionar agora com as mulheres em particular e com a própria sexualidade em geral. É também uma pergunta sobre o modo como todos nós lidamos com as consequências. Como lidamos com o fato de suspeitar de que suspeitamos, de saber o que sabemos sobre nosso comportamento passado? A primeiríssima coisa que precisamos fazer é continuar a saber tudo isso – saber ativamente, não mandar tudo para a pasta de *spam* de nossa consciência coletiva. Devemos permanecer aqui, neste lugar difícil. Devemos olhar o que fizemos e o que permitimos que fosse feito aos demais, sem retroceder ou dar desculpas.

Muitos homens com os quais conversei sobre isso começaram, por vontade própria, a falar sobre "não mais objetificar as mulheres". A imaginarem se deveriam parar totalmente de olhar as mulheres bonitas, se o ato de desejar outra pessoa é, em si, violento. É triste que essa confusão tenha surgido. No fim, deveria ser possível desejar alguém sem desumanizar essa pessoa. Mas parece que criamos um mundo em que é incrivelmente difícil a um homem desejar uma mulher e ao mesmo tempo tratá-la como ser humano.

Alguns homens com os quais falo estão preocupados, agora, com a ideia de que "ter de pedir" vai significar mais rejeição. Eu chamaria a atenção para o fato de que, mesmo que as mulheres, em toda parte, estejam revelando os crimes que outros cometeram contra elas, descrevendo vidas inteiras de humilhação e dor, ainda assim o segundo ou terceiro pensamento que passa pela cabeça de alguns homens é o receio de que tudo isso afete suas chances de transar.

A rejeição é horrível. Tão horrível que uma artilharia de violência, vergonha e culpa foi construída para ajudar os homens a evitá-la. Se o desejo da mulher está ausente dessa conversa – se as mulheres não são vistas como seres com desejos; se o desejo feminino é tão assustador que mal podemos falar dele sem um riso nervoso –, então, sim, vamos continuar todos confusos quanto à diferença entre sedução e agressão. Essa confusão não é a natureza humana. A natureza humana é uma desculpa esfarrapada para não fazer esse trabalho de mudança, e estou farta de ouvi-la.

Os homens que acreditam não poderem mudar já estão sendo expostos, todos os dias, pelo número crescente de outros homens que mudaram, que estão mudando. Podemos reescrever o roteiro sexual da humanidade.

Infelizmente, estamos em um desses raros e curiosos momentos em que temos que fazer algo injusto e doloroso para responder a décadas de dor e injustiça. Não queríamos ter que fazer ninguém de exemplo. Tentamos pedir com educação para termos nossa humanidade e nossa dignidade. Tentamos fazê-lo de modo gentil, e nossa gentileza foi interpretada como fraqueza, e ninguém se importou. Agora que há consequências, agora que finalmente há algum tipo de preço a pagar por tratar as mulheres como pedaços de carne descartáveis e chamar isso de romance, os homens estão prestando atenção.

Quando as mulheres colocam, de maneira ativa, suas necessidades em primeiro lugar, mesmo que por um instante, a sociedade polida explode em indignação. Não, desta vez não vamos ser gentis e misericordiosas. Sim, é injusto que alguns homens que fizeram mal a mulheres sejam tornados exemplos em suas comunidades e locais de trabalho, enquanto outros que agiram da mesma forma não enfrentem consequências. Parece injusto que o custo dos erros que alguns homens cometeram na juventude possa muito bem ser a perda de respeito profissional, estabilidade no trabalho, dinheiro e poder. Mas tem sido muito menos justo, e por muito mais tempo, a todas as pessoas feridas e humilhadas, desrespeitadas e rebaixadas, que tiveram de escolher entre um silêncio envergonhado e acabar com as carreiras ou comunidades ao manifestarem-se.

Em 2016, Brock Turner, aluno da Stanford, recebeu apenas uma sentença simbólica de seis meses depois que o pai se queixou de que a vida do filho seria arruinada por "vinte minutos de ação". A "ação" em questão foi um estupro brutal, que deixou a vítima de Turner sangrando, nua, atrás de uma caçamba de lixo. No depoimento à corte, a jovem disse a Turner e ao mundo aquilo que o sistema judicial carece de meios para articular:

> Você tirou de mim meu valor, minha privacidade, minha energia, meu tempo, minha intimidade, minha confiança, minha própria voz, até hoje. [...] O dano está feito, ninguém pode desfazê-lo. E agora nós dois temos uma escolha. Podemos deixar que isso nos destrua, posso continuar furiosa e magoada, e você pode ficar em negação, ou podemos encarar isso, eu aceitando a dor, você aceitando a punição, e seguirmos adiante.[5]

Sentir-se mal porque você feriu alguém não é o equivalente moral ou ético de sentir-se mal porque lhe fizeram mal, mas, como observa a educadora Nora Samaran:

> Há na culpa algo que paralisa. Pior, isso leva aqueles que a sentem a atacar, como uma píton ou algum tipo de animal selvagem que protege um ninho de autoaversão. Não olhe para o homem que se esconde atrás da cortina, diz a culpa, ou tentarei destruir você só para impedir que chegue perto do cerne de minha vergonha.[6]

Neste momento, muitos homens estão se perguntando se o perdão é possível. Se há no horizonte alguma anistia. Se você pescar seus crimes lá no passado e colocá-los ainda pingando diante de nós, será que as mulheres vão aceitar você, perdoá-lo, recebê-lo de volta no amoroso lugar feminino que lhe disseram ser o único alívio que você pode ter diante do horror que é o mundo?

A resposta, no fim das contas, será sim. Bem, *minha* resposta, no fim das contas, será sim. Não posso falar por todo mundo, pois tenho compaixão patológica, e ouvi com frequência, de pessoas que se preocupam com meu bem-estar, que minha vida seria melhor se eu não deixasse os homens que nela estão fazerem tanta coisa impunemente só porque não espero nada melhor. Ainda, minha resposta sempre será, no fim das contas, sim, sim, vocês estão perdoados.

Haverá tempo para as desculpas. Temos o resto da vida para fazer tudo diferente. Haverá tempo para procurar aquelas a quem vocês podem ter feito mal e dizer que vocês eram pessoas mais jovens e diferentes, que sentem muito, que não sabiam, que tentaram não saber, que agora sabem. Haverá tempo para consertar as coisas, mas será preciso exatamente isso. Será preciso tempo.

E haverá tempo. Tempo para todo mundo ser melhor. Tempo para fazer um mundo onde o amor e a violência não são confundidos com tanta facilidade. Tempo para um tipo de sexualidade que não é um jogo em que mulheres e garotas são predadas e penduradas ainda sangrando na parede do quarto de alguém.

E também deve haver espaço para a fúria. Espaço para as mulheres e pessoas *queer* sentirem raiva, serem irracionais, mesmo que nossa fúria seja mais que razoável. Deve haver espaço para nossa dor e nossa raiva, porque o patriarcado fez com que tudo o que é precioso em nossa vida estivesse condicionado a não criarmos caso. Por sermos forçadas a carregar o peso de toda dor do mundo, e reprimidas se ousamos a nos queixar, e então elogiadas por sermos fortes e caladas. Não queremos mais ter que reunir tanta força – e não deveríamos necessitar fazê-lo.

14

Abusos de Poder

A violência sexual é essencial à lógica do autoritarismo. Descrever a violência que existe no centro da sexualidade é descrever a crueldade que entope as artérias de nossos sistemas sociais. Isso significa que descrever a cultura do estupro é um ato de desafio político. A maioria das pessoas que decide levar seus abusadores à justiça não está buscando uma revolução. Apenas quer impedir a impunidade desses estupradores. Infelizmente, vivemos em sociedades concebidas para permitir que estupradores e abusadores fiquem impunes, e um desafio mortal a estes é, inevitavelmente, um desafio mortal àquelas.

O modo como homens poderosos tratam as mulheres importa, sobretudo porque é como tendem a tratar todos os demais. Há momentos em que as máscaras caem. Momentos em que você percebe que começam a ruir as histórias bem construídas que esses homens contaram a si mesmos sobre o que a justiça significa no mundo e quem a merece. A demonstração nua e crua de como a dor das mulheres tem pouca importância quando confrontada com a reputação dos homens tem sido tema recorrente na última meia década, em que a política mundial, que se tornou uma catástrofe sórdida e de altíssimo risco, é exposta na televisão como *reality show*.

Em 2018, o patriarcado, sob ataque, deparou-se com seu teste máximo. O juiz conservador Brett Kavanaugh, indicado por Donald Trump para a Suprema Corte dos Estados Unidos, foi acusado, por mulheres que o conheceram quando ele era jovem, de múltiplos casos de agressão sexual. A principal acusadora apresentou-se para testemunhar diante do Senado, em um ato patriótico de perturbadora semelhança com aquilo pelo que passou Anita Hill, na década de 1990, quando veio a público acusar o juiz Clarence Thomas de assédio e foi desqualificada como sendo "um pouco maluca e um pouco vadia".[1]

A autoridade transforma-se em abuso quando não pode ser desafiada sem imenso custo pessoal. Engolindo as lágrimas, a doutora Christine Blasey Ford descreveu a festa do ensino médio, em 1982, na qual, segundo ela, o ainda jovem Kavanaugh tentou arrancar-lhe as roupas e tapou-lhe a boca com a mão, para que ela parasse de gritar. Durante horas, ela foi submetida a um interrogatório extenuante, diante de milhões de telespectadores. Os republicanos do comitê de análise da Suprema Corte deixaram claro que, para eles, o que quer que tivesse acontecido, era Kavanaugh a verdadeira vítima. Os críticos disseram que Ford estava indo longe demais; afirmaram que deveria ter demonstrado mais compaixão por Kavanaugh e suas filhas; perguntaram por que escolhera permanecer em silêncio por tanto tempo – e por que tentara permanecer anônima. A resposta, claro, foi medo – não por seu bom nome, mas por sua vida. Pouco depois de vir a público, Ford precisou sair de casa com a família por causa de ameaças de morte.[2] É perigoso ficar entre um homem rico, poderoso, e aquilo que ele deseja. Ford, como Anita Hill, será agora eternamente a mulher que acusou de estupro um juiz poderoso e teve a sanidade e a credibilidade questionadas, o histórico sexual dissecado, a vida transtornada para sempre. Que tenha optado por vir a público, apesar de tudo, é um ato de coragem e de rebelião. Sempre é. Acusar alguém de ser seu abusador é um desafio direto ao poder; quanto mais poderoso o abusador, mais perigoso é o desafio. Assim, quem deveria a lei proteger? Deveria proteger as mulheres da violência ou os homens das consequências?

Ford disse a uma comissão do Senado, dominada por senadores homens, brancos e republicanos, que estava "aterrorizada", mas que viera a público por um senso de "dever cívico". Ela permaneceu calma, digna e educada, repetindo que "apenas queria ajudar", enquanto era interrogada por uma procuradora. Kavanaugh, ao contrário, gritou, zombou e rosnou na transmissão ao vivo, diante de um público de milhões de pessoas, numa fúria petulante contra o mundo que não estava facilitando as coisas para ele. Ele agora é juiz da Suprema Corte.

Uma exibição de fúria de um homem é força; em uma mulher, uma exibição de emoção são fraqueza e histeria. Imagine se Hillary Clinton tivesse gritado e sibilado e arreganhado os dentes durante uma audiência no Senado. No entanto, o aspecto mais fascinante das audiências de Kavanaugh foi quantos de seus defensores tentaram alegar que não ocorrera agressão nenhuma, mas que não teria importância se tivesse ocorrido.

Essa foi a chave para a coisa toda. As audiências de Kavanaugh forçaram o patriarcado institucional norte-americano a se manifestar e a dizer quão pouco se preocupa com as mulheres. À medida que as audiências chegavam ao fim, homens públicos e da imprensa, em pânico, fizeram fila para afirmar não só que Ford e as demais acusadoras estavam mentindo sobre terem sido atacadas como para deixar claro que, *se tivessem sido, não tinha nenhuma importância*. Garotos são garotos, afinal. Se condenamos Kavanaugh com base no testemunho de Ford, não deveríamos condenar também metade dos homens dos Estados Unidos? Nossos pais, nossos filhos, nós mesmos? Para homens assim, o que causa indignação não é que mulheres e crianças possam ter sido feridas, mas que homens de bem possam ter passado por algum incômodo.

Isso não foi muito útil para Kavanaugh, que sempre afirmou ser inocente de agressão. Todavia, para quem não tinha certeza de onde depositar sua lealdade, foi o argumento de maior impacto. Kavanaugh aferrou-se a ele em uma entrevista à Fox News, na qual afirmou que todo mundo "comete erros no ensino médio". Bem, é claro que cometemos. Mas quantos de nós se safam das consequências? Quantos de nós tiveram a chance de partir para outra e aprender? A questão não é se os adolescentes – ou, inclusive, adultos feitos – fazem coisas estúpidas e egoístas. A questão é quem deve pagar por esses "erros" com a vida e a liberdade e quem sai como "inocente".

Nem todo mundo é inocente até ser provada sua culpa – não quando o preço da inocência masculina é a dor das mulheres. Como juiz de vara distrital, Kavanaugh tentou negar o direito a um aborto a uma garota imigrante de 17 anos.[3] Claramente, as consequências de decisões que você toma quando é jovem e irresponsável devem pesar muito mais sobre as garotas que sobre os rapazes.

Na realidade, o corpo das mulheres jovens há muito tem sido considerado um dano colateral da jornada rumo à condição de homem adulto. Da adolescência em diante, são as mulheres que devem ter a responsabilidade pelos tropeços e erros de julgamento dos homens e sofrerem suas consequências, enquanto aos garotos é permitido, nas palavras de Kavanaugh, que permaneçam "inocentes". A própria declaração preparada por Kavanaugh admite que ele "não era perfeito no ensino médio". Óbvio que não. Os homens brancos jovens são pessoas das quais a perfeição não é exigida.

Isso é válido apenas para garotos brancos, claro. Diante de uma lei que supostamente seria imparcial, "homens jovens não brancos" aprendem a não esperar leniência em razão de sua juventude, seus hormônios, sua interpretação equivocada de uma situação ou mesmo o fato de serem totalmente inocentes de qualquer crime. Esse duplo padrão tem tudo a ver com a punição de jovens negros e nada a ver com a proteção às mulheres.

Em 1989, cinco adolescentes negros foram presos em Nova York por um crime que não cometeram. O caso dos Cinco do Central Park, que terminou com a prisão indevida de cinco "homens jovens não brancos" pelo estupro de uma mulher branca, hipnotizou os Estados Unidos. Donald Trump, então empresário em Nova York, teria pago 85 mil dólares para publicar um anúncio de página inteira nos jornais da cidade pedindo a execução dos adolescentes. "Quero odiar esses assaltantes e assassinos", escreveu Trump no anúncio, publicado antes que os garotos fossem acusados. "Eles deveriam ser forçados a sofrer e, quando matam, ser executados por seus crimes."[4]

"Eles devem servir de exemplo para que outros pensem bem antes de cometer um crime ou um ato de violência [...] o que aconteceu", escreveu Trump, "é o completo colapso da vida como a conhecíamos."[5]

Assim, de quem é o sofrimento que importa? De quem são os corpos que merecem proteção? Quem pode cometer erros e de que tipo? Para quem a juventude e a insensatez são uma desculpa e para quem são uma condenação? E o fracasso potencial de um homem rico e poderoso em obter ainda mais riqueza e poder será considerado perda maior para a sociedade que a vida e a dignidade de mulheres jovens?

"O sistema legal", como Judith Lewis Herman observa, "está concebido para proteger os homens contra o poder superior do Estado, mas não para proteger mulheres ou crianças contra o poder superior dos homens. Portanto, proporciona fortes garantias para os direitos do acusado, mas essencialmente nenhuma para os direitos da vítima."[6]

Quando os abusadores não conseguem desqualificar facilmente os próprios abusos, reenquadram a questão dizendo não só que o abuso não ocorre como também que ele não importa. E quando foi que importou?

Quando foi que importou o que os homens fazem às mulheres de sua vida, ou de seu passado, ou de seu caminho? O que importa o sofrimento de uma garota comparado ao desconforto potencial de um homem quando lhe é solicitado que mude ou peça desculpas? Ele era jovem; era só um garoto, e, de qualquer modo, ela é apenas uma garota. Ele tem um futuro brilhante. Ou ele é adulto e tem uma carreira brilhante. Ou ele é mais velho e tem um legado importante. Ele era apenas um garoto. A história dele é o que importa; ela precisa encontrar uma forma de viver às margens dessa história. É assim que o poder opera na cultura do estupro. E é por esse motivo que uma cultura de violência sexual e exclusão social das vítimas não pode ser separada do contexto do patriarcado.

A violência masculina nos níveis mais elevados do governo foi tolerada por muito tempo. Infelizmente, para esses homens, as mulheres já não estão tão dispostas a manter a boca fechada como no passado. Isso significa que, mesmo eleitores que não se importam de verdade com o assédio de políticos homens às mulheres sabem que, em algum nível, deveriam se importar, e é por isso que tantos deles se desdobram em desculpas absurdas. Ninguém está mais ansioso para ganhar a guerra cultural que aqueles que já perderam a discussão moral. O modo como esses homens escolhem se comportar com as mulheres não é incidental ao modo como se comportam no cargo. Não é uma questão secundária nem um assunto de foro privado.

A maneira como os políticos tratam as mulheres e as crianças revela sua atitude quanto a todo restante. Homens que intimidam, bolinam e assediam porque se sentem no direito de fazê-lo vão tratar o eleitorado com o mesmo desdém violento. Instituições que acobertam e toleram o abuso de forma tácita vão operar de maneira semelhante. A violência sexual e o abuso são centrais à nossa cultura política, pois criam algo com que homens como Trump sempre contaram: cumplicidade, e a cumplicidade congrega as tropas muito mais depressa que a lealdade.

De modo semelhante, ao longo da década passada, houve um clamor contra o abuso sexual de crianças em algumas de nossas mais antigas instituições de poder – dos lares de acolhimento, que supostamente cuidariam dos jovens mais vulneráveis, e dos internatos, onde, em teoria, estudariam os mais afortunados, indo até a cúpula da própria Igreja Católica. Organizações justificavam a própria existência por meio da missão de oferecer orientação aos necessitados e rumo aos perdidos.

Durante décadas, o abuso de crianças por professores e líderes religiosos constituiu material para comédias e para a cultura populares; todo mundo já ouviu aquela do coroinha e do vinho da missa – mas os homens que feriram essas crianças nunca foram chamados a prestar contas de seus abusos vergonhosos. Eram as próprias crianças que deveriam engolir a vergonha em silêncio, e, quando já havia gente demais fazendo denúncias, as instituições cerraram fileiras e transferiram os agressores para novos cargos – sacrifiquem-se as vítimas para proteger a imagem que o poder tem de si mesmo.

Para os homens, a ameaça da violência sexual está associada a situações de absoluta impotência – em geral, e de forma crucial, impotência institucional. Internatos. Prisões. Instituições religiosas. Décadas antes de a Igreja Católica ser forçada a admitir a natureza endêmica do abuso infantil por parte do clero, a ideia do sacerdote predador era tão comum que foi absorvida na narrativa popular. O corpo político deveria reagir contra essas ideias; em vez disso, reabsorve a verdade incômoda em sua narrativa.

É assim que o poder funciona no patriarcado – chegando até o topo. Os internatos britânicos, onde estudou parte da mais exclusiva elite de meu país natal, na década passada, revelaram ser foco de coerção e abuso sexual. A humilhação ritual na infância ainda é considerada uma necessidade, fazendo parte do caráter do cidadão moderno – e a humilhação com base sexual e de gênero sempre fez parte desse currículo obrigatório informal. Em escolas mistas da Grã-Bretanha, o abuso sexual e o assédio de garotas tornaram-se tão "endêmicos" que passam despercebido, de acordo com a ativista Soma Sara, que recolheu milhares de relatos de vítimas nas escolas.[7] É nas escolas e faculdades que os garotos aprendem a se tornar homens, ao humilharem as mulheres para não serem eles próprios humilhados. Ao praticarem a violência para que esta não seja, por sua vez, praticada contra eles.

Aqueles que são vítimas do abuso aprendem a normalizá-lo, em especial quando são muito jovens, e em especial quando esse abuso acontece pelas mãos daqueles que detêm posições de cuidado e autoridade. Quando você não pode escapar de ser ferido, é perigoso voltar sua fúria contra as pessoas que o feriram. Melhor culpar e envergonhar as vítimas. Dessa maneira, você pode ficar a salvo.

Essa vergonha redirecionada cristaliza-se em uma cultura do silêncio. Com frequência, são as mulheres que recebem a função de mantenedoras desse silêncio, de fazer outras mulheres se calar à força de humilhação, de proteger os homens para os quais trabalham ou dos quais dependem para o próprio *status*. Elas podem não gostar de fazer isso, mas também podem ter pouca escolha. As mulheres é que são contratadas para papéis inglórios, resultantes de décadas passadas, acalmando os egos masculinos e lubrificando as engrenagens do poder ao fazerem ir embora todas as coisas difíceis e sujas. As mulheres chegam com o balde para limpar a sujeira que os homens fazem, inclusive com outras mulheres, e, se se recusam a fazê-lo, podem, por sua vez, se ver descartadas.

Harvey Weinstein estava rodeado de assistentes mulheres que conduziam atrizes iniciantes até seu quarto nos hotéis ou trabalhavam ativamente para garantir que ele pudesse jantar a sós com quem estivesse no menu do dia. As mulheres têm escolhido apoiar maridos, patrões, pais, vezes sem conta, em vez de se apoiarem e de acreditarem umas nas outras, e com frequência essa decisão fez absoluto sentido. Com frequência, é mais seguro permitir a ação dos abusadores que reconhecer o abuso. Há mecanismos sociais que mantêm as mulheres isoladas umas das outras, competindo entre si, instigadas umas contra as outras pela atenção e pelos favores dos homens no trabalho e fora dele. Por muitos anos, não havia modo de falarmos de forma honesta umas com as outras sobre o que estava acontecendo; não havia espaço para contar uma narrativa diferente sobre poder e desejo.

Por muito tempo, foi essa a atitude implícita de instituições de todos os matizes políticos, do Partido Republicano à Fundação Prêmio Nobel. É incorreto sugerir que essas instituições nunca adotaram estratégias para lidar com a agressão sexual e o abuso. O caso é que até agora as estratégias vão na linha de "só garanta que ninguém vai falar". A estratégia tem sido a de tolerar certa dose de abuso como sendo normal, para proteger os abusadores e jogar para escanteio qualquer sobrevivente.

Em anos vindouros, o teste para organizações e instituições não será a existência ou não de abusadores entre suas fileiras, mas a forma como vão agir quando eles existirem. Livrar-se dos indivíduos violentos, em casos em que houver grande pressão pública, não vai dar cabo da misoginia institucional – isso só acontecerá quando as consequências de não se manifestarem e de não protegerem os vulneráveis forem maiores que as da cumplicidade.

A maioria de nós sabe, do fundo do coração, que os homens que escolhemos para nos liderar – ou nos foram impingidos – são garotos prepotentes saídos diretamente do *id* coletivo das fraternidades estudantis. A maioria de nós sabe que, em um mundo justo, Donald Trump provavelmente estaria na prisão. Mas reconhecer isso em voz alta significaria reconhecer uma injustiça tão imensa que teríamos de sair da inércia e fazer algo a respeito – e a maioria de nós tem estado exausta há pelo menos uma década. Assim, é mais fácil acreditar no agressor. É mais fácil permitir que ele consiga o que quer.

Vamos ser honestos com nós mesmos por um segundo. Vamos admitir que ninguém vota em um Donald Trump, ou em um Boris Johnson, ou em um Jair Bolsonaro acreditando que seu candidato seja um espécime sincero e moralmente íntegro da humanidade. Tudo que se exige desses marginais mimados é aquilo que sempre foi exigido deles: um mínimo absoluto de plausibilidade de negação, a mais tênue desculpa esfarrapada, para que os guardiões da sociedade, intimidados, permitam, numa boa, que homens como esses se safem sem consequências, como aconteceria de qualquer modo, fosse o suposto ilícito uma piada hilariante e totalmente inócua – com certeza nada racista – sobre africanos ou o estupro de alguém em um provador de roupas. É incômodo ter que expressar o que sempre soubemos sobre esses homens. É incômodo admitir que, quando homens poderosos afirmam que seu histórico de violência sexual é "assunto pessoal", o que querem dizer é que ele não importa. Que não deveria importar.

Vejam, a seguir, o que estamos dizendo que não deveria importar. Eis como E. Jean Carroll descreve a interação dela com Trump nos anos 1990:

> Ele me segura pelos dois braços e me empurra contra a parede uma segunda vez, e, quando me dou conta de como ele é grande, ele me segura contra a parede com o ombro e enfia a mão por baixo de meu vestido e abaixa minha meia-calça [...] ele abre o sobretudo, abre o zíper de suas calças e, forçando os dedos ao redor de minhas partes íntimas, enfia o pênis até a metade – ou completamente, não tenho certeza – dentro de mim. A coisa vira uma luta corporal gigantesca.[8]

Essa é uma descrição de estupro, e Carroll sabe o que está arriscando ao torná-la parte do registro público. Denunciar seu abusador é um ato de desafio, principalmente quando a marca pessoal dele é toda calcada no fato de sempre sair impune. Como a própria Carroll observou:

> Seus admiradores não se cansam de ouvir que ele é rico o bastante, lúbrico o bastante e poderoso o bastante para ser processado por qualquer estrela pornô vistosa ou coelhinha da Playboy que "venha a público" e pagar a elas, de modo que não consigo imaginar como os pobres coitados vão ficar ao saberem que seu Falo Ambulante favorito deu uma rapidinha com uma senhora na mais prestigiosa loja de departamentos do mundo.[9]

Admiro essa mulher. Ela está, fácil, entre minhas vinte pessoas favoritas que acusaram o ex-presidente dos Estados Unidos de agressão sexual violenta. Mas ela não fala como boa vítima. Uma boa vítima deve ser dócil e sentir vergonha. Uma vítima melhor lembra que, em uma cultura que valoriza o conforto dos homens acima da vida das mulheres, ser acusado de estupro e agressão é pior que ser agredida ou estuprada. As melhores vítimas de todas são as que ficam tão caladas que os homens que lhes fizeram mal podem seguir em frente, rumo a posições cada vez mais lucrativas de proeminência política – sem nenhum peso na consciência.

É mais fácil não olhar. É mais fácil não ter que contemplar o imperador na horrível nudez. É mais fácil aferrar-se desesperadamente à crença de que o presidente não é um estuprador que reconhecer que tantos de nossos concidadãos prefeririam eleger um estuprador a uma mulher. Talvez a coisa mais provocadora que os movimentos modernos contra sexismo, racismo e imperialismo tenham feito, a coisa mais chocante, que teve resposta selvagem das forças do Estado, tenha sido apenas descrever a violência estrutural tal como ela é. Esses movimentos tiraram dos poderosos e confortáveis justamente aquilo de que dependem para dormir à noite: o privilégio da ignorância.

Os abusos de poder são sustentados por uma arquitetura de ignorância deliberada. Em *As Origens do Totalitarismo*, Hannah Arendt nos diz que uma das características de um regime tirânico é a maneira como ele permite que tanto opressores quanto observadores preservem a própria inocência – inocência no sentido original da palavra, implicando não pureza, mas ignorância. Ele permite que os observadores pairem acima do terreno sólido da responsabilidade moral em um paraquedas da suspensão da descrença. Permite às pessoas não saberem o que sabem.

Preste muita atenção da próxima vez que ouvir um homem alertar a filha, a irmã ou a amiga para não passar sozinha por aquela rua, não sair com aquele cara, não falar com desconhecidos. Então observe o rosto desse mesmo homem quando você sugerir que a violência contra as mulheres é uma calamidade social intolerável; que algumas mulheres e garotas têm bons motivos para temer ou até odiar os homens. Ele é uma pessoa decente. Não está sendo desonesto. Apenas conviveu com a hipocrisia por tanto tempo que passou a confundi-la com pauta moral. Aprendeu que a violência masculina está por todo canto e é terrível, mas que, de algum modo, é igualmente natural e aceitável. A única solução permitida para a violência masculina é mais violência masculina. A única coisa que pode deter um homem mau é um homem melhor.

Há muito tempo, tem sido essa a lógica da justiça em um mundo onde homens brancos têm o poder de definir a experiência de todas as mulheres, onde a maioria dos estupros não é denunciada, e a maioria daqueles que o são não recebe punição ou é investigada, enquanto qualquer mulher que faz uma acusação de estupro ou agressão pode esperar sofrer ainda mais por ter denunciado os crimes cometidos contra ela.

Uma das tendências mais prejudiciais entre pessoas que gostam de pensar em si mesmas como justas e razoáveis é a suposição de que o mundo funciona como deveria. Você pode ser uma pessoa inteligente, boa, culta, que recicla o lixo e nunca joga fora as moedinhas e ainda operar sob a ilusão de que a sociedade na qual vive é essencialmente justa e sensata – que os incidentes de violência, perseguição, ignomínia e corrupção são raros.

Isso é conhecido, nos círculos acadêmicos, como a "teoria do mundo justo". Tal crença é mais comum entre pessoas da direita, mas todo mundo é suscetível a ela – incluindo aqueles a quem foi feita a violência. Quando você não pode impedir alguém de o ferir, encontra uma maneira de se convencer de que aquilo não fere de verdade ou de que não deveria ferir de verdade.

A noção de que "aqueles que sofrem violência passam a cometer violência" entrou para a sabedoria popular – mas a sabedoria popular tende a favorecer quem tem mais poder. De fato, a vasta maioria de vítimas de abuso não passa a abusar dos outros. O abuso não é uma mácula, uma vergonha que se espalha por contato e que não pode ser controlada. Contudo, permanece a superstição que se autoperpetua de que falar sobre o abuso – como falar sobre fadas, ou vampiros, ou monstros lendários – funciona como um convite a ele.

Falar sobre o abuso tem seus perigos – como vimos, uma das consequências imediatas tende a ser que os abusadores se voltam contra as vítimas e tentam ameaçá-las ou constrangê-las a permanecerem em silêncio. Mas, antes disso, há um custo de falar sobre o abuso, mesmo para si mesma, ou para entes queridos com os quais estamos seguras e nos quais confiamos. O custo de admitir o abuso sofrido é que você tem a obrigação de processar a dor e as feridas, trazer de volta as lembranças dos traumas ocorridos quando você não podia se proteger. Para impedir a dor e a injustiça no futuro, você tem que encarar a dor e a injustiça do passado. E isso é mais difícil de fazer que de escrever.

Em 1948, o jornalista Milton Mayer passou um ano compilando um relato devastador da vida de antigos membros do partido nazista em vilarejos alemães. Nenhum deles, sem exceção, soubera o que estava sendo feito aos judeus. Tinham ouvido boatos. Haviam notado o desaparecimento de vizinhos. Mas ninguém sabia com certeza – ninguém sabia e, ao mesmo tempo, todos sabiam. Eles foram capazes de escolher a ignorância porque era conveniente não ligar os pontos; então, como relata Mayer, que um ex-nazista lhe contou:

> Um dia, tarde demais, seus princípios, se em algum momento você foi sensível a eles, todos desabam sobre você. A carga do autoengano tornara-se pesada demais. De repente, tudo desaba, de uma só vez. Você vê o que é, o que fez ou, mais precisamente, o que não fez, pois isso era tudo o que se pedia à maioria de nós: que não fizéssemos nada.[10]

Não fazer nada é sempre mais fácil que tomar posição. Não saber nada é sempre mais fácil que escolher ver o que existe à sua frente. Os monstros crescem na matéria escura da douta ignorância pública, e a suspensão da descrença há muito vem servindo de adubo para cada tipo de predador, psicopata e demagogo barato. Quando o movimento #MeToo estourou, Hollywood não sabia "de fato" o que estava acontecendo, da mesma forma que o Vale do Silício não o sabia "de fato", do mesmo modo que todo mundo na administração Trump não o sabia "de fato". Saber de fato teria exigido que todo mundo agisse de acordo com sua consciência.

Assim, ninguém sabia. E, ao mesmo tempo, todo mundo sabia. Manifestar-se era doloroso demais, e o risco era grande demais, de modo que todo mundo olhou para o outro lado. Quanto mais todo mundo olhou para o outro lado, mais incômodo era olhar de novo, porque tudo estava começando a parecer com o tipo de pesadelo que os executivos de relações públicas têm ao adormecerem enquanto rola um teste do sofá. Era mais confortável olhar para o outro lado, desacreditar os abusadores e não crer nas evidências dos próprios sentidos, até que ninguém pudesse mais olhar para o outro lado. Até que todos fossem forçados a saber o que sabiam.

Uma cultura de abuso e de cumplicidade com o abuso é parte da maneira como o poder opera. Não é apenas a mulher ferida e humilhada no trabalho, ou o gerente de linha que violou os limites dela. É a amiga dela que fica em silêncio por medo de perder o emprego; o colega que não consegue entender por que ela está criando caso; o presidente executivo que decide que é ela quem está criando problemas. Essa cultura envolve ramos de atividade inteiros, em um psicodrama de segredo e vergonha. *A ocultação é a questão.*

E esse padrão se repete em cada estrato da sociedade, porque o relacionamento entre Estado e cidadão é estruturalmente abusivo. A exploração das mulheres e a subjugação das "pessoas não brancas" são o núcleo podre da lógica econômica que sustenta nossa sociedade e a cultura que molda nossa vida. É uma verdade difícil à qual se apegar. A maioria das pessoas não quer saber quanta liberdade a mais pode ter. É emocionalmente mais seguro permitir que mintam para você. É mais seguro, quando você precisa testemunhar pequenos déspotas abrirem seu caminho rumo ao poder à custa de intimidação e trapaças; quando você é forçado a confrontar a real extensão do estupro e do abuso revelada à sua volta; acreditar que, de certa forma, você escolheu isso. Que, de certa forma, você o quis. Porque a alternativa é pior. A verdade alternativa, horrível, é que não importa o que a vasta maioria de nós escolhe, pois nenhuma das escolhas à disposição é suficiente para nos proteger, ou às nossas famílias, ou às nossas comunidades, da violência. Porque, para começar, nunca coube a nós fazer as escolhas importantes. Porque não estamos vivendo em uma era do consentimento.

Os mesmos homens jovens que crescem acreditando que têm o direito de explorar o corpo e espezinhar a humanidade dos outros é que vão chefiar as instituições e fazer as leis que definem nossa vida. O restante de nós aprende a olhar para o outro lado, se pudermos suportar isso. É sempre mais fácil se compadecer dos abusadores que das vítimas do abuso. É a única estratégia para sobreviver ao patriarcado. É uma estratégia que milhões de nós escolhem todos os dias. Tudo que precisamos fazer é fazer absolutamente nada.

Nota Final: Política do Trauma

A dor não deve fazer parte da conversa política de ninguém. Esta é a regra, sobretudo se foram as pessoas com poder político que lhe causaram dor. Você não fala sobre seu trauma. Não exibe os danos. Sorri para os abusadores, inclusive para o seu próprio. Oferece perdão àqueles que nunca sequer pediram permissão. Torna confortáveis as coisas. Não importa quais ultrajes foram infligidos a você e a pessoas iguais a você, você engole e segue em frente.

Em janeiro de 2021, supremacistas brancos armados invadiram o Capitólio dos Estados Unidos. A deputada Alexandra Ocasio-Cortez, jovem congressista de Nova York, descreveu sua experiência durante a invasão, em uma transmissão ao vivo pelo Instagram. Em um vídeo visto por milhões de pessoas, ela contou ao mundo como teve que fugir de racistas armados; como estava convencida de que estava a ponto de morrer. Ela expressou o horror interminável daquele momento e explicou por que era importante fazê-lo. Os conservadores, incluindo aqueles que haviam pessoalmente instigado a turba, explodiram em indignação. Foi dito à congressista, como sempre é dito a sobreviventes de abuso, *já deu, supere isso!* Sente-se aí, cale a boca e pare de criar uma situação incômoda ao restante de nós. Você não tem que ir lá curar nada?

"Esses caras que nos dizem para deixar para lá, que não é grande coisa, que devíamos esquecer o que aconteceu, ou até que *devíamos pedir desculpas* – estas são as mesmas táticas dos abusadores",[1] disse Ocasio-Cortez, traçando uma conexão proposital entre o comportamento dos oponentes conservadores e o dos predadores sexuais.

Nessa sua fala, Ocasio-Cortez revelou que ela é, como tanta gente mais, uma sobrevivente de agressão sexual. Ocasio-Cortez comparou, de forma direta, as táticas de silenciamento dos abusadores sexuais ao comportamento dos apoiadores conservadores que, neste exato momento, estão exigindo freneticamente que todo mundo se cale sobre os quatro anos de incessante vandalismo cívico e criptofascismo que culminaram na tentativa de golpe supremacista branco.

O conservadorismo moderno orgulha-se de ser lógico. Afirma que todos os seus argumentos estão baseados em puros fatos. Essa alegação de que tem base em evidências é feita contra toda evidência real, e mais imperativa soa quanto mais descontrolados ficam os líderes conservadores, e quanto mais histéricos se tornam os gritos de seus seguidores armados, na tentativa constante de serem o centro das atenções. Quanto mais caótico é seu divórcio da realidade, mais alto berram, afirmando que são seres de pura razão. Não são levados pela emoção, não como os liberais fracotes que choramingam o tempo todo, reclamando de invencionices como mudança climática e cultura do estupro e racismo.

De acordo com o dogma cultural conservador, quem se guia apenas pelas emoções são os progressistas. "Os fatos não ligam para seus sentimentos" é a resposta inevitável quando uma "mulher não branca" explica, calma e literalmente, o que lhe aconteceu. O que isso significa é que não ligamos para seus sentimentos ou para as coisas que aconteceram com você. Tampouco é nossa responsabilidade impedir que aconteçam de novo.

Quando falamos sobre trauma e violência, a língua inglesa propositalmente torna indistinta a diferença entre sofrimento e delírio. Para as mulheres, em especial para as "mulheres não brancas", o sofrimento visível é sinônimo de delírio. Se ela fala sobre o mal que lhe foi feito, é louca por definição e pode ser ignorada com segurança. A dor física das mulheres é rotineiramente ignorada, inclusive por profissionais da saúde. Nos Estados Unidos, a dor das mulheres negras é menosprezada a ponto de serem-lhe negados tratamentos que podem salvar vidas, o que explicaria por que as mulheres afro-americanas têm três vezes mais probabilidade de morrer no parto que as vizinhas brancas.[2] Espera-se das "mulheres não brancas" que sejam "fortes", sendo exigido que nunca demonstrem os danos. Quanto mais dor se espera socialmente que a mulher suporte, mais ela é elogiada por sua força.

Alexandra Ocasio-Cortez é uma entre um grupo cada vez maior de mulheres que recusam esse tipo de força em nome da justiça social. A noção de que alguém possa ter prioridade política mais premente que tranquilizar os sentimentos do homem branco ainda é chocante. A maioria de nós, afinal, foi criada para prestar atenção às emoções dos homens brancos, para tentar administrar o humor deles, pois não fazer isso pode ser perigoso. Vê-se como pessoas que por acaso são brancas e homens podem ter a impressão de que sua vida interior é mais importante que a de todos os demais. Vê-se como tais pessoas podem acabar alçando cada um dos próprios preconceitos e sentimentos ao *status* inatacável.

Essa incapacidade obstinada de perceber a diferença entre fatos e sentimentos está apodrecendo nossa política. Em anos recentes, os autocratas por todo o mundo têm explorado essa tendência, com a simples prática de apresentar ao público uma gama de fatos a partir dos quais podem selecionar aqueles que mais convierem a seu humor. Já há uma década, os líderes populistas exploram os preconceitos e são adorados por acólitos de olhinhos revirados por "dizerem como as coisas são". Quando Trump avisou aos norte-

-americanos que o país deles fora invadido por estupradores mexicanos, estava dizendo "como as coisas são", assim como quando Jair Bolsonaro afirma que só "maricas" usam máscaras no meio de uma pandemia.[3]

Esses homens não estão dizendo como as coisas são – estão dizendo como eles as *sentem*. Em uma cultura que está refém da fragilidade psicológica da branquitude e da histeria da masculinidade heterossexual, os sentimentos importam aparentemente mais que a verdade objetiva.

Durante um período de crise global, nosso futuro está nas mãos suadas de homens que construíram um movimento de massa a partir da recusa em lidar com suas emoções como adultos. Quanto mais a nova direita se afasta do reino da razão, quanto mais perde o controle das próprias emoções, mais ela insiste que cada pequeno abalo em seus sentimentos seja tratado como fato sagrado.

Essa ideia não é nova. Mais de três séculos atrás, Mary Wollstonecraft escreveu sobre o mesmo binarismo cultural em *Reivindicação dos Direitos da Mulher*. Ela alertou para os perigos de confundir "sentimento e razão" – os sentimentos e os fatos. Explicou que a cultura estabelece os homens como seres racionais e pensantes, e as mulheres como criaturas de emoção e sentimento, binarismo estrito que causa problemas políticos do mais elevado nível.

Se os homens são incapazes de reconhecer as próprias emoções, vão começar a se comportar como se seus sentimentos fossem fatos, tratando as próprias respostas emocionais subjetivas como verdades objetivas. Wollstonecraft acreditava que isso já estava acontecendo na época revolucionária do fim do século XVIII. O que pensaria ela agora, quando a política foi invadida por uma cepa de masculinidade tóxica que transformou em bem moral a incontinência emocional?

A ideia de que os conservadores deveriam ter um mínimo de autocontrole emocional é vista agora como tentativa de censura.

Mas pedir que alguém demonstre respeito básico por outros seres humanos não é censura, assim como ser tornado ciente dos danos que você causou não é abuso. Censura é o que acontece quando você não pode falar sobre o próprio trauma sem ameaças de morte.

As mulheres não são especialmente dotadas pela natureza da capacidade de tolerar o trauma e suportar a violência sem reclamar, mesmo que essa capacidade tenha se tornado a definição de "força" em pessoas marginalizadas.

Sistemas de violência exigem das vítimas um último serviço: que protejam os abusadores de perceberem seus crimes. Para que os sistemas de violência perdurem, devem ser normalizados. Para que sejam tornados normais, devem ser moralmente justificados. E, para serem moralmente justificados, as vítimas devem ser coagidas a manter silêncio, para que ninguém precise ter que encarar as consequências humanas do mal feito em seu nome.

Quando as pessoas se recusam a deixar que as atrocidades continuem enterradas nas encruzilhadas da história; quando se recusam a priorizar o conforto dos abusadores acima da vida de todos os demais, esse é um ato de desafio. Ocasio-Cortez não estava fora de controle. Apenas se recusou a fingir que o que acontecera a ela e a tantos outros não importava. Ela fez o imperdoável. Recusou-se a perdoar.

E, neste momento, recusar-se a perdoar e esquecer é um trabalho essencial. Pois a ideia de que, por exemplo, a tentativa de sequestro e assassinato de representantes eleitos em nome de um presidente derrotado seria algo que deveria ser deixado para lá, ainda mais por aqueles que estiveram presentes, é repulsiva, moralmente repreensível e politicamente tola. O mundo já ficou muito tempo, tempo demais, sendo mantido refém das emoções de homens poderosos.

Há conexão direta entre a forma como as pessoas sofrem o abuso em relacionamentos pessoais e o modo como todos sofremos uma opressão sistêmica. Isso significa que quem sobreviveu ao abuso íntimo e ao trauma, quem os estudou, pode nos ensinar muito sobre as maneiras de escapar da violência estrutural. Os padrões de abuso e repressão guardam dinâmicas semelhantes, desde a forma como a vergonha é usada como arma para negar às vítimas a liberdade de ação até os esforços extraordinários dos abusadores para manipular a percepção pública, e a luta para normalizar os direitos de sobreviventes à dignidade e à segurança.

A batalha do espírito humano contra o terrorismo íntimo da violência interpessoal é uma batalha contra a tirania em microcosmo, a batalha do consentimento contra o controle. E o modo pelo qual nos libertamos é o mesmo. Nós nos libertamos ao estabelecermos uma segurança básica, dando relevância às experiências dos vulneráveis e de sobreviventes, recusando-nos a permitir que aqueles que abusam de seu poder usem-no para redefinir a realidade ou reescrever nossa história coletiva. As décadas de trabalho dedicado ao processo da recuperação pessoal de abusos e traumas devem ser colocadas agora a serviço do longo, difícil e essencial processo de recuperação da injustiça coletiva. A liberdade não consiste apenas em destrancar a porta da gaiola – começa e termina com a convicção de que nosso lugar não é em uma gaiola.

Quando analisamos tendências políticas coletivas, é essencial contextualizar o trauma. A natureza do poder político, do biopoder – o poder de "fazer viver ou deixar morrer", como coloca Foucault –, é sempre uma exploração. É abusivo pela própria natureza. Às vezes mais, às vezes menos, mas sempre. O que mudou recentemente não foi a mera natureza do abuso, mas quão pouco aqueles que detêm o poder se preocupam em disfarçar o próprio abuso. De fato, neste momento, o exercício da geopolítica constitui um abuso distinto e claro, como ocorre com todos os abusadores que estão perdendo o controle.

A questão não é se o poder vai mudar agora que vimos sua verdadeira face, mas quanto tempo aqueles de nós que não o detêm vão apenas ficar olhando a autoridade se tornar abuso em nível mais elevado. Desde o início, esses homens nos disseram quem eles mesmos eram. O que não podem fazer, porém, é dizer ao restante de nós quem somos. Ainda temos tempo de escolher em que tipo de sociedade queremos viver. Podemos escolher parar de olhar para o outro lado.

Somos conduzidos por homens que perderam qualquer autoridade que algum dia tivessem ganhado, e isso os está enlouquecendo. Nossos líderes políticos e autoridades eleitas não só são claramente incapazes de guiar o mundo pela crise que criaram como têm total desinteresse em fazê-lo. Agora, é impossível nos iludirmos de que estamos seguros com essa gente, a não ser com o mais sobre-humano esforço de autoilusão.

Para aqueles de nós que perceberam e aceitaram que estamos sofrendo abuso e sendo aterrorizados, com frequência é pior, pois ainda não sabemos como escapar e perdemos a capacidade de acreditar que podemos fazê-lo, exceto talvez de forma individual. Fiz carreira lutando pelo que acredito ser verdade, mas minhas próprias verdades, às vezes, ainda ficam presas entre minha língua e os dentes. Por muito tempo, não consegui torná-las pronunciáveis. O medo do que poderia acontecer se expressasse minha dor em voz alta era tão avassalador que moldei minha vida em torno do vazio que ele criava. E, como muita gente, aprendi do jeito mais difícil o que acontece quando deixo os homens incomodados. Quando me recusei a me fazer pequena e impotente para que outros pudessem se sentir grandes e no comando, houve consequências. A despeito de meus muitos privilégios, houve consequências – e algo dá terrivelmente errado quando você precisa depender de seus privilégios para se salvar das consequências de defender a si mesma.

É doloroso para as pessoas, doloroso de verdade, reconhecer e aceitar que as estruturas nas quais confiavam e os indivíduos que deveriam cuidar delas são, de fato, violentos e exploradores, e representam ameaça ativa para elas e seus filhos. A maioria das pessoas não sai de situações abusivas na primeira tentativa, sobretudo quando a fuga não é garantia de segurança.

Causa horror existencial manter a percepção da crise nessa escala. A maioria das pessoas não consegue sustentar esse tipo de percepção por muito tempo, então racionaliza, faz-se sentir que está em segurança, mesmo sabendo, racionalmente, que não está.

O desafio é permitir às pessoas sustentarem sua percepção da crise apenas o suficiente para escapar dela – manter sua percepção da crise sem desencadear uma resposta de derrota, desespero e aceitação. Isso nos leva de volta às respostas-padrão do trauma: lutar, fugir, desfalecer ou congelar. A maioria dos grupos marginalizados foi treinada para não lutar em resposta ao trauma. Quando você está impotente e em perigo constante de violência, "lutar" como resposta ao trauma pode fazer que seja brutalizado ou morto.

As respostas das pessoas ao trauma dependem do lugar delas na sociedade. Homens brancos têm mais probabilidade de responder à ameaça existencial com violência e raiva exteriorizada, porque para eles é mais seguro fazer isso. Quem é relativamente rico e seguro também tem mais chance de lutar por instinto. O restante de nós tem que lutar contra o próprio senso de que é proibido, e até arriscado moralmente, praticar qualquer ação que faça mal ao opressor, sob qualquer forma. Internalizamos a ideia de que para nós é errado lutar. Isso é, em parte, uma resposta aprendida ante o trauma político contínuo – é o que mantém o abusador em posição de poder.

Quando os sistemas de abuso estão sob ataque, eles se defendem. Os sobreviventes da violência estrutural que se manifestam sobre a injustiça costumam ser condenados como seguidores retrógrados da "cultura do cancelamento" – ressignificando a conversa pública como se quem pratica a violência contra os demais fosse a verdadeira vítima. Sobreviventes são acusados de "fazerem-se de vítimas", como se uma pessoa marginalizada falando do próprio sofrimento estivesse agindo, por definição, sempre de má-fé. Devemos resistir contra esse tipo de sofisma vazio. Afrontar a vergonha e a violência que envolvem o coração esclerosado da sexualidade moderna não é ataque ao sexo. Protestar contra as rígidas obrigações da beleza feminina fabricada não é negar a beleza do mundo. Reagir quando o amor tem como condição aceitar nossa própria subordinação não é traição ao amor. Perturbar a lógica estéril que reduz todo prazer e aventura possíveis a uma transação insípida, violenta, é falar de sexo ao poder.

Um dos melhores atos de rebelião acontece quando uma mulher, que há muito aprendeu que no fim deverá ser, de alguma maneira, propriedade de um homem; que deve a ele seu corpo e seus desejos; que deve ser bonita, agradável e boa o suficiente para ser propriedade dele, de repente se recusa que lhe digam o que deve desejar e a quem deve agradar, e, em vez disso, escolhe agradar a si mesma.

Toda pessoa na face da Terra tem direito ao próprio corpo e a criar a própria história. Quando uma pessoa que não é branca ou hétero ou homem age como se acreditasse nisso sobre si mesma, exige apenas a parte ainda não reivindicada daquilo que já lhe pertencia desde o primeiro alento e enriquece tanto a si quanto à sociedade.

Você não precisa acreditar nisso de cara. Não precisa esperar até se ter convencido, por completo, de que tem direito a ocupar seu espaço no mundo; de que não deve seu corpo a ninguém, nem sua lealdade, a qualquer ortodoxia que lhe recuse sua plena humanidade. É difícil acreditar nessas coisas o tempo todo, sobretudo quando lhe ensinaram a não acreditar. Sei que em minha vida há dias em que o peso de tudo que já me aconteceu me prende à cama; dias em que toda minha vida vem com legendas que traduzem tudo que digo à linguagem há muito aprendida da vergonha.

O consentimento é o oposto do autoritarismo e o inverso da vergonha. Não precisamos de um novo conjunto de regras sobre o consentimento. Precisamos de uma nova ética do consentimento, na vida pública e privada, em nossas interações sexuais e sociais – onde quer que a coerção e a intimidação estejam disfarçadas de escolha e chamadas de liberdade.

Essa ética é simples. Todo ser humano merece ter autonomia sobre o próprio corpo e sua alma. Nenhum ser humano é menos digno de cuidado, dignidade e autonomia pessoal por causa do corpo em que nasceu. Ninguém nasce com o direito de usar o corpo de outra pessoa para os próprios fins. Coerção e intimidação são inaceitáveis; a busca de ganhos próprios por meio de intimidação e coerção está matando o mundo, e o preço que temos pagado coletivamente para proteger a fortuna de uns poucos homens poderosos e o conforto dos homens é alto demais. Um mundo além dessa cultura de abuso e de coerção exige o envolvimento de todos nós. Homens e mulheres, sobreviventes e aliados, e todos os demais. Todo mundo que estiver disposto a tentar, a realizar o árduo trabalho que a esperança demanda, e a amparar uns aos outros ao longo do caminho.

A resistência é uma arte íntima. Funciona de dentro para fora. Tem início quando você começa a perceber que, seja quem for, o que quer que tenha feito, merece viver, ser parte de uma sociedade que ampara a vida e faz que valha a pena vivê-la, e que não é tarde demais para criá-la. Que você pode reivindicar sua parte em um admirável mundo melhor, e que sabe, na alma, ser uma pessoa digna dele. Que você é suficiente para o futuro que está chegando – estejamos prontos ou não.

Notas

Introdução

1. Shulamith Firestone. *The Dialectic of Sex: The Case for Feminist Revolution*. Londres: Jonathan Cape, 1971, p. 126.

2. Paul Mason. *Clear Bright Future: A Radical Defence of the Human Being*. Londres: Allen Lane, 2019, p. 70.

3. Jessica Southgate e Lucy Russell. *Street Harassment – It's Not OK.* Plan International UK, 2018. Disponível em: plan-uk.org/file/plan-uk-street-harassment-reportpdf/download?token=CyKwYGSJ.

4. "'Half of women' sexually harassed at work, says BBC survey", *BBC News*, 25 out. 2017. Disponível em: bbc.co.uk/news/uk-41741615.

5. *Violence Against Women: An EU-wide Survey.* Agência dos Direitos Fundamentais da União Europeia (FRA), 2014. Disponível em: fra.europa.eu/sites/default/files/fra-2014-vaw-survey-at-a-glance-oct14_en.pdf.

6. Germaine Greer. *The Female Eunuch*. Londres: Paladin, 1970, p. 279.

7. Mais detalhes sobre o Gamergate disponíveis em: en.wikipedia.org/wiki/Gamergate_controversy.

8. Frank Browning. *The Fate of Gender: Nature, Nurture, and the Human Future*. Nova York: Bloomsbury USA, 2016, p. 34.

9. *Ibid.*, p. 92.

10. Dan Cassino. "Even the thought of earning less than their wives changes how men behave", *Harvard Business Review*, 19 abr. 2016. Disponível em: hbr.org/2016/04/even-the-thought-of-earning-less-thantheir-wives-changes-how-men-behave.

11. Amanda Marcotte. "What's destroying democracy around the world? At least in part, misogyny and sexism", *Salon*, 10 set. 2019. Disponível em: salon.com/2019/09/10/whats-destroying-democracyaround-the-world-at-least-in-part-misogyny-and-sexism/.

12. Joshua Hawley. "The age of pelagius", *Christianity Today*, 4 jun. 2019. Disponível em: christianitytoday.com/ct/2019/june-web-only/age-ofpelagius-joshua-hawley.html.

13. Associated Press e Ashley Collman. "Steve Bannon says 'Time's up' is 'the single most powerful potential political movement in the world'", *Business Insider,* 15 set. 2018. Disponível em: businessinsider.com/ap-steve-bannon-times-up-is-most-powerful-politicalmovement-2018-9?r=US.

14. Isobel Thompson. "Steve Bannon is obsessed with the fall of the patriarchy", *Vanity Fair,* 28 fev. 2018. Disponível em: vanityfair.com/news/2018/02/steve-bannon-is-obsessed-with-the-patriarchy.

15. Leigh Goodmark. "Stop treating domestic violence differently from other crimes", *New York Times*, 23 jul. 2019. Disponível em:

nytimes.com/2019/07/23/opinion/domestic-violence-criminal-justicereform-too.html.

16. Elisabeth Mahase. "Covid-19: EU states report 60% rise in emergency calls about domestic violence", *BMJ,* 11 maio 2020. Disponível em: https://www.bmj.com/content/369/bmj.m1872.

17. National Sexual Violence Resource Center, estatísticas. Disponível em: nsvrc.org/statistics.

18. "Why are rape prosecutions falling?". *BBC News*, 15 mar. 2021. Disponível em: bbc.co.uk/news/uk-48095118.

19. "Number of rape charges at lowest level for 10 years". *BBC News*, 26 set. 2018. Disponível em: bbc.co.uk/news/uk-45650463.

20. Firestone. *The Dialectic of Sex,* pp. 10-1.

21. Caitlin Johnstone. "Allowing #MeToo to go viral is the biggest mistake the establishment ever made", 10 nov. 2017. Disponível em: medium.com/@caityjohnstone/allowing-metoo-to-go-viral-is-thebiggest-mistake-the-establishment-ever-made-1c706d16783b.

22. Wilhelm Reich. *The mass psychology of fascism*. Nova York: Orgone Institute Press, 1946, p. 26.

23. Carole Pateman. *The Sexual Contract.* Cambridge: Polity Press, 1988.

24. Karah Frank. "A letter to my abuser". Disponível em: theestablishment.co/a-letterto-my-abuser-ff705dfec5cc/index.html, citando George Orwell, *1984*. Londres: Penguin Books, 1974, pp. 204-05.

25. Judith Lewis Herman. *Trauma and recovery: the aftermath of violence – from domestic abuse to political terror.* Nova York: Basic Books, 1992.

26. Audre Lorde. *Uses of the Erotic.* Disponível em: peacewithpurpose.org/uploads/8/2/1/6/8216786/audre_lorde_cool-beans.pdf.

1 Sem nosso consentimento

1. "Violence against women in the United States: statistics". *National Organization for Women 2021*. Disponível em: now.org/resource/violence-against-women-in-the-united-states-statistic/.

2. "Statistics about sexual violence". *National Sexual Violence Resource Center 2012, 2013, 2015*. Disponível em: nsvrc.org/sites/default/files/publications_nsvrc_factsheet_media-packet_statistics-aboutsexual-violence_0.pdf.

3. Zoe D. Peterson e Charlene L. Muehlenhard. "A match-and-motivation model of how women label their nonconsensual sexual experiences". *Psychology of Women Quarterly* 35(4), pp. 558-70. Disponível em: journals.sagepub.com/doi/pdf/10.1177/0361684311410210.

4. Genevieve F. Waterhouse *et al.* "Myths and legends: the reality of rape offences reported to a UK police force". *The European Journal of Psychology Applied to Legal Context*, 8, 1º jan. 2016, pp. 1-10. Disponível em: sciencedirect.com/science/article/pii/S1889186115000244.

5. "Rape case judge resigns over 'good family' remark; state orders training". *New York Times*, 17 jul. 2019. Disponível em: nytimes.com/2019/07/17/nyregion/judge-james-troiano-resigning.html.

6. "Irish outcry over teenager's underwear used in rape trial". *BBC News*, 14 nov. 2018. Disponível em: bbc.co.uk/news/world-europe-46207304.

7. Conor Gallagher. "Inside Court 12: the complete story of the Belfast rape trial". *Irish Times*, 28 mar. 2018. Disponível em: irishtimes.com/news/crime-and-law/inside-court-12-the-complete-story-of-the-belfastrape-trial-1.3443620.

8. Peter Walker. "Canadian judge who asked alleged rape victim why she didn't 'just keep knees together' resigns". *Independent*, 10 mar. 2017. Disponível em: independent.co.uk/news/world/americas/judgerobin-camp-canada-ask-rape-victim-keep-knees-together-calgaryresigns-alexander-wager-a7621881.html.

9. Nancy L. Paxton. *Writing Under the Raj: Gender, Race, Rape and the British Colonial Imagination, 1830-1947*. Rutgers University Press, 1999. pp. 9-12.

10. Cassidy L. Chiasson. Universidade do Sul do Mississípi. *Silenced Voices: Sexual Violence During and After World War II*, Honors Theses 340. Disponível em: aquila.usm.edu/cgi/viewcontent.cgi?referer=& httpsredir=1&article=1336&context=honors_theses;Silenced.

11. Lauren Duca. "Donald Trump is gaslighting America". *Teen Vogue,* 10 dez. 2016. Disponível em: teenvogue.com/story/donald-trumpis-gaslighting-america.

12. Peter Pomerantsev. *Nothing is True and Everything is Possible: Adventures in Modern Russia*. Faber & Faber, 2017.

13. Alison Levitt e The Crown Prosecution Service Equality and Diversity Unit, "Charging perverting the course of justice and wasting police time in cases involving allegedly false rape and domestic violence allegations", mar. 2013. Disponível em: cps.gov.uk/sites/default/files/documents/legal_guidance/perverting-course-ofjustice-march-2013.pdf.

14. Helena Kennedy. *Misjustice: How British Law is Failing Women*. Londres: Vintage, 2019.

15. Katie Heaney. "Almost no one is falsely accused of rape". *The Cut,* 5 out. 2018. Disponível em: thecut.com/article/false-rape-accusations.html; André De Zutter, Robert Horselenberg e Peter

Koppen. "The prevalence of false allegations of rape in the United States from 2006-2010". *Journal of Forensic Psychology,* 2, 2017.

16. "The criminal justice system: statistics", RAINN. Disponível em: rainn.org/statistics/criminal-justice-system.

2 O Horizonte do Desejo

1. Catharine A. MacKinnon. *Feminism Unmodified: Discourses on Life and Law*. Cambridge, Mass.: Harvard University Press, 1987.

3 Aqui Somos Todos Loucos

1. Victims of sexual violence: statistics, rape, abuse & incest national network, RAINN. Disponível em: rainn.org/statistics/victims-sexual-violence.
2. "Harvey Weinstein speaks out: 'I'm not doing OK'". *ABC News*. Disponível em: abcnews.go.com/GMA/video/harvey-weinsteinspeaks-im-50432725.
3. Katie Benner. "Women in tech speak frankly on culture of harassment". *New York Times,* 30 jun. 2017. Disponível em: nytimes.com/2017/06/30/technology/women-entrepreneurs-speak-outsexual-harassment.html.
4. Lundy Bancroft. *"Why Does He Do That"? Inside the Minds of Angry and Controlling Men*. Nova York: G. P. Putnam, 2002.
5. Jeffrey M. Masson. "Freud and the seduction theory: a challenge to the foundations of psychoanalysis". *Atlantic,* fev. 1984.

Disponível em: theatlantic.com/magazine/archive/1984/02/Freud-and-theseduction-theory/376313/.

6. Sigmund Freud. "The etiology of hysteria". In: Masson, "Freud and the seduction theory". *Atlantic,* fev. 1984. Disponível em: theatlantic.com/magazine/archive/1984/02/Freud-and-the-seduction-theory/376313/.

7. Sigmund Freud, carta para Wilhelm Fliess, 4 maio 1896. In: Jeffrey M. Masson. "Freud and the seduction theory: a challenge to the foundations of psychoanalysis". *Atlantic*, fev. 1984. Disponível em: theatlantic.com/magazine/archive/1984/02/Freud-and-the-seductiontheory/376313/.

8. "One in eight of five to 19 years old had a mental disorder in 2017 major new survey finds". *NHS Digital,* 22 nov. 2018. Disponível em: digital.nhs.uk/news-and-events/latest-news/one-in-eight-of-five-to-19-year-olds-had-a-mental-disorder-in-2017-major-new-survey-finds.

9. Denis Campbell. "Stress and social media fuel mental health crisis among girls". *Guardian,* 23 set. 2017. Disponível em: theguardian.com/society/2017/sep/23/stress-anxiety-fuel-mental-healthcrisis-girls-young-women.

10. Patrick Butler e Agência. "Male suicide rate hits two-decade high in England and Wales". *Guardian,* 1º set. 2020. Disponível em: theguardian.com/society/2020/sep/01/male-suicide-rate-england-wales-Covid-19.

4 Sexo Ruim

1. Alys Harte. "A man tried to choke me during sex without warning". *BBC Radio 5 Live Investigations Unit.* Disponível em: bbc.co.uk/news/uk-50546184.

2. Rhitu Chatterjee. "'Tip of the iceberg' – 1 in 16 women reports first sexual encounter as rape". *NPR,* 19 set. 2019. Disponível em: npr.org/sections/health-shots/2019/09/16/761201571/tip-of-the-iceberg-1-in-16-women-report-first-sexual-experience-as-rape.

3. Christopher Ingraham. "The share of Americans not having sex has reached a record high". *Washington Post,* 29 mar. 2019. Disponível em: washingtonpost.com/business/2019/03/29/share-americans-not-having-sex-has-reached-record-high/.

4. "No sex please, we're millennials". *The Economist,* 4 maio 2019. Disponível em: economist.com/united-states/2019/05/02/no-sex-please-were- millennials.

5. Tribune collectif. "Nous défendons une liberté d'importuner, indispensable à la liberté sexuelle". *Le Monde,* 9 jan. 2018. Disponível em: lemonde.fr/idees/article/2018/01/09/nous-defendons-une-liberted-importuner-indispensable-a-la-liberte-sexuelle_5239134_3232.html; nytimes.com/2018/01/09/movies/catherine-deneuve-andothers-denounce-the-metoo-movement.html.

6. Andrew Sullivan. "It's time to resist the excesses of MeToo", intelligencer. *New York Magazine*, 12 jan. 2018. Disponível em: nymag.com/intelligencer/2018/01/andrew-sullivan-time-to-resist-excesses-ofmetoo.html.

7. R. D. Clark e E. Hatfield. "Gender differences in receptivity to sexual offers". *Journal of Psychology & Human Sexuality,* 2(1), 1989, pp. 39-55, doi.org/10.1300/J056v02n01_04.

8. "Would you go to bed with me?". *BBC Radio 4*, 2 nov. 2018. Disponível em: bbc.co.uk/programmes/m0000z50.

9. Clark e Hatfield. "Gender differences in receptivity to sexual offers", doi.org/10.1300/J056v02n01_04.

10. Miss Cellania. "The historical horror of childbirth". *Mental Floss.* Disponível em: mentalfloss.com/article/50513/historical-horror-childbirth.

11. Colin Barras. "The real reasons why childbirth is so painful and dangerous". *BBC Earth*, 22 dez. 2016. Disponível em: bbc.com/earth/story/20161221-the-real-reasons-why-childbirth-is-so-painfuland-dangerous.

12. "Maternal mortality – key facts". *Organização Mundial da Saúde,* 19 set. 2019. Disponível em: who.int/news-room/fact-sheets/detail/maternalmortality.

13. Nina Martin. "U.S. has the worst rate of maternal deaths in the developed world". *NPR*, 12 maio 2017. Disponível em: npr.org/2017/05/12/528098789/u-s-has-the-worst-rate-of-maternaldeaths-in-the-developed-world?t=1604872591938.

14. Hannah Summers. "Black women in the UK four times more likely to die in pregnancy or childbirth". *Guardian.* 15 jan. 2021. Disponível em: theguardian.com/global-development/2021/jan/15/blackwomen-in-the-uk-four-times-more-likely-to-die-in-pregnancy-orchildbirth.

15. Katie Zezima, Deanna Paul, Steven Rich, Julie Tate e Jennifer Jenkins. "Domestic slayings: brutal and foreseeable". *Washington Post,* 9 dez. 2018. Disponível em: washingtonpost.com/graphics/2018/investigations/domestic-violence-murders/.

16. Khalida Sarwari. "Domestic violence homicides appear to be on the rise. are guns the reason?". *News@northeastern,* 8 abr. 2019. Disponível em: news.northeastern.edu/2019/04/08/domestic-violencehomicides-appear-be-on-the-rise-a-northeastern-university-studysuggests-that-guns-are-the-reason/.

17. Emily Nagoski. *Come As You Are: The Surprising New Science That Will Transform Your Sex Life*. Londres: Simon & Schuster, 2015, pp. 10-1.

18. Brian Alexander. "Sorry, guys: up to 80 percent of women admit faking it". *NBC News*, 30 jun. 2010. Disponível em: nbcnews.com/id/wbna38006774.

19. Angelique Chrisafis (entrevista para Virginie Despentes). "What is going on in men's heads when women's pleasure has become a problem?". *Guardian,* 31 ago. 2018. Disponível em: theguardian.com/books/2018/aug/31/virginie-despentes-interview-baise-moi-vernon-subutex.

20. Neil Strauss. *The Game: Penetrating The Secret Society of Pickup Artists*. Regan: HarperTorch, 2006.

21. Thomas Hobbes. "The deregulation of the sexual marketplace". *Return of Kings,* 29 nov. 2014. Disponível em: returnofkings.com/48312/the-deregulation-of-the-sexual-marketplace.

22. bell hooks. *The Will to Change: Men, Masculinity and Love*. Nova York: Atria Books, 2004.

23. Akeia A. F. Benard. "Colonizing black female bodies within patriarchal capitalism: feminist and human rights perspectives". *Sexualisation, Media, & Society*, out.-dez. 2016, 1-11, p. 3. Disponível em: journals.sagepub.com/doi/pdf/10.1177/2374623816680622.

5 Belo Problema

1. Sarah Berry. "This trait makes men more attractive to women". *Sydney Morning Herald,* 7 jun. 2016. Disponível em: smh.com.

au/lifestyle/this-trait-makes-men-more-attractive-to-women-20160607-gpd5to.html.

2. Karl Marx. *Economic and Philosophical Manuscripts of 1844*, XXII. Disponível em: marxists.org/archive/marx/works/1844/manuscripts/labour.htm.

3. Body image report – executive summary. *Mental Health Foundation*, 13 maio 2019. Disponível em: mentalhealth.org.uk/publications/body-image-report/exec-summary.

4. Naomi Wolf. *The beauty myth*. Nova York: William Morrow, 1991, pp. 13-4.

5. National Association of Anorexia Nervosa and Associated Disorders (ANAD). Eating disorder statistics. Disponível em: anad.org/get-informed/about-eating-disorders/eating-disorders-statistics/.

6. Kelsey Miller. "Study: most girls start dieting by age 8". *Refinery 29,* 26 jan. 2015. Disponível em: refinery29.com/en-us/2015/01/81288/children-dieting-body-image.

7. "'Too fat to be a princess?' Young girls worry about body image, study shows". *Science Daily*, 26 nov. 2009. Disponível em: sciencedaily.com/releases/2009/11/091124103615.htm.

8. Sarah Marsh. "Eating disorders: NHS reports surge in hospital admissions". *Guardian*, 2 fev. 2018. Disponível em: theguardian.com/society/2018/feb/12/eating-disorders-nhs-reports-surge-inhospital-admissions.

9. Wolf. *The Beauty Myth*, p. 187.

10. Sarah Marsh. "Eating disorders: NHS reports surge in hospital admissions". *Guardian*, 2 fev. 2018. Disponível em: theguardian.com/society/2018/feb/12/eating-disorders-nhs-reports-surge-inhospital-admissions.

11. Disponível em: beateatingdisorders.org.uk/media-centre/eating-disorder-statistics.

12. Candida Crewe. *Eating myself*. Londres: Bloomsbury, 2006.

13. Wolf. *The beauty myth,* p. 187.

14. Timothy A. Judge e Daniel M. Cable. "When it comes to pay, do the thin win? The effect of weight on pay for men and women". *Journal of Applied Psychology,* 20 ago. 2010. Disponível em: timothy-judge.com/Judge%20and%20Cable%20%28JAP%202010%29.pdf.

15. Ruth Umoh. "Study finds you're less likely to get hired if you're overweight. Here's how to avoid this bias", *CNBC*, 3 nov. 2017. Disponível em: cnbc.com/2017/11/03/study-finds-youre-less-likely-to-gethired-if-youre-overweight.html.

16. Jess Zimmerman. "Hunger makes me". *Hazlitt,* 7 jul. 2016. Disponível em: hazlitt.net/feature/hunger-makes-me.

6 Trabalhos de Amor

1. bell hooks. *All About Love*. Nova York: William Morrow, 1999. p. 137.

2. Moira Weigel. *Labor of Love: The Invention of Dating*. FSG, 2017, p. 5.

3. Dalia Gebrial. "Decolonising desire: the politics of love", blog. *Verso,* 13 fev. 2017. Disponível em: versobooks.com/blogs/3094-decolonising-desire-the-politics-of-love.

4. Linda R. Hirshman e Jane E. Larson. *Hard Bargains: The Politics of Sex*. Nova York: Oxford University Press, 1998, p. 258.

5. Miguel de Cervantes Saavedra. *Don Quixote.* Trad. do espanhol: J. M. Cohen. Londres: Penguin, 1975, p. 108.
6. Kate Manne. *Down Girl: The Logic of Misogyny.* Londres: Penguin, 2019, p. 15.
7. *Ibid.*
8. Vários, incluindo Linda J. Waite e Maggie Gallagher. *The Case for Marriage: Why Married People Are Happier, Healthier, and Better off Financially.* Nova York: Doubleday, 2000.
9. Rebecca Traister. *All the Single Ladies: Unmarried Women and the Rise of an Independent Nation.* Nova York: Simon & Schuster, 2016.

7 Corpos de Trabalho

1. Maryam Jameel e Joe Yerardi. "Workplace discrimination is illegal. But our data shows it's still a huge problem". *Vox,* 28 fev. 2019. Disponível em: vox.com/policy-and-politics/2019/2/28/18241973/workplace-discrimination-cpi-investigation-eeoc.
2. M. Lynn. *Determinants and Consequences of Female Attractiveness and Sexiness: Realistic Tests With Restaurant Waitresses,* 2009. Disponível em: semanticscholar.org/paper/Determinants-and-Consequences-of-Female-and-Tests-Lynn/2a084f30461d15d974293e30129e425841269fbb?p2df.
3. The glass floor: sexual harassment in the restaurant industry. *The Restaurant Opportunities Centers United Forward Together,* 7 out. 2014. Disponível em: chapters.rocunited.org/wp-content/uploads/2014/10/REPORT_The-Glass-Floor-Sexual-Harassmentin-the-Restaurant-Industry2.pdf.

4. Ai-Jen Poo. "Female domestic and agricultural workers confront an epidemic of sexual harassment". *American Civil Liberties Union (ACLU)*, 4 maio 2018. Disponível em: aclu.org/blog/womens-rights/womens-rights-workplace/female-domesticand-agricultural-workers-confront.

5. Julia Wolfe *et al.* "Domestic workers' chartbook". *Economic Policy Institute*, 14 maio 2020. Disponível em: epi.org/publication/domestic-workerschartbook-a-comprehensive-look-at-the-demographics-wagesbenefits-and-poverty-rates-of-the-professionals-who-care-for-ourfamily-members-and-clean-our-homes/.

6. *Ibid*.

7. Cultivating fear: the vulnerability of immigrant farmworkers in the us to sexual violence and sexual harassment. *Human Rights Watch*, 2012. Disponível em: hrw.org/sites/default/files/reports/us0512ForUpload_1.pdf.

8. Madison Marriage. "Men only: inside the charity fundraiser where hostesses are put on show". *Financial Times,* 23 jan. 2018. Disponível em: ft.com/content/075d679e-0033-11e8-9650-9c0ad2d7c5b5.

9. Margarita Noriega. "13 sexist vintage airline ads from the '60s: 'Someone may get a wife'". *Vox,* 7 ago. 2015. Disponível em: vox.com/2015/8/7/9113743/vintage-sexist-airline-ads.

10. Para mais informações sobre exigência de idade, aparência e peso, acesse: en.wikipedia.org/wiki/Flight_attendant#History.

11. Maya Oppenheim. "Women being plagued with debt due to gender pay gap, skyrocketing childcare costs and sexism, campaigners say". *Independent,* 13 dez. 2019. Disponível em: independent.co.uk/news/uk/home-news/women-debt-stress-mental-health-credit-paydayloan-pay-gay-a9235621.html.

12. Sarah Davidge e Lizzie Magnusson. "The domestic abuse report 2019: the economics of abuse". *Women's Aid Federation of England Report*, p. 3. Disponível em: womensaid.org.uk/wp-content/uploads/2019/03/Economics-of-Abuse-Report-Summary-2019.pdf.

13. Arlie Russell Hochschild. *The Managed Heart*. Berkeley, CA: California University Press, 1983.

14. Rachel Moran. *Paid For: My Journey Through Prostitution*. Dublin: Gill Books, 2013.

15. Emma Goldman. "The traffic in women". In: *Anarchism and Other Essays*. Nova York/Londres: Mother Earth Publishing Association, 1911, pp. 183-200.

8 A Frente Doméstica

1. Jess Zimmerman. "'Where's my cut?': on unpaid emotional labor". *The Toast,* 13 jul. 2015. Disponível em: the-toast.net/2015/07/13/emotional-labor/.

2. "Time to care: unpaid and underpaid care work and the global inequality crisis". *Oxfam,* 19 jan. 2020; Gus Wezerek e Kristen R. Ghodsee, "Women's unpaid labor is worth $10,900,000,000,000". *New York Times,* 5 mar. 2020. Disponível em: nytimes.com/interactive/2020/03/04/opinion/women-unpaid-labor.html.

3. D. Del Boca *et al.* "Women's and men's work, housework and childcare, before and during COVID-19". *Review of Household Economics* 18, 2020, 1001-17, doi.org/10.1007/s11150-020-09502-1.

4. Ester Bloom. "The decline of domestic help". *Atlantic,* 23 set. 2015. Disponível em: theatlantic.com/business/archive/2015/09/decline-domestic-help-maid/406798/.

5. Arlie Russell Hochschild, com Anne Machung. *The second shift.* Londres: Penguin Books, 1989 (ed. rev. 2012), p. 32.

6. Dawn Foster. *Lean Out.* Londres: Watkins Publishing, 2016. p. 148.

7. Hannah Arendt. *The Human Condition.* (1958) Chicago: University of Chicago Press, 1998.

8. Nancy Fraser. "Contradictions of capital and care". *New Left Review,* jul-ago. 2016. Disponível em: newleftreview.org/issues/II100/articles/nancy-fraser-contradictions-of-capital-and-care.

9. Patrick Butler. "Welfare spending for UK's poorest shrinks by £37bn". *Guardian,* 23 set. 2018. Disponível em: theguardian.com/politics/2018/sep/23/welfare-spending-uk-poorest-austerity-frank-field.

10. Heather Stewart. "Women bearing 86% of austerity burden, commons figures reveal". *Guardian*, 9 mar. 2017. Disponível em: theguardian.com/world/2017/mar/09/women-bearing-86-of-austerityburden-labour-research-reveals.

11. Brigid Schulte. "The U.S. ranks last in every measure when it comes to family policy, in 10 charts". *Washington Post,* 5 abr. 2019. Disponível em: washingtonpost.com/blogs/she-the-people/wp/2014/06/23/global-view-how-u-s-policies-to-help-working-families-rank-inthe-world/.

12. Aliya Hamid Rao. "Even breadwinning wives don't get equality at home". *Atlantic,* 12 maio 2019. Disponível em: theatlantic.com/family/archive/2019/05/breadwinning-wives-gender-inequality/589237/.

13. Selma James. *Sex, Race and Class*. Falling Wall Press, 1973. Disponível em: la.uTexas.edu/users/hcleaver/sexraceclass.html.

14. Claire Cain Miller. "The costs of motherhood are rising and catching women off guard". *New York Times,* 17 ago. 2018. Disponível em: nytimes.com/2018/08/17/upshot/motherhood-rising-costssurprise.html

15. Melinda Cooper. *Family Values: Between Neoliberalism and the New Social Conservatism*. Nova York: Zone Books, 2017.

16. "American time use survey – 2019 results". *American Department of Labor,* 25 jun. 2020. Disponível em: bls.gov/news.release/pdf/atus.pdf.

17. Sophie Lewis. *Full Surrogacy Now: Feminism Against the Family*. Londres: Verso, 2019, p. 22.

18. George Lakoff. *Moral Politics: What Conservatives Know that Liberals Don't*. Chicago: University of Chicago Press, 1996, p. 5.

19. *Ibid*.

20. *Ibid*., p. 8.

21. Lidia Yuknavitch. *The Chronology of Water: A Memoir*. Portland, Oregon: Hawthorne Books, 2016, p. 447.

9 Os Meios de Reprodução

1. "Coping with a difficult birth experience and where to get help". *The Birth Trauma Association (BTA)*. Disponível em: Birthtraumaassociation.org.uk/PDFs/text_only_english.pdfDis.

2. Janis M. Miller *et al*. "Evaluating maternal recovery from labor and delivery: bone and levator ani injuries". *Research*

Gynecology, 213(2), 5 maio 2015. Disponível em: ajog.org/action/showPdf?pii=S0002-9378%2815%2900450-0.

3. "Saving lives, improving mothers' care 2018: lay summary". *Nuffield Department of Population Health.* Disponível em: npeu.ox.ac.uk/assets/downloads/mbrrace-uk/reports/MBRRACE-UK%20Maternal%20Report%202018%20-%20Lay%20Summary%20v1.0.pdf.

4. *National Mortality Profile of Active Duty Personnel in the U.S. Armed Forces: 1980-1993.* Disponível em: cdc.gov/niosh/docs/96-103/pdfs/96-103.pdf; Sarah Griffiths, "The effect of childbirth no one talks about". *BBC Future,* 24 abr. 2019. Disponível em: bbc.com/future/article/20190424-the-hidden-trauma-of-childbirth.

5. Maria Caspani. "Support for abortion rights grows as some U.S. states curb access: Reuters/Ipsos poll". *Reuters,* 26 maio 2019. Disponível em: reuters.com/article/us-usa-abortion-poll-idUSKCN1SW0CD.

6. Judith Jarvis Thomson. "A defense of abortion", *Philosophy & Public Affairs,* 1 (1), outono de 1971. Reimpresso em *Intervention and Reflection: Basic Issues in Medical Ethics,* 5. ed., org. Ronald Munson. Belmont: Wadsworth 1996. pp. 69-80. Disponível em: spot.colorado.edu/~heathwoo/Phil160,Fall02/thomson.htm.

7. Tony Tinderholt, entrevistado por Lyanne A. Guarecuco em "Lawmaker: criminalizing abortion would force women to be 'more personally responsible'". *Texas Observer,* 23 jan. 2017. Disponível em: Texasobserver.org/Texas-lawmaker-no-abortion-accesswould-force-women-to-be-more-personally-responsible-with-sex/.

8. Mark Joseph Stern. "Georgia just criminalized abortion. Women who terminate their pregnancies would receive life in prison". *Slate,* 7 maio 2019. Disponível em: slate.com/news-and-

politics/2019/05/hb-481-georgia-law-criminalizes-abortion-subjects-women-to-life-inprison.html.

9. Zoila Acevedo. "Abortion in early America". *Women & Health,* verão de 1979, 4 (2), pp. 159-67. Disponível em: pubmed.ncbi.nlm.nih.gov/10297561/.

10. *Ibid.*

11. Andrew Hochman. "Race suicide". *Eugenics Archives,* 29 abr. 2014. Disponível em: eugenicsarchive.ca/discover/tree/535eedb87095aa0000000250.

12. "Republican congressman: civilization threatened by 'somebody else's babies'". *Guardian,* 13 mar. 2017. Disponível em: theguardian.com/us-news/2017/mar/12/steve-king-iowa-congressman-geert-wildersimmigration.

13. Adeel Hassan e Alan Blinder, "Alabama executes a murderer a day after banning abortions". *New York Times,* 16 maio 2019. Disponível em: nytimes.com/2019/05/16/us/michael-samra-execution.html

14. Priscilla Alvarez. "Parents of 628 migrant children separated at border still have not been found, court filing says", *CNN Politics,* 3 dez. 2020. Disponível em: edition.cnn.com/2020/12/02/politics/familyseparation-us-border-children/index.html.

15. "Preventing unsafe abortion". *Organização Mundial da Saúde,* 25 set. 2020. Disponível em: who.int/news-room/fact-sheets/detail/preventingunsafe-abortion; Lale Say *et al.*, "Global causes of maternal death: a WHO systematic analysis". *Lancet,* 2 (6), 5 maio 2014, doi.org/10.1016/S2214-109X(14)70227-X.

16. Emma Kasprzak. "Why are black mothers at more risk of dying?". *BBC News,* 12 abr. 2019. Disponível em: bbc.co.uk/news/uk-england-47115305; Nina Martin, "Black mothers keep dying after giving birth. Shalon Irving's story explains why". *NPR,* 7 dez. 2017. Disponível em: npr.org/2017/12/07/568948782/

black-motherskeep-dying-aftergiving-birth-shalon-irvings-story-explainswhy?t=1618400035616.

17. Professor Tressie McMillan Cottom. *Thick and Other Essays*. Nova York: The New Press, 2018.

10 Mentiras Brancas

1. Harriet Sherwood. "Polish Magazine's 'Islamic rape of Europe' Cover Sparks Outrage". *Guardian,* 18 fev. 2016. Disponível em: theguardian.com/world/2016/feb/18/polish-magazines-islamic-of-europecover-sparks-outrage.

2. Irene Zempi. "Veiled Muslim women's responses to experiences of gendered Islamophobia in the UK". *International Review of Victimology,* 2020, 26 (1), p. 96-111.

3. "Germany shocked by Cologne New Year gang assaults on women". *BBC News*, 6 jan. 2016. Disponível em: bbc.co.uk/news/world-europe-35231046.

4. "Charleston shooting: Dylann Roof named as suspect". *BBC News*, 19 jun. 2015. Disponível em: bbc.co.uk/news/world-us-canada-33189325.

5. Sojourner Truth. "Ain't I a woman", discurso na Convenção dos Direitos das Mulheres de Ohio, em Aron, Ohio, 29 maio 1851. Disponível em: thehermitage.com/wp-content/uploads/2016/02/Sojourner-Truth_Aint-I-a-Woman_1851.pdf.

6. Victoria Richards. "Woman holds sign at feminist rally saying 'there is no rape culture in the West'". *Independent,* 11 jun. 2015. Disponível em: independent.co.uk/news/world/americas/woman-holds-signfeminist-rally-saying-there-no-rape-culture-west-10310370.html.

7. "An examination of the 2016 electorate, based on validated voters". *Pew Research.* Disponível em: pewresearch.org/politics/2018/08/09/an-examination-of-the-2016-electorate-based-on-validated-voters/.

8. Andrea Dworkin. *Right-Wing Women*. Nova York: Perigee Books, 1983, p. 15.

9. Saim Saeed. "950 attacks on Muslims recorded in Germany last year". *Politico,* 3 mar. 2018. Disponível em: politico.eu/article/germany-islam-950-attacks-on-muslims-recorded-in-germany-last-year.

10. Angela Davis. "Rape, racism and the capitalist setting". *The Black Scholar,* 12, 6, 1981, pp. 39-45. *JSTOR.* Disponível em: www.jstor.org/stable/41066856, p. 39; Angela Davis, *Women, race and class.* Londres: Penguin, 2019. p. 155.

11. Reni Eddo-Lodge. *Why I'm no Longer Talking to White People About Race.* Londres: Bloomsbury, 2017. p. 72.

11 Homens Jovens Raivosos

1. "You will not replace us". Hate slogans/slang terms, anti-defamation league, disponível em: adl.org/education/references/hate-symbols/you-will-not-replace-us.

2. "Guns and violence against women: America's uniquely lethal intimate partner violence problem", 17 out. 2019. *Everytown Research & Policy,* 23 out. 2020. Disponível em: everytownresearch.org/report/guns-and-violence-against-women-americas-uniquelylethal-intimate-partner-violence-problem/.

3. "Ten years of mass shootings in the United States". *Everytown For Gun Safety.* Disponível em: maps.everytownresearch.org/massshootingsreports/mass-shootings-in-america-2009-2019/.
4. "When women are the enemy...". Disponível em: adl.org/resources/reports/whenwomen-are-the-enemy-the-intersection-of-misogyny-and-whitesupremacy.
5. George Hawley. "The demography of the Alt-Right". *Institute for Family Studies.* Disponível em: ifstudies.org/blog/the-demography-of-the-alt-right.
6. *Ibid.*
7. Hussein Kesvani. "When YouTube red-pills the love of your life". *MEL Magazine,* 16 jan. 2019. Disponível em: melmagazine.com/en-us/story/youtube-red-pill-men-right-wing-hate-radicalization.
8. Citado em Bob Garfield. *American Manifesto: Saving Democracy from Villains, Vandals, and Ourselves.* Berkeley, California: Counterpoint, 2020.
9. Robin Hanson, "Two types of envy". *Overcoming Bias,* 26 abr. 2018. Disponível em: overcomingbias.com/2018/04/two-types-of-envy.html.

12 Chega de Heróis

1. G. Willow Wilson. *Ms Marvel,* livro 1, *No Normal.* Nova York: Marvel, 2014.
2. Cordelia Fine. *Testosterone Rex: myths of sex, science and society.* Nova York: W.W. Norton, 2017, p. 91.
3. Dorothy Thompson. "Who goes nazi?". *Harper's Magazine,* ago. 1941. Disponível em: harpers.org/archive/1941/08/who-goes-nazi/.

13 Verdade e Consequências

1. Sandra Joshel. "The body female and the body politic". In: Amy Richlin (org.), *Pornography and representation in Greece and Rome*. Oxford: OUP, 1992. pp. 112-30. Disponível em: faculty.washington.edu/alain/Lat422Livy/Joshel.pdf.

2. "Uma Thurman vents anger at Weinstein". *BBC News*, 24 nov. 2017. Disponível em: bbc.co.uk/news/entertainment-arts-42106916.

3. Johann Wolfgang von Goethe. *Wilhelm Meister's Apprenticeship*. Trad. do alemão: Thomas Carlyle. Nova York: A. L. Burt, 1839; Projeto Gutenberg, 2011. Disponível em: gutenberg.org/files/36483/36483-h/36483-h.htm.

4. Margaret Atwood, palestra de 1982: "Writing the male character". Ver excerto disponível em: wist.info/atwood-margaret/25926/.

5. Andrew Buncombe. "Stanford rape case: read the impact statement of Brock Turner's victim". *Independent*, 2 set. 2016. Disponível em: independent.co.uk/news/people/stanford-rape-case-read-impactstatement-brock-turner-s-victim-a7222371.html.

6. Nora Samaran. "Own, apologize, repair: coming back to integrity", 10 fev. 2016. Disponível em: norasamaran.com/2016/02/10/variations-on-not-all-men/.

14 Abusos de Poder

1. Ruth Marcus. "Opinion: have we learned nothing since Anita Hill?". *Washington Post,* 22 set. 2018. Disponível em: washingtonpost.com/opinions/have-we-learned-nothing-since-anita-hill/2018/09/21/bdc649a4-bddb-11e8-8792-78719177250f_story.html.

2. Tim Mak. "Kavanaugh accuser Christine Blasey Ford continues receiving threats, lawyers say". *NPR*, 8 nov. 2018. Disponível em: npr.org/2018/11/08/665407589/kavanaugh-accuser-christine-blaseyford-continues-receiving-threats-lawyers-say.

3. Kira Lerner. "Brett Kavanaugh falsely claims 17-year-old immigrant didn't meet requirements for an abortion". *Think Progress*, 5 set. 2018. Disponível em: archive.thinkprogress.org/brett-kavanaughfalsely-claims-17-year-old-immigrant-didnt-meet-requirementsfor-an-abortion-25b9c759d63c/.

4. Jan Ransom. "Trump will not apologize for calling for death penalty over Central Park Five". *New York Times*, 18 jun. 2019. Disponível em: nytimes.com/2019/06/18/nyregion/central-park-five-trump.html.

5. Donald Trump. "Bring back the death penalty. Bring back our police!". *New York Daily News*, 1º maio 1989, Seção B, p. 6. Disponível em: apps.frontline.org/clinton-trump-keys-to-their-characters/pdf/trumpnewspaper.pdf.

6. Judith Lewis Herman. *Trauma and Recovery: The Aftermath of Violence: From Domestic Abuse to Political Terror*. Basic Books, 2015, p. 72.

7. "School abuse: 'rape culture' warning as 8,000 report incidents". *BBC News*, 29 mar. 2021. Disponível em: bbc.co.uk/news/uk-56558487.

8. Jean E. Carroll. "Donald Trump assaulted me in a Bergdorf Goodman dressing room 23 years ago. But he's not alone on the list of awful men in my life". *The Cut*, 21 jun. 2019. Disponível em: thecut.com/2019/06/donald-trump-assault-e-jean-carroll-other-hideous-men.html.

9. *Ibid*.

10. Milton Mayer. *They Thought They Were Free: The Germans 1933-45*. Chicago: Chicago University Press, 1966, p. 171.

Nota Final: Política do Trauma

1. E. J. Dickson. "Alexandria Ocasio-Cortez said something genuine, so of course men reacted poorly". *Rolling Stone*, 2 fev. 2021. Disponível em: rollingstone.com/culture/culture-features/alexandria-ocasio-cortez-sexual-assault-instagram-live-1122515/.

2. Nina Martin. "Black mothers keep dying after giving birth. Shalon Irving's story explains why". *NPR*, 7 dez. 2017. Disponível em: npr.org/2017/12/07/568948782/black-mothers-keep-dying-aftergiving-birth-shalon-irvings-story-explains-why?t=1618400035616.

3. Tom Phillips. "Brazil: Bolsonaro reportedly uses homophobic slur to mock masks". *Guardian*, 8 jul. 2020. Disponível em: theguardian.com/world/2020/jul/08/bolsonaro-masks-slur-brazil-coronavirus.

Bibliografia

Livros

BANCROFT, Lundy. *"Why Does He Do That?" Inside the Minds of Angry and Controlling Men*. Nova York: G. P. Putnam, 2002.

BROWNING, Frank. *The Fate of Gender: Nature, Nurture, and the Human Future*. Nova York: Bloomsbury USA, 2016.

CERVANTES SAAVEDRA, Miguel de. *Don Quixote*. Trad. do espanhol: J. M. Cohen. Londres: Penguin, 1975.

CREWE, Candida. *Eating Myself*. Londres: Bloomsbury, 2006.

DAVIS, Angela. *Women, Race and Class*. Londres: Penguin, 2019.

DWORKIN, Andrea. *Right-Wing Women*. Nova York: Perigee Books, 1983.

EDDO-LODGE, Reni. *Why I'm no Longer Talking to White People About Race*. Londres: Bloomsbury, 2017.

FIRESTONE, Shulamith. *The Dialectic of Sex: The Case for Feminist Revolution*. Londres: Jonathan Cape, 1971.

FOSTER, Dawn. *Lean Out*. Londres: Watkins Publishing, 2016.

GREER, Germaine. *The Female Eunuch*. Londres: Paladin, 1970.

HERMAN, Judith Lewis. *Trauma and Recovery: The Aftermath of Violence – from Domestic Abuse to Political Terror*. Nova York: Basic Books, 1992.

HIRSHMAN, Linda R.; LARSON, Jane E. *Hard Bargains: The Politics of Sex*. Nova York: Oxford University Press, 1998.

HOCHSCHILD, Arlie Russell. *The Managed Heart*. Berkeley, CA: California University Press, 1983.

____; MACHUNG, Anne. *The Second Shift*. Londres: Penguin Books, 1989 (ed. rev. 2012).

HOOKS, bell. *All About Love*. Nova York: William Morrow, 1999.

____. *The Will to Change: Men, Masculinity and Love*. Nova York: Atria Books, 2004.

KENNEDY, Helena. *Misjustice: How British Law is Failing Women*. Londres: Vintage, 2019.

LAKOFF, George. *Moral Politics*: *What Conservatives Know that Liberals Don't*. Chicago: University of Chicago Press, 1996.

LEWIS, Sophie. *Full Surrogacy Hnow: Feminism Against the Family*. Londres: Verso, 2019.

MACKINNON, Catharine A. *Feminism Unmodified: Discourse on Life and Law*. Cambridge, Mass.: Harvard University Press, 1987.

MANNE, Kate. *Down Girl: The Logic of Misogyny*. Londres: Penguin, 2019.

MASON, Paul. *Clear Bright Future: A Radical Defence of the Human Being*. Londres: Allen Lane, 2019.

MAYER, Milton. *They Thought They Were Free: The Germans 1933-45*. Chicago: Chicago University Press, 1966.

NAGOSKI, Emily. *Come as You Are: The Surprising New Science that Will Transform Your Sex Life*. Londres: Simon & Schuster, 2015.

ORWELL, George. *1984*. Londres: Penguin Books, 1974.

REICH, Wilhelm. *The Mass Psychology of Fascism*. Nova York: Orgone Institute Press, 1946.

RICH, Adrienne. "Diving into the wreck", de *Diving Into the Wreck: Poems 1971-1972*. Nova York: W. W. Norton, 1973.

SANDBERG, Sheryl. *Lean In: Women, Work and the Will To Lead*. Nova York: Penguin Random House, 2013.

STRAUSS, Neil. *The Game: Penetrating The Secret Society of Pickup Artists*. Regan: HarperTorch, 2006.

WAITE, Linda J.; GALLAGHER, Maggie. *The Case for Marriage: Why Married People Are Happier, Healthier, and Better off Financially*. Nova York: Doubleday, 2000.

WOLFF, Naomi. *The Beauty Myth*. Nova York: William Morrow, 1991.

YUKNAVITCH, Lidia. *The Chronology of Water: A Memoir*. Portland, Oregon: Hawthorne Books, 2016.

Artigos

ASSOCIATED PRESS; COLLMAN, Ashley. "Steve Bannon says 'time's up' is 'the single most powerful potential political movement in the world'". *Business Insider,* 15 set. 2018. Disponível em: www.businessinsider.com/ap-steve-bannon-times-up-is-most-powerfulpolitical-movement-2018-9?r=US.

BENNER, Katie. "Women in tech speak frankly on culture of harassment". *New York Times,* 30 jun. 2017. Disponível em:

nytimes.com/2017/06/30/technology/women-entrepreneurs-speak-out-sexual-harassment.html.

BLOOM, Ester. "The decline of domestic help". *Atlantic,* 23 set. 2015. Disponível em: theatlantic.com/business/archive/2015/09/decline-domestic-helpmaid/406798/.

BUTLER, Patrick. "Welfare spending for UK's poorest shrinks by £ 37bn". *Guardian,* 23 set. 2018. Disponível em: theguardian.com/politics/2018/sep/23/welfare-spending-uk-poorest-austerity-frank-field.

CARROLL, Jean E. "Donald Trump assaulted me in a Bergdorf Goodman dressing room 23 years ago. But he's not alone on the list of awful men in my life". *The Cut,* 21 jun. 2019. Disponível em: thecut.com/2019/06/donaldtrump-assault-e-jean-carroll-other-hideous-men.html.

CHRISAFIS, Angelique (entrevista para Virginie Despentes). "What is going on in men's heads when women's pleasure has become a problem?". *Guardian,* 31 ago. 2018. Disponível em: theguardian.com/books/2018/aug/31/virginie-despentes-interview-baise-moi-vernon-subutex.

CLARK, R. D.; HATFIELD, E. "Gender differences in receptivity to sexual offers". *Journal of Psychology & Human Sexuality,* 2 (1), 1989, pp. 39-55. Disponível em: sciencefriday.com/wp-content/uploads/2016/04/genderdifferences-in-receptivity-to-sexual-offers.pdf.

DAVIS, Angela. "Rape, racism and the capitalist setting". *The Black Scholar,* 12, 6, 1981.

FRANK, Karah. "A letter to my abuser". *The Establishment*, 20 out. 2016. Disponível em: theestablishment.co/a-letter-to-my-abuser-ff705dfec5cc/index.html.

FRASER, Nancy. "Contradictions of capital and care". *New Left Review*, jul.-ago. 2016. Disponível em: newleftreview.org/issues/II100/articles/nancy-fraser-contradictions-of-capital-and-care.

GEBRIAL, Dalia. "Decolonising desire: the politics of love", blog. *Verso*, 13 fev. 2017. Disponível em: versobooks.com/blogs/3094-decolonising-desirethe-politics-of-love.

HANSON, Robin. "Two types of envy". *Overcoming Bias*, 26 abr. 2018. Disponível em: overcomingbias.com/2018/04/two-types-of-envy.html.

HARTE, Alys. "A man tried to choke me during sex without warning". *BBC Radio 5 Live Investigations Unit*. Disponível em: bbc.co.uk/news/uk-50546184.

INGRAHAM, Christopher. "The share of Americans not having sex has reached a record high". *Washington Post*, 29 mar. 2019. Disponível em: washingtonpost.com/business/2019/03/29/share-americans-nothaving-sex-has-reached-record-high/.

JAMES, Selma. "Sex, race and class". Disponível em: la.uTexas.edu/users/hcleaver/sexraceclass.html.

JUDGE, Timothy A.; CABLE, Daniel M. "When it comes to pay, do the thin win? The effect of weight on pay for men and women". *Journal of Applied Psychology*, 20 ago. 2010. Disponível em: timothy-judge.com/Judge%20and%20Cable%20%28JAP%202010%29.pdf

KESVANI, Hussein. "When YouTube red-pills the love of your life". *MEL Magazine*, 16 jan. 2019. Disponível em: melmagazine.com/en-us/story/youtube-red-pill-men-right-wing-hate-radicalization.

LORDE, Audre. *Uses of the erotic.* Disponível em: peacewithpurpose.org/uploads/8/2/1/6/8216786/audre_lorde_cool-beans.pdf.

MAK, Tim. "Kavanaugh accuser Christine Blasey Ford continues receiving threats, lawyers say". *NPR*, 8 nov. 2018. Disponível em: npr.

org/2018/11/08/665407589/kavanaugh-accuser-christine-blasey-ford-continues-receiving-threats-lawyers-say.

MARCOTTE, Amanda. "What's destroying democracy around the world? At least in part, misogyny and sexism". *Salon,* 10 set. de 2019. Disponível em: salon.com/2019/09/10/whats-destroying-democracy-around-theworld-at-least-in-part-misogyny-and-sexism/.

MARSH, Sarah. "Eating disorders: NHS reports surge in hospital admissions". *Guardian,* 2 fev. 2018. Disponível em: theguardian.com/society/2018/feb/12/eating-disorders-nhs-reports-surge-in-hospital-admissions.

MARX, Karl. *Economic and political manuscripts of 1844,* XXII. Disponível em: marxists.org/archive/marx/works/1844/manuscripts/labour.htm.

MASSON, Jeffrey M. "Freud and the seduction theory: a challenge to the foundations of psychoanalysis". *Atlantic,* fev. 1984. Disponível em: theatlantic.com/magazine/archive/1984/02/Freud-and-the-seductiontheory/376313/.

MILLER, Claire Cain. "The costs of motherhood are rising and catching women off guard". *New York Times,* 17 ago. 2018. Disponível em: nytimes.com/2018/08/17/upshot/motherhood-rising-costs-surprise.html

MILLER, Janies M. *et al.* "Evaluating maternal recovery from labor and delivery: bone and levator ani injuries". *Research Gynecology,* 213, 2, 5 maio 2015. Disponível em: ajog.org/action/showPdf?pii=S0002-9378%2815%2900450-0.

MORROW, Lance. "Opinion: a spectral witness materializes". *Wall Street Journal,* 17 set. 2018. Disponível em: wsj.com/articles/a-spectralwitness-materializes-1537225498.

OMS. "Preventing unsafe abortion", 25 set. 2020. Disponível em: who.int/news-room/fact-sheets/detail/preventing-unsafe-abortion.

RANSOM, Jan. "Trump will not apologize for calling for death penalty over Central Park Five". *New York Times,* 18 jun. 2019. Disponível em: nytimes.com/2019/06/18/nyregion/central-park-five-trump.html.

RELMAN, Eliza. "The 26 women who have accused Trump of sexual misconduct". *Business Insider,* 17 set. 2020. Disponível em: businessinsider.com/women-accused-trump-sexual-misconduct-list-2017-12.

RICHARDS, Victoria. "Woman holds sign at feminist rally saying 'there is no rape culture in the West'". *Independent,* 11 jun. 2015. Disponível em: independent.co.uk/news/world/americas/woman-holds-sign-feminist-rallysaying-there-no-rape-culture-west-10310370.html.

SARWARI, Khalida. "Domestic violence homicides appear to be on the rise. Are guns the reason?". *News@northeastern,* 8 abr. 2019. Disponível em: news.northeastern.edu/2019/04/08/domestic-violence-homicidesappear-be-on-the-rise-a-northeastern-university-study-suggeststhat-guns-are-the-reason/.

SCHULTE, Brigid. "The U.S. ranks last in every measure when it comes to family policy, in 10 charts". *Washington Post,* 5 abr. 2019. Disponível em: washingtonpost.com/blogs/she-the-people/wp/2014/06/23/globalview-how-u-s-policies-to-help-working-families-rank-in-the-world/.

SHERWOOD, Harriet. "Polish Magazine's 'Islamic rape of Europe' cover sparks outrage". *Guardian,* 18 fev. 2016. Disponível em: theguardian.com/world/2016/feb/18/polish-magazines-islamic-of-europecover-sparks-outrage.

STEWART, Heather. "Women bearing 86% of austerity burden, commons figures reveal". *Guardian,* 9 mar. 2017. Disponível em: theguardian.com/world/2017/mar/09/women-bearing-86-of-austerity-burdenlabour-research-reveals.

THOMPSON, Dorothy *et al.* "Who goes nazi?". *Harper's Magazine,* ago. 1941. Disponível em: harpers.org/archive/1941/08/who-goes-nazi/.

THOMPSON, Isobel. "Steve Bannon is obsessed with the fall of the patriarchy". *Vanity Fair,* 28 fev. 2018. Disponível em: vanityfair.com/news/2018/02/steve-bannon-is-obsessed-with-the-patriarchy.

THOMSON, Judith Jarvis. "A defense of abortion". *Philosophy & Public Affairs,* 1 (1), outono de 1971. Reimpresso em *Intervention and Reflection: Basic Issues in Medical Ethics,* 5. ed. Ronald Munson (org.) (Belmont: Wadsworth 1996), pp. 69-80. Disponível em: spot.colorado.edu/~heathwoo/Phil160,Fall02/thomson.htm.

TRAISTER, Rebecca. "Single women are the most potent political force in America". *The Cut,* 21 fev. 2016. Disponível em: thecut.com/2016/02/political-power-single-women-c-v-r.html.

TRUTH, Sojourner. "Ain't I a woman", discurso na Convenção dos Direitos das Mulheres de Ohio, em Aron, Ohio, 29 maio 1851. Disponível em: thehermitage.com/wp-content/uploads/2016/02/Sojourner-Truth_Aint-I-a-Woman_1851.pdf.

ZEZIMA, Katie Deanna Paul; RICH, Steven; TATE, Julie; JENKINS, Jennifer. "Domestic slayings: brutal and foreseeable". *Washington Post,* 9 dez. 2018. Disponível em: washingtonpost.com/graphics/2018/investigations/domestic-violence-murders/.

ZIMMERMAN, Jess. "Hunger makes me". *Hazlitt,* 7 jul. 2016. Disponível em: hazlitt.net/feature/hunger-makes-me.

Agradecimentos

Devo agradecer, antes de qualquer coisa, à minha agente, Veronique Baxter, e a toda a equipe da Bloomsbury – Alexa von Hirschberg, Jasmine Horsey, Callie Garnett, Sara Helen Binney e Kate Quarry. Bill Swainson, com quem tive a sorte de trabalhar por uma década, assumiu a tarefa de dar forma ao livro e de editar o texto, e sou muito grata a ele, como sempre. Ao longo dos anos, também tive o privilégio de ter ajuda e *feedback* na edição de Michelle Weber, Lucie Elven, Meredith Peskin, Meredith Yayanos, Charlie Hallam, Lauryn Ipsum, Katrina Duncan e Samuel Braslow. Eva Galperin auxiliou de formas que só ela sabe, e é uma heroína nas formas que o mundo conhece.

Igualmente importante, este livro surgiu de muitas e longas noites de conversas com amigos e colegas queridos – em especial Christina Austin, Neil Gaiman, Margaret Killjoy, Jason Porath, Natti Vogel, Madhuri Shekar, Irvine Welsh, Frankie Boyle, Paul Clarkson, Michael Clarkson, Elizabeth Sutcliffe, Mara Wilson, Pam Shaffer, Emma Felber, Sasha Garwood, Alex Davison e Quinn Norton. Muitas outras pessoas me ofereceram sua confiança com a condição do anonimato, então não vou citá-las aqui, mas elas sabem quem são.

Sou grata a todos os escritores que jamais conheci e que, por tantos anos, formaram e desafiaram meu modo de pensar com suas palavras e sua obra, incluindo Shulamith Firestone, Ellen Willis, bell hooks, Angela Davis, Barbara Ehrenreich, Andrea Dworkin, Leslie Feinberg e Silvia Federici.

Também sou grata às feministas pioneiras de hoje, cujo trabalho dialoga com o meu, incluindo Lidia Yuknavitch, Sophie Lewis, Kate Manne, Rebecca Traister, Anita Sarkeesian, Clementine Ford, Rebecca Solnit, Ijeoma Oluo, Jude Doyle, Reni Eddo-Lodge, Adrienne Maree Brown e Kitty Stryker.

Minha gratidão a Jane Penny, Eleanor Penny, Georgia Barnett e Mike Penny, por seu incentivo e sua paciência quando precisei fugir para trabalhar durante vários natais. Obrigada pelo apoio de toda vida para Raymond Barnett, cuja memória é uma bênção. Quando eu não tinha certeza de que poderia terminar este livro, Catherine Howdle e Cat Harris me ofereceram seu quarto de hóspedes em Bruxelas e cuidaram de mim com sopa e bobagens. Redfern Barrett e Darren Cadwaller fizeram o mesmo em Berlim, no verão de 2018, quando este livro estava apenas começando.

Meu muito obrigada a meu grupo de escrita da quarentena de 2020 por criar um espaço em que podíamos produzir palavras em série enquanto o mundo acabava: Katherine Bergeron, Wayne Myers, Ted Mills, Paul Jeremiah Hayes, James Zapfletts, Joanne Williams, Adam Fleischmann, Adam Glinglin, Jacob Wellman, Elly Hayden, Mehran Baluch, Sarah Trick e todos os demais que participaram.

Acima de tudo, minha gratidão é devida aos meus apoiadores no Patreon, que continuaram comigo ao longo dos anos e me estimularam a levar o tempo necessário para fazer deste livro o que ele deveria ser. *A Nova Revolução sexual* não existiria sem eles.

Finalmente, a David Boarder Giles, que torna possível trabalhar como se vivêssemos os primeiros dias de uma nação melhor.

Índice Remissino

A

aborto espontâneo, 219-20
aborto, 16, 26, 38, 106, 206-17, 219, 239, 291
Abrams, Stacey, 212
abuso de substâncias, 84
abuso, moldando a cultura, 27-29
acordo coletivo, 15, 161, 179
Allen, Woody, 81
alt-right, 24, 227, 230, 238, 239, 240, 271, 274
amor-próprio, 46, 118, 127, 139, 140
antifeminismo, 17, 20, 230, 231, 238
antissemitismo, 227, 240
Arendt, Hannah, 148-49, 188, 240, 299
"arte da sedução", 103, 243
assédio sexual, 15, 19, 26, 30, 164, 167, 168, 170
Associação Nacional para o Progresso de Pessoas de Cor, 55
ataques em Colônia, 222, 232
Atwood, Margaret, 280
Austeridade, 185, 190
autoaversão, 49, 72, 225, 243, 257, 258, 282
autoestima, 81, 89, 105-06, 107, 119, 135, 136, 156, 280
autolesão, 85

B

Bancroft, Lundy, 81, 89
Bannon, Steve, 24
Benard, Akeia A. F., 108

"benefícios do casamento", 152
Birger, Jon, 159
binário de gênero, 12, 15, 18, 92, 146, 223
bissexuais, mulheres, 70, 156, 157
Bolsonaro, Jair, 13, 23, 58, 201, 297, 307
Botticelli, Sandro, 268
Breitbart, 20, 24
Browning, Frank, 22
Burke, Tarana, 30
Bush, George W., 201

C

Cameron, David, 201
Camp, Juiz Robin, 52
cantada, 94
Carroll, E. Jean, 297
Cassandra, 268
Cervantes, Miguel de, 146
Charlottesville, Virgínia, 237
Chaucer, Geoffrey, 268
Cinco do Central Park, os 292
Clinton, Hillary, 22, 290
Clube dos Presidentes, 169
Coates, Ta-Nehisi, 225, 239
Cohen, Dara Kay, 54
Comício em Defesa das Mulheres da Europa, 228
comissárias de bordo, 170
consentimento, como estado de ser, 43
Conservador, Partido, 31
contracepção (controle de natalidade), 16, 17, 212, 213, 214
controle de natalidade, ver contracepção
cortes de gastos públicos, 185
Cosby, Bill, 51, 77
Cottom, Tressie McMillan, 218
Covid-19, 16, 26, 149, 171, 184, 190, 191, 203, 212, 249
Crenshaw, Kimberlé, 21
Crewe, Candida, 125
"crise da masculinidade", 173, 275
"crise do cuidado", 189
Crown Prosecution Service (CPS) [Serviço de Promotoria da Coroa do Reino Unido], 59
cuidado das crianças, 184, 186, 190, 194, 203
cultura do cancelamento, 165, 312
cultura do consentimento, 35, 44, 47, 56, 61, 66, 181
"cultura do estupro", 35, 45, 46, 47, 49, 55, 62, 69, 207, 224, 230, 231, 254, 260, 288, 293, 305, e guerra, 54 e sexo, 90--94 e supremacia branca, 221--25, 227, 229, 230-31 estupro "técnico", 64-65 vítimas de, 74-89, 288-91, 297-300

cultura woke, 25, 94
cumplicidade, 39, 48, 54, 72, 231, 234, 253, 282, 294, 296, 302

D

Darwin, Charles, 261
darwinismo social, 263
Davis, Angela, 233
deficiência, 41, 122, 127, 158, 202
Deneuve, Catherine, 93
depressão, 84, 86, 117, 246, 249
desconhecido perigoso, 139
desigualdade salarial entre gêneros, 70, 172
Despentes, Virginie, 102
determinismo biológico, 260, 262
Dinheiro, negar, 171
dismorfia corporal, 118, 127
distúrbios alimentares, 121, 123, 124, 125, 127, 128
divórcio, 150
divórcio, legislação referente ao, 153
Dürer, Albrecht, 268
Dworkin, Andrea, 230
Eddo-Lodge, Reni, 234

E

empatia, 48, 245, 256

equilíbrio entre trabalho e vida pessoal, 172
escolas, 294-95
escravidão, 226
Estado Islâmico, 35
Estados Unidos, Capitólio dos, 236, 304
Estados Unidos, Comissão para a Igualdade de Oportunidades de Emprego (EEOC), 166
Estados Unidos, Partido Democrata dos, 31
Estados Unidos, Partido Republicano dos, 296
Estados Unidos, Pesquisa Nacional de Vitimização de Crimes, 26
Estados Unidos, Suprema Corte dos, 289
estupro, 11, 15, 19, 24, 26, 37, 40, 137, 242, 268-69, 277-79, 285 alegações falsas, 58-59 *date rape*, 60 definição 45-46 e aborto, 207, 215 e homens negros, 53 e mulheres gordas, 129
eugenia, 214, 234, 261

F

família nuclear, 12, 27, 150, 190, 197-99
feminismo "lean-in", 186

feminismo neoliberal "de escolha", 168, 175
Fine, Cordelia, 261
Firestone, Shulamith, 9, 29
Fonté, Jeri, 170
Ford, Christine Blasey, 289-90
Foster, Dawn, 188
Foucault, Michel, 309
Fox News, 31, 291
Fox, James Alan, 98
Frank, Karah, 38
Fraser, Nancy, 189
Freud, Sigmund, 82-83
"friendzone", 71
full surrogacy, 199
Fundação Prêmio Nobel, 296

G

Gamergate, 20
"garotos perdidos", 229 271
gaslighting, 57-58, 80, 82, 127
Gebrial, Dalia, 144
genderqueer, identidade, 18
Generation Identity, 228, 234
Gênesis, Livro do, 267
"genocídio branco", 215
gestação, 98, 205-08, 210, 213, 219-20 ver também parto
Gibson, Mel, 94
Gibson, William, 204
Gilman, Charlotte Perkins, 78-79

Goethe, Johann Wolfgang von, 272
Goldman, Emma, 179
gordas, mulheres, 128-29
"gostosura", 118
Greer, Germaine, 20
Guerra Civil Americana, 213, 226, 232

H

Hanson, Robin, 245
Hawley, Josh, 23
Herman, Judith Lewis, 38-39, 292
Hill, Anita, 289
Hirshman, Linda R., 145
Hochschild, Arlie Russell, 173, 186
Holowka, Alec, 84
Holtzclaw, Daniel, 53
homicídio, por parceiros íntimos, 98
homofobia, 92
homossexualidade, criminalização da, 37-38
hooks, bell, 105, 137
Human Rights Watch, 168

I

identidade não binária, 18, 196, 209

Igreja Católica, 294
igualdade salarial, 153, 184, 192
Iluminismo, 36
imagem corporal, 112-117, 126, 127
imigração, 178
impulso sexual, 96, 262
incels, 239, 241, 244-45, 248
Índia, ocupação britânica da, 53
instituições religiosas, 62, 294
Instituto de Estudos da Família, 240
interseccionalidade, 21, 234
Ivey, Kay, 216

J

James, Selma, 193
Johnson, Boris, 13, 201, 297
Johnstone, Caitlin, 32
Joshel, Sandra, 268
judeus, 21, 237, 300

K

Kavanaugh, Brett, 26, 289-91
Kelly, Annie, 241
Kemp, Brian, 212
Kennedy, Helena, 59
Kesvani, Hussein, 241
Kill Bill, 270

King, Steve, 215

L

La Manada (a matilha), 11
Lakoff, George, 200-01
Larson, Jane E., 145
Lei de Padrões Justos de Trabalho, 168
Lei Nacional das Relações Trabalhistas, 168
Leonard, Franklin, 23
lesbianismo, 78
Lewis, Sophie, 199
LGBTQIAPN+, pessoas, 12, 14, 21, 47, 77, 227, 238
liberdade sexual, conceito moderno de, 67
licença parental, 190
Liga Antidifamação, 238
linchamentos, 166, 233
Lorde, Audre, 41
Lucrécia, 268

M

machos alfa, 238-39, 244
MacKinnon, Catharine A., 33, 72, 177
Mandela, Nelson, 211
Manne, Kate, 146

manosfera", 241-42
Marchas das Vadias, 228
Marcotte, Amanda, 23
Marriage, Madison, 169
Marx, Karl, 116
masculinidade tóxica, 69, 88, 89, 252, 255, 265, 307
Mason, Paul, 17
Masson, Jeffrey M., 82
Mayer, Milton, 300
McClure, Dave, 77
McDonald's, 31
"mercado de namoro" 151
#MeToo, 26, 27, 30, 31, 36, 80, 85, 92, 93, 164, 203, 223, 246, 253, 301
Milano, Alyssa, 36
millennials, 199
Minassian, Alek, 244
misoginia, 17, 20, 21, 22, 24, 35, 50, 91, 102, 120, 129, 140, 146, 148, 155, 233, 237, 238, 240, 243, 244, 248, 261, 267, 296
Modi, Narendra, 201
Moran, Rachel, 177
Morrison, Scott, 201
Mozart, Wolfgang Amadeus, 211
muçulmanos, 21, 221, 222, 227, 228, 232
mulheres mais velhas, 120,
multitarefa, 189

N

Nagoski, Emily, 99
"namorabilidade", 144
nazismo, 202, 221, 254 263
neoliberalismo, 34, 100, 239

O

Ocasio-Cortez, Alexandra, 304, 305, 306, 308
Occupy, movimento, 47
ódio de si mesmo, 258
Orbán, Viktor, 23
Organização Mundial da Saúde, 98
orgasmo, 91, 101, 245
Orlando, boate, 238
Orwell, George, 39
ostracismo, 80, 85, 192, 277, 278

P

"pai severo", modelo, 200-02
Pan Am, 170
Parks, Rosa, 55
parto, 98, 205, 219, 306 ver também gestação
Pateman, Carole, 36
patriarcado, definição, 11
Paxton, Nancy L., 53-54

Pence, Mike, 201
Pomerantsev, Peter, 58
pornografia, 33, 67, 102, 159
privilégio branco, 234
privilégio, como "lei privada", 35
Promise Keepers, 110
prostituição, 71, 176, 177, 178, 180
Proud Boys, 110
"putafobia", 179
Putin, Vladimir, 13, 23, 58

R

racismo, 21, 55, 109, 114, 165, 221, 223, 230-34, 253, 264, 298 ver também supremacia branca
RAINN (Rede Nacional de Assistência às Vítimas de Estupro, Abuso e Incesto), 60, 75
Reagan, Ronald, 173
"Red Pill", comunidades, 241
refugiados sírios, crise dos, 221
Reich, Wilhelm, 34
religião, 65, 79, 173, 175-6, 178, 181
repressão sexual, 35, 95, 100
reprodução social, 148-49, 188-89, 193
reputação corporativa, 165
Return of Kings, website, 103

revista, 100, 117, 187, 221
Revolução Industrial, 184
Rodger, Elliot, 244
romanos, antigos, 263, 268
Roof, Dylann, 223
Roosevelt, Theodore, 215

S

sadismo, 140
Sagan, Carl, 44
"salários pelo trabalho doméstico", movimento, 193
Samaran, Nora, 286
Sandberg, Sheryl, 186
Sanger, Margaret, 215
Sara, Soma, 295
Savile, Jimmy, 51
seleção natural, 260
sexismo, 21, 58, 92, 94, 95, 106, 108, 114, 127, 128, 145, 156, 165, 225, 237, 264, 298
sexo casual, 96, 97, 101
"sexo violento", 90
sexo, greves de, 36
Shakespeare, William, 268
sindicatos, 47
slut shaming, 107, 179
Smith, Adam, 200
Southern, Lauren, 230
Spivak, Gayatri, 54
Steinem, Gloria, 154

Stoya, 112-13
Strauss, Neil, 103
Stryker, Kitty, 62
sufrágio feminino, 150
"suicídio racial", 214-15
suicídio, 75, 84, 214, 243, 268
Sullivan, Andrew, 93
supremacia branca12, 13, 14, 22, 52, 53, 55, 110, 122, 227, 229, 230, 231, 233, 238e ataque ao Capitólio, 236, 304
Sutherland Springs, Texas, 238

T

taxas de natalidade, 17, 27, 133, 237
Taylor, Breonna, 52
Taylor, Recy, 54
tempo livre, 194
Teoria da Sedução, 83
"teoria do mundo justo", 300
testosterona, 260
Thatcher, Margaret, 173
Thomas, Juiz Clarence, 289
Thompson, Dorothy, 263
Thomson, Judith Jarvis, 208
Thurman, Uma, 270
Ticiano, 268
Till, Emmett, 223
Tinderholt, Tony, 209

trabalhadores de restaurantes, 192
trabalhadores domésticos, 17, 31, 164, 168
trabalhadores essenciais, 190
trabalho doméstico, 191-92, 193, 196, 204
trabalho emocional, 38, 95, 134, 149, 158, 173, 183, 258, 259
Traister, Rebecca, 153
transfobia, 92
transgênero, identidade, 18
transtorno do estresse pós-traumático (TEPT), 75, 205
transtorno mental, 77, 82-85, 125
Troiano, Juiz James, 50
Trump, Donald, 13, 24, 57, 58, 201, 209, 212, 222, 230, 242, 289, 292, 293, 296-97, 301, 306
Truth, Sojourner, 225-26
Turner, Brock, 285

V

violência doméstica, 23, 26, 31, 37, 238, 267
"violência legítima", 60
Vox, partido (Espanha), 11

W

Weigel, Moira, 137
Weinstein, Harvey, 30, 31, 51, 76, 77, 81, 89, 93, 94, 270, 295
Wells, Jonathan, 98
Wilde, Oscar, 61
Wolf, Naomi, 121, 124
Wollstonecraft, Mary, 307
Women's Aid, 172
Yiannopoulos, Milo, 271
Yuknavitch, Lidia, 202

Z

Zimmerman, Jess, 130, 183

Impresso por :

Graphium
gráfica e editora
Tel.:11 2769-9056